U0857796

人文前沿丛书

主编 陈启能

副主编 王学典 孔令栋 姜芃

思考乌托邦

Thinking Utopia

[德]约恩·吕森 主编

张文涛 甄小东 王邵励 译

山东大学出版社

图书在版编目(CIP)数据

思考乌托邦/(德)约恩·吕森主编;张文涛,甄小东,王邵励译.
济南:山东大学出版社,2010.4
(人文前沿丛书/陈启能主编)
书名原文:Thinking Utopia
ISBN 978-7-5607-4077-5

Ⅰ.①思… Ⅱ.①吕… ②张… ③甄… ④王…
Ⅲ.①乌托邦—研究 Ⅳ.①D091.6

中国版本图书馆 CIP 数据核字(2010)第 069524 号

出版发行:山东大学出版社
地　　址:山东省济南市山大南路 27 号(250100)
经　　销:山东省新华书店
印　　刷:日照报业印刷有限公司印刷
规　　格:720×1000 毫米(1/16)
印　　张:16.5
字　　数:187 千字
版　　次:2010 年 6 月第 1 版　2010 年 6 月第 1 次印刷
定　　价:32.00 元

人文前沿丛书

The Frontiers of Humanities

Dirk HOERDER

狄克·霍德尔,德国

Georg G. IGGERS

格奥尔格·伊格尔斯,美国

Juergen KOCKA

尤尔根·科卡,德国

Chris LORENZ

克里斯·洛伦兹,荷兰

Boris Nikolaevich MIRONOV

鲍里斯·尼古拉耶维奇·米罗诺夫,俄国

Lorina Petrovna REPINA

洛里娜·彼得罗芙娜·列宾娜,俄国

Joern RUESEN

约恩·吕森,德国

Richard VANN

理查德·范恩,美国

Immanuel WALLERSTEIN

伊曼纽尔·沃勒斯坦,美国

Q. Edward WANG

王晴佳,美国

Hayden WHITE

海登·怀特,美国

（以姓氏笔画为序）

丁守和　于　沛　王　晏　朱政惠　齐　涛　刘家和

李幼蒸　何　平　何兆武　陈　炎　陈　恒　陈筠泉

周春生　赵轶峰　倪培耕　曹特金　傅有德

序 言

近些年来，无论是在乌托邦研究领域，还是在批评乌托邦思想的论述中，都有令人兴奋的进展。争论的中心是乌托邦思想与今天的相关性。因此，我们这本论文集中，首先探讨的便是乌托邦潜能在“乌托邦终结”后的重要性问题，同时质疑当前的“乌托邦思想终结”观念。

与当代意识形态主导的理解及解释不同，与政治的思想模式也有差别，我们相信，为乌托邦思想恢复名誉是必须的。这种简化与严密地界定的乌托邦概念，仅仅代表了超越人类世界的许多愿景的一个片断。它要求在此语境中，不仅仅是按照其社会效果与重要性，同时要按照其未来潜能来作批判性的分析与评价。这样，一种更加广泛复杂的乌托邦概念就出现了。超越时空的乌托邦元素以及这种思考方式在人类与环境对抗中的必要性问题，是本书的中心。

1902 年，在卡尔·恩斯特·奥斯特豪斯创办习俗(Folkwang)博物馆(即今天的卡尔·恩斯特·奥斯特豪斯博物馆)时，他不仅仅创立了一种新型的博物馆，同时他也被同代人看作是一个革命者。奥斯特豪斯文化与艺术政治的发端，标志着第一次用一个重要的社会场所——一个最现代的设计与绘画以相互加强的方式出现其中的建筑——为乌托邦思想提供了现代性，博物馆被想象成一个 19 世纪社会乌托邦的美学—艺术的反模型，旨在充当民俗观念的基础——社会生活通过艺术重新设计。在这个角度上，奥斯特豪斯博物馆与哈根纳动议(一种由收藏者与艺术赞助人卡尔·恩斯特·奥斯特豪斯发起的重要习俗与收藏网络)的文化习俗，以及鲁尔区独一无二的文化宝藏，即德国博物馆密度最大的地区，以论坛、事件与展览方式(即博物馆的乌托邦)，为庆祝习俗观念诞生一百年提供了理想背景。

在其介绍性文章中，莱曼·托尔·萨金特强调基于现实之上乌托邦思想的必要性与内在性，超出了乌托邦—反乌托邦模式，以跨民族的视角来看待这个问题。萨金特对当前乌托邦概念的批评性分析——不仅仅体现在设计上，还包括复杂的与多维的，更分散的概念——为一个更好世界的“相对乌托邦”概念以取代一个完美世界的“绝对乌托邦”作出了辩护。

第一部分“乌托邦思想的政治学：构架与功能”，从不同视角处理出现的形式问题、协会的潜能以及乌托邦的复杂概念。它们代表了当前关于乌托邦思想的研究范式与方法。克里斯安·库马尔探讨了西方思想语境中乌托邦传统的形成问题，东方思想中没有真实、独立的相等物——中国一些古典文本除外。从人类学家与系统理论家的视角来看，迈克尔·汤普森按照未来场景研究了价值观念，与为考虑未来的非简化主义理论辩护联系在一起。理查德·萨基在《乌托邦、契约主义与人权》中，探讨了当前个人与人权的概念何种程度上可以追溯到启蒙运动。作为哲学家与科学史家，沃尔夫冈·皮彻在工程师与计划战略者的经济与技术思考背景下考察了世界建设问题。

第二部分“人造的世界与‘新人类’”，包括了从自然科学领域（计算机科学）、社会科学领域（社会学与科学理论）、哲学领域来处理未来世界的真实幻境，是人类、自然与技术关系的新表述。在《乌托邦的躯体与中华帝国的躯体乌托邦》一文中，柯娇艳解构了古典中国文本中的人类形象，同时以赞同替代性乌托邦概念的方式表述，虑及了更广泛的躯体概念（欲望、审美、狂想）。克劳斯·梅因策从计算机科学家与哲学家的角度，描绘了乌托邦对于人工智能进化的令人鼓舞的潜力。克劳斯·皮亚斯在文章《“思考不可思议者”：作为乌托邦之所的虚拟》中，描述了乌托邦从文本限度的方法到“合成的历史”模型之间的转换。这些模型基于计算过程的结果，通过冷战期间战争游戏战略的方式得以体现。社会学家乌尔里希·奥费尔曼的论文则描述了日常生活中的乌托邦思想，显示了去专业化的趋势，这是一种乌托邦话语从知识分子领域向更广泛、更多重未来幻境话语的变化。

第三部分是“作为乌托邦实验室的博物馆”。该部分论文主题集中于作为社会理想景象试验场所的博物馆，以及作为“永恒会议场所”的博物馆的造型，同时也讨论艺术作品与乌托邦样式艺术工作的乌托邦特性。唐纳德·普雷齐奥西主要探讨了博物馆中主体与客体结构间的关系，以及其对我们的时间、历史、记忆与身份等观念的影响。在关于博物馆、艺术与乌托邦之间关系的文章中，迈克尔·费尔发展了博物馆作为一种“认识论的构造场所”的观念。在对艺术概念与奇迹场所概念分析的基础之上，文学教授沃尔夫冈·布朗加特为话语空间的创立与批评性沉思提出了辩护。雷切尔·韦斯则关注观念性思想对艺术的影响及其乌托邦的特性。

最后一部分中，学者们聚焦于“作为文化交流媒介的乌托邦”。文学学者张隆溪分析了儒教中国文学中的乌托邦趋势。通过使用“创伤”这一概念，迈克尔·罗斯探讨了乌托邦思想的新领域，即精神的反面乌托邦。由此，他提出乌托邦的一个基本问题：表现的约束。威廉·沃斯坎普探讨了古典乌托邦文本的诗学与叙述、表现技巧。在总结性文章中，约恩·吕森为作为灵感文化的乌托邦思想作出辩护，分析了人类学常数的乌托邦思想。

这些论文最初是在卡尔·恩斯特·奥斯特豪斯博物馆2001年的讨论会上发表，根据吕森的建议，以此作为综合考察乌托邦思想问题的“议程发现者”。2002年10月，人文学科高级研究所(KWI)与卡尔·恩斯特·奥斯特豪斯博物馆在哈根组织了题为“不平静的文化：乌托邦思想的潜能”的北莱茵—威斯特伐利亚科学中心年度会议。会议文章将由另一本书出版，作者有海登·怀特、让·菲利普·雷茨马、米查·布鲁里克(Micha Brumlik)、大卫·凯特勒(David Kettler)、尼科·斯特尔(Nico Stehr)及其他人。

本书有意收入了研究乌托邦思想的不同方法论途径和话语，反映出当代对该研究领域的创新状况。我们对于乌托邦思想本质、本性及其概念的研究，或许可看作是一个尝试性的成果，一个未来的“认识论的构造场所”。

首先感谢本书作者慷慨提供了他们的文章供出版使用。特别要感谢马里昂·伯格哈恩(Marion Berghahn)与伯格哈恩书店，本书的出版得益于她的动议。

约恩·吕森

迈克尔·费尔

托马斯·W·雷吉尔

目　录

第四部分 作为文化交流媒介的乌托邦

第一部分

乌托邦思想的政治学：构架与功能

第一章
乌托邦思想的必要性:一个跨民族的视角

莱曼·托尔·萨金特

1989 年柏林墙倒塌后,出现了小规模关于"乌托邦的终结"的研究工作。研究大部分集中在德国,但其他地方也有。关于"乌托邦的终结"的争论无论如何都是错误的。首先,这些争论沿用着将乌托邦等同于共产主义的错误认识。其次,其认为共产主义本身某种程度上已经确实结束了,忽略了当时的中国、古巴和越南等的存在。

或许因为其不适合意识形态,资本主义与自由市场在东欧与前苏联所充当的乌托邦角色也被漏掉了。这种乌托邦的失败,结果除以新的名义对共产党进行报复外,并未带来欢乐情绪。

从 21 世纪初的视角回首 20 世纪,应当在乌托邦问题上稍作停留。20 世纪见证了乌托邦的种种热望与这些热望造成了的狄托邦(即糟糕社会)之间的持续运转。法西斯主义设计的积极形象变成了集中营的狄托邦。波尔布特的乌托邦之梦变成了柬埔寨的狄托邦。非洲民族主义运动的乌托邦之梦演化成一系列的军事独裁政权。布尔人的乌托邦之梦在这个世纪大部分时间变成了南非的狄托邦。伊朗什叶派教徒的乌托邦之梦已经变成了另一种独裁主义的狄托邦……还可以数下去,可以看出,20 世纪是一个乌托邦的热望不断被更新与不断被击败的世纪。但是本文中,我认为尽管乌托邦可能有害,乌托邦思想却是必需的。

我的看法(此前已经说过,但这里将尽力更透彻地加以陈述),部分基于在"乌托邦的终结"争论中被忽略的一种乌托邦被另一种简单地替代这一事实,同时也基于许多"乌托邦的终结"的倡导者们所忽视的乌托邦材料。许多国家有丰富而复杂的乌托邦文学史。一个简单而非常重要的事实是,每个国家甚至英国的每个组成民族都有自己的乌托邦传统,并且各不相同。我们从 1989 之后应当学到的不是乌托邦的结束,而是民族的重要——其潜台词为,乌托邦是各民族建设自身的一种方式。

作品中的最近变化①

作家们不断写乌托邦，开始变化写作内容，以至于即使更好的界定看上去也显得过分简单化。我们可怜的目录学家们不得不匆忙合计，这些作品到底属于有漏洞的哪一类。作家们持续写作乌托邦、持续改变内容与此前的写作结构，并未考虑到他们正忙于破坏可怜学者们的自信断言。

首先，正是汤姆·莫伊伦（Tom Moylan）所称的"批判的乌托邦"的那些东西，被乌尔苏拉·K·勒吉恩（Ursula K. Le Guin）加以小标题"暧昧的乌托邦"，收录到她的《被剥夺者》（1974）一书中。而近些时候，莫伊伦与巴库里尼（Raffaella Baccolini）却把一些近作贴上"批判的狄托邦"的标签。对最近动向的严重分歧表明，作品的写作方式与此前的狄托邦有重大不同。

大多数狄托邦有一个很值得记住的特点，它们有积极的信息。罗伯特·O·埃文斯在关于狄托邦的文章中认为，一个有狄托邦风格的定义必须对读者而言是个警醒，有些事情在当前必须完成且根据暗示可以完成，以避免将来的不幸。

---

① 除"批判的狄托邦"外，所有定义均来自萨金特（1994）：

乌托邦主义（Utopianism）：社会的梦想。

乌托邦（Utopia）：一个有着详尽细节描绘，通常坐落于遥远时空中的不存在的社会。

乌托邦（Eutopia）或积极的乌托邦：一个有着详尽细节描绘，通常坐落于时空中的不存在的社会。作者意在使同时代的读者看到一个比生活更为美好的社会。

狄托邦（Dystopia）或消极的乌托邦：一个有着详尽细节描绘，通常坐落于时空中的不存在的社会。作者意在使同时代的读者看到一个比生活更为糟糕的社会。

乌托邦式的讽刺文学（Utopian satire）：一个有着详尽细节描绘，通常坐落于时空中的不存在的社会。作者意在使同时代的读者将之看作是对当代社会的批评。

反乌托邦（Anti-utopia）：一个有着详尽细节描绘，通常坐落于时空中的不存在的社会。作者意在使同时代的读者将之看作是乌托邦主义（utopianism）或某种特定乌托邦的批评。

批判的乌托邦（Critical utopia）：一个有着详尽细节描绘，通常坐落于时空中的不存在的社会。作者意在使同时代的读者将之看作比生活更为美好的社会，但带有许多能或不能解决的难题，批判地审视乌托邦类型。

批判的狄托邦（Critical dystopia）：一个有着详尽细节描绘，通常坐落于时空中的不存在的社会。作者意在使同时代的读者将之看作比生活更为糟糕的社会，但通常包含至少一种乌托邦的领地，或持有狄托邦能被乌托邦克服并替代的希望。

有意识的社区（Intentional community）：一个有五个或更多成年人与他们的孩子组成的集体。他们来自多个核心家庭，选择生活在一起是为了提高他们的共同价值，或是为了另外一些互相之间认可的目的。

传统的狄托邦是从当前作出的带有警示性的推断。乌托邦说，如果你这样或那样行动，你将从中得到回报。在悲情故事传统中的狄托邦说，如果你这样或那样行动，你将得到惩罚。

积极色彩的乌托邦的核心变化是困惑，正如勒吉恩小标题所暗示的。它们被渴望彼此的、或许更重要的是渴望地位和权力的真实人物所占据。乌托邦被指责为要求“改变人性”。我曾指出，这是对人性与乌托邦过分简单的看法，在19世纪末与20世纪初相当一些例子中，有些乌托邦居民似乎就是停滞的。

不过传统并非如此。J. C. 戴维斯在其《乌托邦与理想社会》中说，乌托邦反映出一个集体难题：一个社会语境下有限满足与无限人类渴望的不和谐不会完全是主观片面的，任何读过莫尔《乌托邦》的人都会明白这一点。因为其远远不是完美的人民，莫尔的社会以其独裁与家长制的方式运作，最终因许多规则的摩擦而遭受严重挫折。这是早期乌托邦的标准。例如，托马斯・勒普顿（Thomas Lupton）的《修齐拉》（*Siuqila*）强调用快速而可靠的惩罚作为社会控制的手段。其后的事情变得更加复杂，但是应当记住，在爱德华・贝拉米的《回顾：2000～1887》（1888）中，拒绝工作的人们未改变想法之前，是面包与水的囚徒。即使相对简单的19世纪乌托邦，也很少能提供完美社会与完美人民的图景。

在《当代乌托邦》（1905）中，H. G. 威尔斯（Wells）说，乌托邦需要真正的人民来居住，不过在《人如上帝》（1923）中，他开始怀疑这是否可以做到。其他一些作者，如雅各（Muriel Jaeger）在《问号》（1926）中有类似观点，只是由于时代变化，大部分过去乌托邦的居民今天看来已经不太真实。我们可以更好地联系最近作品中的人们，因为他们对想象环境的反应大致如我指望会做到的。这为什么重要？

之所以重要，是因为在20世纪的乌托邦图景中，某些人声称有创造更好生活的潜力，这一点被劫持了，最终演变成狄托邦。有一些人，他们或者乐意强迫别人进入他们设计的模具中，却很少将之运用到自己身上，或者简单地忽视了图景的乌托邦含义，只是在实现他们个人常常是金钱与权力的目的。一些人从不相信这个图景，另一些人发现权力如此腐败之后，便兜售全部信仰以博取权力。克服已变质为狄托邦的乌托邦的“唯一”办法，是启用另一种乌托邦。当然，这就开启了新的乌托邦被劫持而变质为新的狄托邦的可能性之门。

这就是为什么我们要反思当代乌托邦作者们工作的原因。他们起码正在揭示乌托邦思想新模式的可能性，乌托邦打算送给我们世界真正的人们使用，维持改良的庄严承诺，但不提供诸如完美一类的东西。他们提供乌托邦，能了解乌托邦思想的内在危险并提前预防。这种乌托邦甚至暗示，即使在我们造成的狄托邦世界中，仍旧可以过乌托邦的生活。他们同时响亮地坚称，没有人应当被迫生活在狄托邦中，以满足总统、先知、暴君与独裁者的权力欲。

乌托邦思想对我们的社会健康、政治健康与心理健康是重要的，不过，如同其他事情一样，其有时空的限度。一种模型不会适合一切情况。奥斯卡·王尔德说："一幅不包含乌托邦的世界地图甚至不值一瞥，因为它遗漏了人性常常登陆的那一个国家。当人性在那儿着陆时，它留神并看到了一个更好的国家，于是开始起航。"这个洞见既是完全正确的，也是根本错误的。王尔德之所以正确，在于我们作为人类而言，最多只是暂时地满足、并渴求新的满足。王尔德之所以错误，在于他似乎暗示人类种族只有一个轨道。

例如，在莫尔的《乌托邦》中，我发现生活在许多纬度是狄托邦式的，假如我是 1516 年的贫困农民，我想我会觉得它极有吸引力。稍近一些，我也发现贝拉米的乌托邦在许多方面，即使在已经改善了的《平等》(1897)中，也是狄托邦式的，尽管比莫尔的稍轻。但假如我是 19 世纪晚期的一个勤劳工人，我将立即签约参加工作。当然，如果我是彼时的一个富裕资本家，我或许会憎恨它，如同大多数资本家那样。今天，想象一下将当代女权主义的乌托邦传递给塔利班或者将塔利班的乌托邦传递给一个现代女权主义者，对他们双方而言，对方的图景就是一个地狱，自己的图景则有完美的意义。

F. L. 波拉克(Polak)在其 1961 年的著作《未来的图像》中认为，从任何一点看，我们都及时需要一个支配性的未来图像或者乌托邦。他也认可发展新乌托邦的持续需求。他说："如果西方人现在停止思考与梦想未来新图像的材料，试图将他自己关闭在当前状态，不再渴望安全，不再害怕未来，他的文明将走到尽头。除梦想与死亡，宣判西方社会整体与他一起死亡外，他别无选择。"我认为，在任何给定的时代，将不可避免地有多重的未来图景或乌托邦，我们应当如此认识它们。我并不是说它们都同等有效。

马克思说人类社会的下一阶段是从前一阶段中诞生的。新的乌托邦在乌托邦变为狄托邦时出现，部分是因为乌托邦的渴望在狄托邦中并未被遗忘，只是被压制了。常常有可供选择的乌托邦。即使在统一的罗马天主教欧洲是支配性乌托邦的中世纪，异端仍大量存在。异端暗指没有罗马教皇的教会，异端向一切人提议经济平等，异端朝更大的性别平等移动，等等。

乌托邦思想的交流

前面提到，如果我是1516年的贫困农民，我会发现莫尔的《乌托邦》具有无限魅力，我会吗？首先，我或许根本没听说过它，即使在不太可能的事件中碰巧读到，也必须是用拉丁文。我们知道，莫尔不想让我获悉，反对书的翻译。当他写作时，他认识到这是一个颠覆性的文本。其次，如果我确实听到了，我还会通过我对世界的理解而对之进行过滤，理性在这种理解中起的作用很小。因此，我很可能被《乌托邦》中类似大多数乌托邦的元素所吸引：被撑饱的胃、头上的屋顶、背上的衣服与轻松的工作。有了这些，我可能对加在身上的约束不会很关心。我简直没有理解社会的知识基础。我或许注意不到这种信仰与教堂引导我相信的东西相冲突，因为我可能从未理解这些教诲。食物、房子、衣服以及较少的工作，对我来说就足够了。

但是教士和我的"长辈们"将告诉我，上帝已经规定，我只能如过去那样生活，上帝选择了他们来统治我。渴望更好的生活危害了我不朽的灵魂；如果我暗示有一种不同的更好的方式，我很明显已被魔鬼腐蚀，死后将很快被派到他们中。

如果我走向乌托邦，我的健康而受过良好教育的孩子们，将偷偷以我为羞，即使他们被教育要尊敬我。到了他们的孩子，莫尔的图景或许实现了，但是同样，这些孩子也许更加意识到他们身上的约束，并为缺乏自由而动怒。这样做的结果，是他们将开始下一个乌托邦的动议。今天阿富汗与其他地区的人民就像1516年的我自己。

我在1888年将有轻松一些的时光。我或许能阅读，与能讨论些问题的人一起工作。但我仍可能被食物、住房、衣服以及急速缩短的工时所深深吸引。我或许比农民时代的自己更了解一些乌托邦下的原则，但这些对我可能不是非常重要。

另一方面，大部分信息来源告诉我，如同今天仍在进行的这样，我的生计依赖于一个几乎不可理解的叫作"自由市场"的事物。"自由市场"客观决定了我应当贫穷，应当在恶劣的环境中艰苦工作，在年轻时就死去；而我的老板富裕，如果需要，可在很好的环境中工作，并且看得起病。

我的孩子们和他们的孩子将再次从乌托邦中受益，很容易想象他们专注于政治自觉这一类的问题，这将导向下一个乌托邦。很显然，今天的世界上仍有数百万人如同 1880 年的我自己一样。

类似的故事如果不是全部，至少大部分与乌托邦有关，它们或许是努力创造乌托邦的若干理由的一种。不论努力的规模大小，很少能充分反映梦想的图景。这就是那些幻想者们危险的一个原因，他们是“真正的信仰者”，并拥有力量。

寻找答案：一种跨民族的比较

在上一部分讲到，20 世纪的乌托邦变成了狄托邦，狄托邦被源自其内部的新的乌托邦所取代。因此，我认为持续不断的乌托邦思想，对于克服上个世纪许多时候的狄托邦现实以及发展 21 世纪可能的乌托邦是重要的。

接下来，我将考察五个国家的乌托邦主义，这五个国家分别是：澳大利亚、加拿大、新西兰、英国与美国。每个国家的乌托邦作家最关心什么？他们试图努力避免或者克服何种狄托邦的模式？

我列出的模式对于这个脏乱的世界而言是整洁的，甚至是过于整洁了。例如，英国与美国有许多乌托邦，挑选出考虑过的作品，我能给几乎每个模式做案例。在美国，因社会主流关注身份的创造，这就成了其中一点。

在针对过去十年英语乌托邦作品的一项调查中，一个令人震惊的结果表明，人们几乎写到了能想到的所有主题。显然，我不能证明没有遗漏或忽略，但这儿有个主题目录：性别与性（女性、男性、双性恋、男性同性恋、女性同性恋、阴阳人）、婚姻与配对（包含了我能想到的一切联系）、种族、少数民族、衰老、生态学、信仰（基督教的、犹太教的、伊斯兰教的、印度教的、佛教的、新世纪的、非洲的）、艾滋病与疾病、人口控制、阶级、暴力、科技（这是相当广泛的主题）、政治权力（民主的、共产主义的、社会主义的、无政府主义的、法西斯主义的）、民族主义、军国主义、全球化、经济权力（自由市场资本主义的、社会主义的）、艺术、音乐、戏剧、犯罪、青少年。对我而言，这是乌托邦思想延续的重要明证。

覆盖整个 20 世纪的跨国对比很接近于我上面的模式。英国与美国显然产生了乌托邦——狄托邦——关涉共产主义的新乌托邦。然而很少有法西斯主义与国家社会主义的乌托邦描述，即便有，也很快被狄托邦的图景所淹没。

的确没有一种单一的新乌托邦图景，尽管20世纪70年代后期与80年代初期女权主义乌托邦一度接近于统治地位，随后有生态乌托邦，有时但不总是带有女权主义元素。不过90年代情况就不再如此。

澳大利亚、加拿大、新西兰并不整齐划一地符合整个模式。确实有被狄托邦替代的共产主义乌托邦，但在这三个国家，虽然一个重要内容是女权主义与环境保护论，地方利害关系仍然占优势，后者在新西兰尤为重要，而且一般说来是联系在一起的。

澳大利亚提出了一个有意思的问题，因为在上世纪最后25年，几乎所有乌托邦都被写成完全的狄托邦。这在澳大利亚持续成为一种负面未来图景的主要模式，显然是前英国殖民地中独一无二的现象。因澳大利亚的狄托邦基本是警戒，这个图景并不如乍看上去那么消极。正如上文指出的，狄托邦常常有积极的信息，认识到这一点尤为重要。

澳大利亚的另一种怪异之处是，有意识的社区在那儿司空见惯。人们希望实践他们中许多人明确视为乌托邦的试验，而不是作为整体的国家。

澳大利亚的作家们有两个巨大的忧虑，看上去是阶级社会的成长与环境灾难。在一个美国人看来，显然应是澳大利亚经历中核心的问题——糟糕地对待土著，比美国对待印第安人与黑奴更甚，在前英国殖民地中只比南非好些，这个问题几乎被完全忽略了。新西兰与之形成鲜明对照，毛利人的文化渗透了其乌托邦文学。

加拿大的乌托邦文学中，两个问题经常出现，即魁北克与美国。说英语的加拿大人似乎仍在寻找单一的加拿大身份，这个身份只有一个清晰的部分，即不是美国人。

当然，魁北克简直不适合这种身份。英语乌托邦文学与法语乌托邦文学在魁北克问题上完全持不同看法。一般来说，英语作品讽刺挖苦魁北克人的期望，而法语作品则把从加拿大分离作为总目标。这种区别贯穿于加拿大历史，自1839年始，魁北克人的乌托邦就集中于从说英语的加拿大独立。

巨大的担忧与希望似乎构成了加拿大的裂变。从1888年的灯光大厅到最近的加拿大作品，给加拿大乌托邦作家们灵感的单一问题是民族团结，许多作品常常瞄准魁北克，有时也关心西部或太平洋地区。近来，魁北克问题不仅仅作为加拿大的裂变而提出，而且是作为一种无法使加拿大保持团结的境遇而提出。

20 世纪的许多时候，众多新西兰人把新西兰看作早已是中产阶级的乌托邦，或这种乌托邦就在不远的将来。该世纪最后 25 年，新西兰经济遇到严重问题，新西兰勉强变成新乌托邦的试验场所，包含解除对经济的严格控制、急速建立了世界上最自由的市场、取消了长久以来常见的福利系统。这个试验产生了显而易见的阶级差别，巨大的财富与未得到保护的贫困同时并存。反对试验的最近行动导致了新的选举，这使得政策的激进转变更加困难，并招致一种逐步回归此前新西兰的趋势。在新西兰乌托邦中，出现了相应的诚信丧失，不论是在著作中还是在实践中，当合作者在建立乌托邦时，政府与企业相互敌视，如同反对他们传统的敌人。

在 20 世纪的大部分时期，英国与美国见到了他们自己成为世界的中心，美国现在仍旧如此。乌托邦著作反映出英国对于自身以及在世界中所充当角色的矛盾态度：既担心迷失在欧洲，又担心欧洲自身会崩溃。许多著作把英国说成是破碎的、瓦解了的，或甚至是美国的一部分，但没有总的模式。想想英国 20 世纪的处境，这么说并不奇怪。可能奇怪的倒是，许多正在写作中的积极乌托邦显示，英国正解决其问题，并以适宜居住的好地方这个形象而出现。

在美国，当前注意力的焦点在于身份，但确切地说，不是民族身份，而是涉及性别与种族身份的亚集团身份，二者在乌托邦著作中都有很强烈的表述。

经常发生的特定问题包括环境或更为通常的科技。纳米技术与人类基因工程是当前关注的主流。经济方面的焦点是全球化，几乎没有人认为这是一个积极的趋势。

总而言之，美国作家更关注权力及其滥用。这种关注导致了数量不正常的无政府主义乌托邦。在勒吉恩的《被剥夺者》之前，乌托邦著作中很少见到无政府主义；但这在今天的美国与英国早已习以为常，政治在美国出现了一些特别的转变。在美国，从利用自由主义或少数派来反资本主义的立场，到许多政治理论家的无政府主义立场，都被贴上“无政府主义”的标签。科幻小说出版商们正在出版前两类著作，只有少数出版第三类著作。

结　论

我已经指出，乌托邦思想是重要的，但也是有问题的。之所以重要，在于这是我们用以挑战狄托邦的唯一途径。之所以有问题，在于人们为了自己的目标而滥用了乌托邦的显著吸引力。我已经表明，近来乌托邦作家们认识到了这一点，创作出的乌托邦更为复杂、多维度，更少确定性，脑海中是带有 20 世纪末、21 世纪初的居民形象来设计的。我已指出，今天的世界包含了许多乌托邦，其中许多是狄托邦式的乌托邦，如果他们有机会去理解，"我"的 16 世纪与 19 世纪晚期的自身将很有吸引力。我也已揭示，乌托邦中存在国家差异，国家中也有乌托邦的差异。

我们自己需要摆脱过去学者们通常具有的简单观念，即认为所有乌托邦某种方式上是相似的，应认识到 2004 年我们世界中乌托邦的丰富多样性。只有这样，我们才能理解乌托邦冲突在今天所充当的重要角色。

太多人仍处于"我"自己在 16 世纪的位置，渴望一切乌托邦的最基本要素：一个撑饱的胃、体面的衣服与居所。另一些人如"我"在 19 世纪晚期的状况，渴望较少伤害身体、折磨心理的工作。这类人并不只是在第三世界才有，伦敦、巴黎与纽约都能见到。他们开放地面对先知与政治家的奉承。

幸运的是，我们还有乌托邦的热望，尽管常常弥散而不能确定。我们希望在一个更好环境中过更有意义的生活。我们希望有一个能让我们发现自己并表达自己的世界。我们或许认识到一个美国异性恋男人的乌托邦将不同于法国女同性恋者的乌托邦，但是，我们希望有一个世界，在那里他们都能过完美、有意义的生活。

即使这种乌托邦也有其潜在的狄托邦。事实上，似乎有两个：一方面，乌托邦的热望留了下来，但变得非常以自我为中心；另一方面，或简直就是第一种的另一个版本，寻找意义，就如同寻找乌托邦，永远倾向于达到之外，变成令人绝望的寻找快乐。我们不用走很远就能发现这些狄托邦的皈依者。先知和政治家们已经准备好了，正希望利用这些寻找者。

治疗狄托邦的药方还是乌托邦，但在今天，其必须是有自我意识、能自我批评的乌托邦，认识到其热望中的狄托邦潜力。今天通常认为阿尔伯特·加缪过时了，但在他的《既非受害者，亦非刽子手》(表明乌托邦内容的题目)中，他写道：他不会愚蠢到要盼望一个"绝对的乌托邦"，一个"相对的乌托邦"应是可能的。我们必须声明"相对乌托邦"的必要性，以避免"绝对乌托邦"与乌托邦在预言家与政客们的诡计下变成狄托邦的危险(加缪，1972)。比实际上阅读乌托邦更糟的事情是，要达到这一点，我们需要做得更多。今天全世界的乌托邦作者们认为，仍值得梦想与期望一个更好的但不是完美的世界。

参考文献

Arama, Horia. 1993. 'Utopias Are Written in Romania As Well'. *Utopian Studies*, 4(2):144—149.

[Aubin, Aime-Nicolas]. 1839. 'Mon voyage a la lune'. By Napoleon Aubin [pseud.]. *Le fantasque* (Quebec City, Quebec, Canada)(9, 21 July, 3 August, 2, 17 September, 1 October, 1839). Reprinted in Imagine. 8—9: 25—45; and NapoLeon Aubin, ed. Jean-Paul Tremblay. Montreal, Quebec, Canada: Editions Fides, 31—40.

Baccolini, Raffaela. 2000. 'Gender and Genre in the Feminist Critical Dystopias of Kathareine Burdekin Margaret Atwood, and Octavia Butler'. In *Future Females, The Next Generation: New Voices and Velocities in Feminist Science Fiction Criticism*, ed. Marleen S. Barr. Lanham, MD: Rowman&Littlefield, 13—34.

—. and Tom [Thomas Patrick] Moylan, eds. 2003. *Dark Horizons: Science Fiction and Critical Dystopia at the Turn of the Century*. London: Routledge.

Barnes, Julian. 1998. *England, England*. London: Jonathan Cape.

Bellamy, Edward. 1888. *Looking Backward: 2000—1887*. Boston, MA: Ticknor.

—. 1897. *Equality*. New York: D. Appleton.

Benson, Arthur Christopher. 1912. *The Child of the Dawn*. London: Smith, Elder.

Booth，Stephen. 1993. *City -Death*. Oxford，England：Green Anarchist Books.

Camus，Albert. 1972. *Neither Victims nor Executioners*. Trans. Dwight Macdonald. Chicago：World Without War Publications. Originally published in *Combat* (1946)and trans. in *Politics* (July -August 1947).

Coupland，Philip. 2000. 'Voices from Nowhere：Utopianism in British Political Culture，1929—1945'. Dissertation，University of Warwick.

Cullen，Steve. 1996. *The Last Capitalist：A Dream of a New Utopia*. London：Freedom Press.

Davis，J. C. 1981. *Utopia and the Ideal Society：A Study of English Utopian Writing* 1516—1700. Cambridge：Cambridge University Press.

Dergovic-Joksimovic，Zorica. 2000. 'Serbia Between Utopia and Dystopia'. *Utopian Studies* 11(1)：1—21.

Evans，Robert O. 1973. 'The Nouveau Roman，Russian Dystopias，and Anthony Burgess'. *Studies in the Literary Imagination*，6 (Fall)：27—38.

Hart，John. 1992. *Jizz*：The *Story of a New Renaissance Man and the Riddle of Existence*. London：Black Swan.

Hoffer，Eric. 1951. *The True Believer：Thoughts on the Nature of Mass Movements*. New York：Harper.

Jaeger，Muriel. 1926. *The Question Mark*. London：Leonard and Virginia Woolf at the Hogarth Press.

Koste，Patricia. 1983. 'Dystopia：An Eighteenth Century Appearance'. *Notes and Queries*，228(N. S. 30. 1)(February)：65—66.

Le Guin，Ursula Kroeber. 1974. *The Dispossessed：An Ambiguous Utopia*. New York：Harper & Row.

Lighthall，William Douw. 1888. *The Young Seigneur；or，Nation -Making*. By wilfrid Chateauclair[pseud.]. Montreal：Wm. Drysdale.

Lupton，Thomas. 1580. Siuqila. *Too Good，to be true：Omen Though so at a vewe，Yet all that I told you，Is true，Iupholdeyou：Now cease to ask why For I can not lie. Herein is shewed by way of Dialogue，the wonderful man-*

ers of the people of Mauqsun, with other talk not frivolous. London: Henrie Bynneman.

Metcalf, Bill [William James], ed. 1995. *From Utopian Dreaming to Commutal Reality: Cooperative Lifestyles in Australia*. Sydney, Australia: UNSW Press.

More, Thomas. 1516. *Libellus vere aureus nec minus salutaris quam festivus de optimo reip[ublicae]statu, deq[ue] noua Insula vtopia*. [Louvain. Belgiuml]; Arte Theodorice Martini.

Moylan, Tom[Thomas Patrick]. 1981. 'Figures of Hope: The Critical Utopian the 1970s. The Revival, Destruction, and Transformation of Utopian Writing in the United States: A Study of the Ideology, Structure, and Historical Context of Representative Texts'. Dissertation, University of Wisconsin-Milwaukee.

—. 1986. *Demand the Impossible: Science Fiction and the Utopian Imagination*. London: Methuen.

—. 2000. *Scraps of the Untainted Sky: Science Fiction, Utopia, Dystopia*. Boulder, CO: Westview Press.

Petersilea, Carlyle. 1889. *The Discovered Country*. By Ernst von Himmel [pseud.] Boston, MA: Ernst von Himmel Publishing Company.

Phelps, Elizabeth Stuart [often listed as Elizabeth Stuart Phelps Word]. 1883. *Beyond the Gates*. Boston, MA: Houghton, Mifflin.

Polak, Frederick L. 1961. *The Image of the Future: Enlightening the Past, Orientating the Present, Forecasting the Future*. Trans. Elise Boulding. 2vols.

Leyden, The Netherlands: A. W. Sythoff/New York: Oceana.

Pordzik, Ralph. 2001. *The Quest for Postcolonial Utopia: A Comparative Introduction to the Utopian Novel in the New English Literatures*. New York: Peter Lang.

Preston, Peter. 1998. *51st State*. London: Viking.

Rathbone, Julian. 1998. *Trajectories*. London: Victor Gollancz.

Roberts, Andrew. 1995. *The Aachen Memorandum*. London: Weidenfeld & Nicolson.

Sargent, Lyman Tower. 1975. 'A Note on the Other Side of Human Nature in the Utopian Novel'. *Political Theory*, 3(1)(February):88—97.

—. 1977. 'Human Nature and the Radical Vision'. Nomos XVII: *Human Nature in Politics. Yearbook of the American Society for Political and Legal Philosophy*. Ed. J. Roland Pennock and John W. Chapman. New York: New York University Press:250—261.

—. 1982. 'Authority & Utopia:Utopianism in Political Thought'. *Polity*, 14(4)(Summer):565—584.

—. 1994. 'The Three Faces of Utopianism Revisited'. *Utopian Studies*, 5 (1): 1—37.

—. 2000. 'Utopianism and National Identity'. *CRISPP: Critical Review of Intemational Social and Political philosophy*, 3 (2&3) (Summer/Autumn). 87—106. Volume also published as *The Philosophy of Utopia*, ed. Barbara Goodwin. London:Frank Cass, 2001, 87—106.

—. 2001a. 'The Dissemination of Utopian Literature from England to Australia, Canada, New Zealand, and the United States'. In *Contemporary Utopian Struggles: Communities Between Modernism and Postmodernism*, eds. Saskia Poldervaart, Harrie Jensen and Beatrice Kesler. Amsterdam, The Netherlands:Aksant, 145—155.

—. 2001b. 'Utopianism and the Creation of New Zealand National Identity'. *Utopian Studies*, 12(1):1—18.

Tokarczyk, Roman A. 1993. 'Polish Utopian Thought:An Historical Survey'. *Utopian Studies*, 4(2):128—143.

Wells, Herbert George. 1905. *A Modern Utopia*. London: Chapman and Hall. Originally published as 'A Modern Utopia. A Sociological Holiday'. *The Fortnightly Review*, NS, 76—77(Nos. 82—83)(October 1904—April 1905).

—. 1923. *Men Like Gods*. London: Cassell. Originally published in *The White*, John. 1996. *Biograph*. Grassington, England:Fractal Press.

Wilde, Oscar. 1910. *The Soul of Man Under Socialism*. Boston: John W. Luce.

Originally published in *The Fortnightly Review*, 55 (NS 49) (February 1891): 292—319.

第二章
西方乌托邦传统的诸方面

克里斯安·库马尔

要理解今日乌托邦所处的位置，就要了解其过去，了解其从哪里来，这个观念的内涵是什么。我们自由地赋予乌托邦我们喜欢的任何含义，似乎更有助于在它自身最终的历史语境中加以判断。起码在西方，存在一个乌托邦的传统。

或许看上去有点荒谬，在托马斯·莫尔创造的双关性语汇中，乌托邦既是理想场所，同时也是乌有乡。这将其变成未受现实与理性考虑过、检验过的想象力最疯狂的产品。更广泛的如科幻小说、梦中幻境，好像都要归属于这个范围。如果据定义，乌托邦既不存在也永远不会存在，如果乌有乡永远不能变成现实，为什么要将我们自己局限于仅仅可行的东西，而不管实际可能的东西呢？为什么不能使狂想最自由地发挥，使想象力突然设计出最符合我们欲望的框架呢？

事实上，一切时代与一切社会都有表达这种热望的思想形式与大众文化。几乎一切社会都有天堂或金色岁月的传统，日常生活中没有痛苦与贫困，所有人都生活得自由自在、幸福喜悦。在科凯恩(Cockaigne)与施拉拉芬(Schlaraffenland)这样的民间乐土中，希望欢乐而不受约束，并能或多或少地得到即刻的满足。在黄金国(Eldorados)与香格里拉(Shangri-Las)这样的地方，人们和平、和睦并永远满足地生活着。

这些都不是乌托邦，起码不是西方五百多年来所理解并实践的那种形式。自一开始，在莫尔的理性而有约束的乌托邦幻境中，乌托邦就带有与当前现实步调一致的某种清醒与希望。仿佛蓄意与大众的宽泛想象力保持距离。它当然希望超越自己所处的时空，因而寻求创立一幅善良完美社会的图景。但它仍旧是可能性的王国——根据手边人类与社会的物质是可能的。虽说它接受人性是可塑的，虽说它的所想超越了社会与政治思想的习惯范围，但它仍旧接受人类社会心理学的与社会学的现实。即使 H. G. 威尔斯的社会与技术工程的奇迹，也带有偏差与失败，即使威廉·莫里斯的快乐的《乌有乡消息》，也知道挫折与不幸。

乌托邦王国很大但不是没有边际。乌托邦尽管解放了想象力,但同时也为想象力设定了边界。这或许正是其魅力与力量的源泉。

因此,不论今天如何思考乌托邦的可能性,考虑过去已有的乌托邦的基本形式与主题,看来都是一件明智的事情。自 1516 年莫尔的《乌托邦》出版以来,乌托邦有着连续的历史(即使莫尔自己的著作问世以来,也在以一种或另一种欧洲语言不断再版)。主要的乌托邦著作,如莫尔的《乌托邦》、康帕内拉的《太阳城》(1623)、安德里亚的《基督城》(1619)、培根的《新大西洲》(1627),在欧洲文字工作者中赢得了巨大声誉,为批判性评论与尊敬性模仿提供了主题。所有的乌托邦作者们都熟知这些伟大的著作,他们甚至还在霍尔(Hall)的《相同与不同的世界》(1605)或乔纳森·斯威夫特的《格列佛游记》(1726)中看到了对之的挖苦或驳斥(这就给乌托邦传统增加了反乌托邦或狄托邦的内容)。到了 20 世纪[①],在贝拉米、莫里斯、威尔斯、赞亚丁、赫胥黎及奥威尔的乌托邦与反乌托邦中,我们仍旧可以看到近代早期伟大乌托邦著作及其系谱后裔的持续影响。

这意味着乌托邦作者们知道,他们在一个特定的思想传统、写作传统中工作,这个传统为他们提供了与过去进行对话的材料。如同所有传统一样,这暗示着张力与创造性。必须要与现实有某种联系,对给定的道德、技术与社会条件下什么才可能有一定的理解:飞翔及管乐是可能的,但只有在科技早已昭示其具备可能的情况下;世界政府与世界规则是可能的,但只有在生气勃勃的工业经济早已开始创造一个世界范围内的关系体系的情况下;试管婴儿与全天候监视是可能的,但只有在科学家与政治家早已宣布现代科学与现代国家的巨大力量能做到什么,并且没有宗教与传统道德的约束力量时,才能做到。[②]

与此同时,乌托邦逸出了常规社会与政治理论的传统约束。它是一个虚构,一种讲故事的形式。在描绘美好社会时可以调动所有想象的力量。莫尔给朋友皮特·吉勒斯(Peter Giles)的信中说,《乌托邦》是“真实的虚构,如同带蜜的油污,或许能轻快一点地进入人们的心中”[③]。它告诉我们,不论以何种戏谑的方式出现,乌托邦是一件严肃的事情。同时也揭示了文学或艺术技艺允许乌托邦

① 应为 19 世纪,原文有误,译者注。

② 我已经在《近代的乌托邦与反乌托邦》(1987)一文中指出了这一点。

③ 给皮特·吉勒斯(Peter Giles)的信,见莫尔 1965:251。

作者有巨大的创作范围。尤其是小说一旦出现——乌托邦似乎是其发展中的重要部分——在此类型中展现的都是各种可用的技艺。后来的电影与电视又增加了可用的媒介与技术。

本文试图粗略描述西方乌托邦写作的一般模式。主要目的并非是做历史编纂,而是为思考我们时代乌托邦命运以及未来可能性做一种必要的准备。它旨在揭示我们归结为乌托邦的、归结为写作与思想乌托邦传统的这种东西。我们随心所欲地发展它。但是我们应当谨慎,避免把任何我们有所感觉的东西称作乌托邦——如果可能,我们希望利用乌托邦在过去时代所展现的巨大力量与想象力。

什么才是、何时才是乌托邦?古典的与基督教的影响

乌托邦历史的许多著述是从柏拉图与其《理想国》开始的。有时它们还囊括进了《圣经》章节,特别提到弥赛亚的预言,在《旧约》与《新约》中引用千年王国的观念。[①] 换句话说,西方的一般共识是,乌托邦有古典与犹太—基督教的祖先。

这种遗产暗示了双重主题。首先是从希腊传统而来的理想城市模式,柏拉图的《理想国》与《法律篇》是两种相关的主要著述。这里设计的元素是最重要的。乌托邦思想家按照预计中完美城市的模式想象出了一个理想的社会。其政治的、社会的、空间的组织,符合正义与善的一切要求。它给人民提供精神与物质福利。本质上,它不是一个平等主义的概念,因为一些功能比另一些重要,一些美德比另一些地位高,一些需求有优先性。因此,它倾向于是一个贵族的与分等级的模式,无论在其社会组织还是在自然规划中都有所体现。在社会等级顶端的是"哲学家之王",或类似的人,在人数较少的职员的帮助和支持下,因一个实用等级的辛劳而延续。城市的空间秩序近似中心化与等级化。有一个中央的行政—精神中心,由此辐射出承担次要功能的城市区域。

柏拉图式理想社会的观念在文艺复兴时期的思想家与建筑师那里得到了有力表达,如阿尔贝蒂(Alberti)与菲拉雷蒂(Filarete)。[②] 它也藏在康帕内拉的

---

① 旧例子见赫尔策尔(Hertzler)1965,新例子见曼纽尔(Manuel)1979。

② 见罗森纳(Rosenau)1983,后来的表述见费希曼(Fishman)1977。

《太阳城》之后。在近代,受柏拉图影响的最好例子是H.G.威尔斯的《近代乌托邦》,其统治等级是禁欲的、受过科学训练的武士。

古典观念是静态的、固定的。它假想了一个永恒的秩序。理想社会的参数一旦确立,将会从一而终。完美的标准是理性。好的社会是理性的社会,理性原则是永恒的普遍的。受过理性与科学训练的人,是建立和管理理想社会的最好装备。主要问题似乎是如何处理那些不服从理性的脱轨者与不满者。阿尔都斯·赫胥黎(Aldous Huxley)在《勇敢的新世界》中,把这一点作为开始的前提,认为脱轨者、野蛮者是反抗没有感情的科学乌托邦人性的完美表达。乔治·奥威尔(George Orwell)在《1984》中,以稍微不同的方式表达了同样的观点,尽管社会已不再如早期乌托邦古典模式那样非常有理性——温斯顿·史密斯曾对此作出过无用的抗议。总而言之,可以说反乌托邦的主要目标,从斯威夫特的《格列佛游记》到萨缪尔·巴特勒的《每个人》(Erewhon)与叶夫根尼·赞亚廷(Evgeny Zamyatin)的《我们》,反映了人类理性的骄傲自大。其与一些有这种色彩的伟大文学作品(如玛丽·雪莱的《作法自毙的人》与陀思妥耶夫斯基的《卡拉马佐夫兄弟》)形成呼应。

犹太—基督教的贡献一直是乌托邦的一个动因。弥赛亚在降临的犹太预言与千年王国在来临的基督教期望形成的乌托邦,如同古典的理想城市般永恒不变。在《启示录》以及受此启发的著作中,未来秩序是模糊的形象——千年世界将是一个和平富足的时代——与古典模式的描绘相比,这是极不清楚的。所有的注意力集中于将要来到的时刻。典型的主题是"岁月的终结"、"历史的终结",旧事物的废除与新事物的开始。带有一种迫切与期盼的感觉。典型的难题是,在迎接期待日子的过程中,人们该做些什么准备。没有人怀疑未来正在来临。而且最重要的是,基督教的千年王国显然要成为一个世俗的秩序。其次,基督的降临将宣告基督在世上的千年统治。①

乌托邦在其想象中渐渐融进了这个动力纬度。中世纪的基督教在奥古斯丁的魅力下,倾向于不予重视世俗的福佑与完美。当乌托邦观念在文艺复兴时期复活时,它们回归了希腊的土壤。直到18世纪,乌托邦一直纠缠于理想之城的

① 见奥尔松(Olson)1982年的出色讨论。也可见洛维特(Lowith)1949年对西方社会思想中基督教千年王国思想位置的精彩论述。

主题，虽说明显增加了科学与技术的现代元素，但进步观念在17世纪晚期与18世纪早期的胜利，使欧洲思想释放出决定性的现世性，乌托邦也是如此。人们逐步按照时间而不是按空间方式来对待乌托邦（塞巴斯蒂安·梅西耶的《2440年》就是最早的例子之一）。[①] 乌托邦不是在某个远处的岛上，也不是在一个遥远的山谷，而是在将来，随着利用人类社会必要发展对人类知识产生的动力而出现。

这种发展有估计不到的一面。当启蒙运动的乌托邦充分利用新的世俗资源时，法国与工业革命刺激了思想，乌托邦似乎不仅仅是某种遥不可测的事件，而是即将来临的可能事物。在圣西门、孔德以及他们的继任者手中，在欧文、傅立叶与早期马克思思想中，乌托邦变成了社会科学的一种，他们认为可以通过手边工具来建设好的社会，而且这是奋力要诞生的社会。[②] 好的社会似乎不是想象图景的必不可少物。最迫切的需要是对现代科学与现代工业创造的新型社会进行科学的分析，以缩短没有短缺与痛苦的新秩序诞生时的阵痛。乌托邦暂时中止了。改革与重建的方案取代了它的位置，它们利用新的社会科学，以严格理性的与科学的事业方式给乌托邦指出了一条道路。大多数是社会主义的变种。尤其是马克思主义理论，将旧的末世学与千年王国的热情与理性组织的古典主题融为一体，创造出近代最权威（如果说不是形式上的）的乌托邦图景。[③]

尽管乌托邦作为一种文学样式经受了暂时的抑制，潜藏于社会思潮下的世俗冲动在社会科学家的进化框架中仍旧非常强劲，19世纪末乌托邦的重新强力出现表明了这一点。有趣的是，正是社会主义未能产生预期的支持或实现其目标，似乎刺激了乌托邦的复兴。当社会主义者开始看到有必要以各种色彩斑斓的方式展示可能的社会时，马克思拒绝为未来社会主义提供图景的研究被忽视了（“我不会为未来社会的小饭馆写秘方”）。爱德华·贝拉米的《回顾》（1888）、威廉·莫里斯的《乌有乡消息》（1890）、H. G. 威尔斯的《近代乌托邦》（1905）以及19世纪末20世纪初云集在该领域的许多其他人，都有此目标。在几乎所有作品中，世俗纬度都是最重要的。社会需要时间才能使权力成熟，使人们有意

① 有关梅西耶（Mercier）乌托邦的知识语境，见巴克兹科（Baczko），1989。

② 有关这方面的演进，见古德温（Goodwin），1978。

③ 关于马克思主义乌托邦的素描，见库马尔，1987，第2章。马克思主义与乌托邦的矛盾联系乔治甘（Geoghegan，1987）有很好的检讨。

识。社会主义会来的,但只有在一切具备之后,只有当时机成熟时才会到来。[1]就这样,到这种程度,乌托邦的千年基础——给希望与历史提供元素——开始持续显示力量,直到最近。[2]

近代乌托邦

我在别处曾说过,我们应把社会的理想之城与基督教的千年王国看作史前史或无意识的乌托邦。它们是潜藏的元素,给乌托邦提供了许多目的与动力。但它们本身并不是乌托邦。乌托邦是托马斯·莫尔爵士 1516 年在书中发明的,该书名副其实。虽然受到希腊思想的影响,但不像任何古典乌托邦,比如说不像柏拉图的《理想国》。起码在形式上也不是基督教式的。莫尔的乌托邦是异教的。人们在没有神圣的启示之光下,仅靠人类理性就能创造出最好的社会。莫尔的乌托邦是理性的、世俗的甚至是实用主义的社会,在这一点上与许多过去的好社会模式分道扬镳。

莫尔的《乌托邦》不仅仅在内容上与过去的模式不同。形式同样如此。撇开第一部分对话不说,第二部分的乌托邦是单独的虚构。如果有任何先前模式,也绝不是柏拉图《理想国》中的哲学草图,而是柏拉图《蒂迈欧》与《克里狄亚》中的科学虚构,他在书中讲述了亚特兰蒂斯以及与古代雅典竞争的故事。这是不同于《理想国》的模式,从苏格拉底对《蒂迈欧》的公开评论中就可以看出,苏格拉底表述了对理想社会草图(很像《理想国》)的不满——他与客人们前一天已经探讨过。

柏拉图确实没有表述这些——《蒂迈欧》与《克里狄亚》中对亚特兰蒂斯的描绘是片断——事实上任何古典世界所谓的乌托邦都没有如此。[3] 乌托邦诗人阿涅莫琉斯(Anemolius)说得很清楚:

① 这是一个特征,在莫里斯的《乌有乡消息》中尤为明显。贝拉米也把时间看作重要成分——不同于莫里斯,他甚至没有预见到通向社会主义的革命道路的严重冲突——但是他确实如莫里斯一样,强调时间对于必要意识发展的重要性。

② 千年主义在早些时候以更文学的感觉为乌托邦提供了原料,如在德国农民战争、英国内战与 19 世纪的美国期间。它以宗教形式持续为近代世界的乌托邦梦想与期望提供养料。有两个特别出色的研究成果着眼于北美与南美,见鲍耶(Boyer,1992)与格拉齐亚诺(Graziano,1999)。

③ 为该观点的辩护,见库马尔,1991。

柏拉图的笔已经扼要描绘

词汇清晰，如在玻璃杯，

我亦同样如此

那里有适当的人们、适当的财富与法律。①

根据定义，一切乌托邦都是虚构；与历史写作不同，他们需要处理并非是事实的可能性。他们喜欢想象文学的各种形式。他们比小说通常停留在可能性边界走得更远，包括了对许多人而言是看似不可能的东西或至少非常不可能的东西。他们的虚构更属于科学虚构一类，而非惯常的写实主义或自然主义的小说。尽管如此，其仍属于小说领域，有着小说的主要特征。

最好把莫尔设计的乌托邦看成一种小说。事实上，当它在18世纪出现时，其毫无疑问以更惯常的形式促进了小说的发展。② 一旦成为小说，相应地又拓宽了乌托邦的领域与可能性。五百年来，莫尔杰出文学创作的延续性值得关注。莫尔的旅行者越过地表进入乌托邦；另一些人则穿越时光，到遥远星球远足，在梦想或酣睡中开辟通向乌托邦之路。不论他们以何种方式到达，他们描绘乌托邦的方式通常紧紧追随莫尔的模式。尽管内容有所差异，莫尔在阅读贝拉米的《回顾》(1888)、莫里斯的《乌有乡消息》(1890)或威尔斯的《人如上帝》(1923)中的基本乌托邦方式时，不会遇到困难。

如果愿意，事实上我们能区别出一种“乌托邦的社会理论”，卢梭的《社会契约论》以及欧文的系列著作、傅立叶与马克思就是这样的例子。这是有用的武器，能有效地区别出不同于霍布斯的《利维坦》、洛克的《政府论》③的社会与政治理论。不过，我认为与莫尔虚构的或文学的乌托邦相比，乌托邦的社会理论中对好社会的描述不太令人信服，并在涉及具体的社会秩序时常遭遇致命的含混性，这在著作开头基本原则的含义中就可见到。

是什么使得文学乌托邦在促进社会向好社会发展时优于其他方式？为什么贝拉米的《回顾》与莫里斯的《乌有乡消息》等著作，其理论主张比马克思的《资本论》甚至《共产党宣言》更适度，尽管在促使男男女女们转向社会主义时未必比后

---

① 乌托邦诗歌在埃瑞曼(Everyman)所编的《莫尔的乌托邦》(1962)一书中。

② 关于乌托邦对于小说早期发展的贡献，见麦克科昂(McKeon)，1987。

③ 进一步论述见库马尔1991。

者更成功？显然故事比抽象的分析更具吸引力。伯特兰·德·尤文内尔(Bertrand de Jouvenel)认为，乌托邦比无论多么深刻的抽象论述更允许人们进行甜蜜的理论试验。乌托邦的表达模式是“描绘日常生活的幸福图景”，人们有动力去使世界变得如此。他认为这一点对于乌托邦写作而言非常重要，因此“乌托邦的称号会被任何缺少日常生活图景的新社会模式所拒绝”。乌托邦不仅仅着眼于劝说，它也是一种分析方式。与抽象的理论化不同，后者要求人们相信，仿佛渴望的结果能从相应的理论原则含义中得出——如幸福将随着剥夺剥削者而来——乌托邦的作者则感到有必要提供一幅发达而详尽的幸福世界的图景，该图景也将从特定原则的含义中而来。我们看到人们在工作、在玩耍、在家中，看到社会公共空间、私人生活与政治生活中的他们。通过角色与事件的发展以及日常生活场景与环境的描绘，我们感受到了新社会中的“好日子”。因而能判断出所提供的生活的似是而非性与满意度(尤文内尔，1973)。是贝拉米的还是莫里斯的社会主义模式吸引了我们？二者同样都把私有财产看作是现代社会失调与不满的来源，哪一种更有可能随私有财产的废除而出现？最终可将之归结为节制问题，贝拉米与莫里斯在他们对未来社会的描绘中给我们提供了材料，据此可以判断他们社会主义原则的可能结果，以及我们希望在他们的社会中生活的渴求程度。

正是文学乌托邦的这些特性，成为乌托邦命运的基准点。无论理论家的推测多么生动与原创，除非他或她给读者心灵提供一幅活生生的社会图像，否则，其关于美好社会或未来社会的图景将失去力量。当社会主义的观念已经变得模糊不清时，我们仍记得贝拉米、莫里斯、威尔斯的世界。他们或许源自同样的基本观念之库，但是他们表达的方式非常不同。费边论文或德国社民党的厄尔福特方案不同于《回顾》与《近代乌托邦》。

乌托邦与反乌托邦

文学乌托邦的近亲反乌托邦同样具有这种长处。没有集权主义理论，没有科学自大或技术威胁的尽责警告，奥维尔的《1984》或赫胥黎的《勇敢的新世界》同样有力地留下了关于20世纪图景的印记。类似于乌托邦，反乌托邦也需要文学想象传递信息。

有理由认为，源于消极面的反乌托邦模仿了旧的讽刺形式。随莫尔的《乌托邦》问世以及由此开创的传统，这种批判讽刺的基因不断刷新工作的原料。早期乌托邦，甚至也包括一些晚期作品，倾向于混合乌托邦与反乌托邦元素。因此，在莫尔的《乌托邦》中，反乌托邦的多铎王朝被乌托邦社会的亮色所弥补。斯威夫特的《格列佛游记》也以复合而快活的方式杂糅了乌托邦与反乌托邦。这种并置在萨缪尔·巴特勒的《每个人》、贝拉米的《回顾》以及一些威尔斯的作品中都可见到回响。

但自19世纪晚期始，乌托邦与反乌托邦分开了。反乌托邦表达了对科学、技术、物质进步的担忧之情，它们似乎要给人类价值带来最大的威胁，对于乌托邦而言，恰恰正是这些东西提供了希望。尼古拉·别尔嘉耶夫指出，乌托邦太有可能了，要做的是用尽全部力量来抵制它。这一点在《勇敢的新世界》甚至《1984》中也很清楚，带有反乌托邦的嘲讽味道。反乌托邦的调子变得越来越急迫，对于社会的描画越来越详细、真实。没有从作者自我社会通向新社会或未来社会的趋势，而这一点在乌托邦中司空见惯。人四平八稳地直接着陆于噩梦般的社会中。赫胥黎的《勇敢的新世界》以“伦敦中央孵化场与训练中心”场景开始，《1984》以“这是四月晴朗寒冷的一天，时钟敲了十三下”的显著不安开头。

乌托邦与反乌托邦的竞争对于双方都有好处。回应随着挑战而生，本身也变成需要深入回应的新挑战。这不是乌托邦与反乌托邦匹配的简单问题。既然一个人的乌托邦会成为另一个人的梦魇，挑战回应模式就能在乌托邦传统自身发生。如贝拉米的《回顾》激发了莫里斯的《乌有乡消息》，后者又激发了威尔斯的《近代乌托邦》。[①] 乔治·奥维尔所称作的“乌托邦之链”每增加一环，就得以加强一分，不论其是乌托邦还是反乌托邦形式。

乌托邦与西方传统

当托马斯·莫尔于1516年制造出世界乌托邦时，他创造了不止一个的新世界。他创造的是一种新模式。他的《乌托邦》不同于此前古典世界或基督教世界中出现的任何东西。是否也不同于非西方世界中的任何东西呢？

---

① 关于“乌托邦之链”，见《乌有乡消息·导言》(1995)与《近代乌托邦》(威尔斯，1994)。

由于这个主题已在本书其他章节有所讨论，故不拟在此全面展开，能力所限也使我不能对此困难问题作出充分的回答。我的印象，在非西方世界没有真正的乌托邦或乌托邦思想传统。理想社会的其他变种或完美的人道环境——黄金时代、天堂——在非西方社会中大量存在，通常植根于宗教的宇宙观。但是在这些社会中，我们没有发现乌托邦写作、乌托邦批评、发展并变换其主题、探索其中新可能性的实践。即使个别著作带有一些西方乌托邦的特点，但没有思想领域的乌托邦传统。

只有中国曾严肃宣称具有接近于本土乌托邦传统的东西，完全不受西方的影响。① 主要是古代道家大同与太平社会的观念。② 就我搜集的资料，大同与太平观念直至 19 世纪、直到与西方思想产生关键性的融合时，才在乌托邦中找到自己的位置。③ 我们在太平天国(1851～1864)中找到了这种混合物，其已经大量注入基督教千年王国思想。被称作中国第一部真正乌托邦著作的《大同书》，由康有为于 1884～1913 年写成，书中描绘了原子能作动力的世界国家，这是威尔斯式的乌托邦，显然得益于西方的思想与实践。

结　论

乌托邦首先是想象力虚构的产物，与其他这类著作不同，其中心主题是美好的社会。同时，与对美好社会的其他处理方式，不论是黄金时代的迷思、对千年王国的信仰，还是对理想社会的哲学思辨，也有所区别。

莫尔创造的乌托邦思想是理性的与世俗的。莫尔也引进了平等主义，这一点虽没有被所有乌托邦作者们所坚持(尤其是受柏拉图影响的一些人)，但却是近代乌托邦的标志性特征，尤其是 18 世纪以来。在如培根的《新大西洲》等著作中，科学进步元素的加入，使之与西方思想中千年趋向连接起来，赋予乌托邦以动力纬度，由此可囊括进未来时代的巨大领地。在所有方式中，乌托邦既不同于

① 见切斯尼奥克斯(Chesneaux)，1968。切斯尼奥克斯声称东南亚佛教国家也有乌托邦传统，特别是缅甸、锡兰、老挝、泰国和柬埔寨。也可见柯林斯，1988，其提供了佛教主义乌托邦的诸多方面。显然切斯尼奥克斯与柯林斯所称的乌托邦术语要更松散。

② 出色的概述见尼德哈姆(Needham)，1986。

③ 见库马尔 1991 年的讨论与参考文献。

古典的也不同于基督教的先驱，不论它们影响多大。同样，乌托邦不同于非西方的社会政治思想传统。

如何才能有助于我们今天理解乌托邦的命运与未来？首先，这是文学类型——小说的基本模式，小说在后来阶段携带了乌托邦。不论它是否如许多人所称，作为一种严肃的类型已经死亡或者改变了模式，很显然，它已经不再充当过去的角色。它不再是主要的文学样式，如19世纪那样；也不再被看作在想象中表达社会看法与愿望的主要载体，如狄更斯、巴尔扎克、托尔斯泰那样。

这意味着，即使今天仍有人写作乌托邦，他们并非如过去那样是为了赢得注意力。从前的乌托邦，无论是莫尔还是威尔斯所写，变成了公共讨论与论辩的中心。所有受过教育的人都知道并引用它们。它们可以设定政治议程——贝拉米的《回顾》甚至造就了一个主要政党。

今日的乌托邦倾向于为了特定的、有限的读者而写，或者起码这就是它们的宿命。它们的质量能很好，如乌尔苏拉·勒吉恩的《无产者》(1974)。但《无产者》以"科幻小说"的耀眼模式进行包装与销售，不适合于女权主义者与生态主义者。类似的命运——不论是主动的还是被动的——也侵袭了生态主义者与女权主义者所写的许多有趣而有想象力的乌托邦著作，如欧内斯特·考伦巴赫(Ernest Callenbach)的《生态乌托邦》(*Ecotopia*)(1975)或玛格·皮尔西(Marge Piercy)的《时代边缘的女人》(1976)。[①] 或许正是这个方向的预言使阿尔都斯·赫胥黎的"生态乌托邦"《海岛》(1962)应附录于20世纪60年代的反文化，除了对其自己30年前的《勇敢的新世界》作一个机敏回答外，当然没有产生任何反乌托邦的收益。

当然，除小说形式外，其他类型与媒介也可能承担乌托邦的功能。电影已经作出了一些有影响力的贡献，如在詹姆斯·希尔顿《消失的地平线》(1933，电影1937)的电影版本中，创造了香格里拉，还有威尔斯的《未来事物的雏形》(*The shape of Things to Come*)(1933，电影1936)。这些电影不仅仅来源于著名小说，在展示自己反乌托邦方面也做得越来越好，如福立茨·朗的《大都会》(1926)、《1984》的多种版本以及最近的成功之作《黑客帝国》(1999)。电影仍旧明显是有希望的媒介，电视、录像与其他新型视觉技术同样如此。

---

① 最近女权主义的与生态的乌托邦的有关论述，这二者常常互相重叠，见穆兰(Moylan)，1986。

不过形式与技术媒介或许不是最重要的事情。更为重要的可能是后现代主义文化，以及避开理性与进步的"宏大叙述"，这些起码直到20世纪中期仍旧是乌托邦的特点。是否会有后现代主义的乌托邦？一个人能否用讥讽、怀疑、嬉戏、肤浅、反历史、对未来失去信念的方式描绘美好社会？这就提出了与今日乌托邦处境相关的其他问题。如果弗里德里克·詹明信与大卫·哈维是对的，全球资本主义是后现代文化的物质基础，那么它到底是激励了还是阻碍了乌托邦？信息技术革命这个新全球资本主义的动力是否不能服务于乌托邦？如果有生态乌托邦，为什么不能有计算机乌托邦？生物工艺学最惊人的进展是什么？如同全球资本主义与计算机化的世界，这或许会更激励反乌托邦思想而不是乌托邦思想；不过近年来一些科幻小说作者已经在其中以及相关的科学领域中发现了乐观主义的理由，并寻求将之用于乌托邦目的。[①]

透视当下、透视自己所处时代总是一件很困难的事情。或许当前缺乏任何有力的有权威的乌托邦图景只是暂时的过渡期的现象。或许材料正聚集在一起，为新的乌托邦积蓄能量，新乌托邦未必是旧有的文学样式。我们能做的就是希望。当然，需要对这种新的全球性的、同时也是强烈地方性的与支离破碎的世界作有想象力的、全方位的描绘，这个世界如同预兆一样充满希望。

参考文献

Baczko, Bronislaw. 1989. *Utopian Lights: The Evolution of the Idea of Social Progress*, trans. Judith L. Greenberg. New York: Paragon House.

Boyer, Paul. 1992. *When Time Shall Be No More: Prophecy Belief in Modern American Culture*. Cambridge, MA: Harvard University Press.

Chesneaux, Jean. 1968. 'Egalitarian and Utopian Traditions in the East'. *Diogenes* 62: 76—102.

Collins, Steven. 1998. *Nirvana and Other Buddhist Felicities: Utopias of*

① 参见斯坦堡福德(Stableford)，2000。《国际社会与政治哲学评论》特刊3，题为《乌托邦的哲学》，包含了与乌托邦未来主题相关的论文，见列维塔(Levitas)，2000。有关今日乌托邦的需求与可能性的最近阐述，见哈维(Harvey)，2000。

the Pali Imaginaire. Cambridge: Cambridge University Press.

de Jouvenel, Bertrand. 1973. 'Utopia for Practical purposes'. In *Utopias and Utopian Thought*, ed. Frank E. Manuel. London: Souvenir Press.

Elliott, Robert C. 1970. *The Shape of Utopia: Studies in a Literary Genre*. Chicago: Chicago University Press.

Fishman, Robert. 1977. *Urban Utopias in the Twentieth Century*. New York: Basic Books.

Geoghegan, Vincent. 1987. *Utopianism and Marxism*. London: Methuen.

Goodwin, Barbara. 1978. *Social Science and Utopia*. Hassocks, Sussex: Harvester Press.

Graziano, Frank. 1999. *The Millennial New World*. New York: Oxford University Press.

Harvey, David. 2000. *The Spaces of Hope*. Edinburgh: Edinburgh University Press.

Hertzle, Joyce Oramel. 1965. *The History of Utopian Thought*. New York: Cooper Square Publishers(first published in 1923).

Kumar Krishan. 1987. *Utopia and Anti-Utopia in Modern Times*. Oxford: Basil Blackwell.

—. 1991. *Utopianism*. Buckingham: Open University Press.

Levitas, Ruth. 2000. 'For Utopia: The (Limits of the) Utopian Function in Late Capitalist Society'. *Critical Review of International Social and Political Philosophy*, 3(2—3): 25—43.

Lowith, Karl. 1949. *Meaning in History*. Chicago: Chicago University Press.

Mckeon, Michael. 1987. *The Origins of the English Novel*, 1600—1740. Baltimore: Johns Hopkins University Press.

Manuel, Frank E. and Manuel, Fritzie P. 1979. *Utopian Thought in the Western World*. Cambridge, MA: Harvard University Press.

More, Thomas. 1962. *Utopia*, trans. R. Robinson. London: Dent and

Sons, Everyman Library.

—. 1965. *Utopia*, ed. Edward Surtz and J. Hexter. New Haven and London: Yale University Press.

Morris, William. 1995. *News from Nowhere*, ed. Krishan Kumar. Cambridge: Cambridge University Press.

Moylan, Tom. 1986. *Demand the Impossible: Science Fiction and the Utopian Imagination*. New York and London: Methuen.

Needham, Joseph. 1986. 'Social Devolution and Revolution: Ta Thung and Thai Phing'. In Revolution in History, eds. R. Porter and M. Teich. Cambridge: Cambridge University Press.

Olson, T. 1982. *Millennialism, Utopianism, and Progress*. Toronto: Toronto University Press.

Plato. 1977. *Timaeus and Critias*, trans. Desmond Lee. Harmondsworth: Penguin Books.

Rosenau, Helen. 1983. *The Ideal City: Its Architectural Evolution in Europe*, 3rd ed. London: Methuen.

Stableford, Brian. 2000. 'Biotechnology and Utopia'. *Critical Review of International Social and Political Philosophy*, 3(2—3): 189—204.

Wells, H. G. 1984. *A Modern Utopia*, ed. Krishan Kumar. London: Dent and Sons, Everyman Library.

第三章
未来的图景

迈克尔·汤普森

有几年我曾给建筑专业的学生讲授“城市社会学”课程，期末考试时，我要求他们写篇文章。他们通常有六七个题目可选择，其中总是包含“比较《柳林风声》中摩尔的房子与勒·柯布西耶(20世纪最重要的建筑师之一，是现代建筑运动的激进分子和主将，被称为‘现代建筑的旗手’)的居住设计”，这个题目常常比其他题目更受欢迎。

这两种理想之居的差异显而易见。当摩尔(肯尼斯·格拉姆关于河岸动物的可爱小说中的英雄)回到他的地下家中时，他被一种情绪压倒了，他的朋友拉特必须逐步掌控处境：

> 拉特环顾四周，看到它们在前院中。门的一侧立着一个花园坐椅，另一侧是滚筒……墙上挂着一些金属篮子，里面装着蕨类植物，四周的托架上有石膏像——加里波第、婴儿塞缪尔、维多利亚女王以及近代意大利的另一些英雄。院子的一侧是九柱游戏场所……

我们知道柯布会对这独特的场景说什么，虽算不上粗劣：“装饰感觉基本有序……适合率直的种族、农民与粗人。”(柯布，1947)正如有人一度把巴黎的咖啡馆描绘为“好像蘑菇要吃光人行道”，我们相当肯定他不会介意这个模糊的既不是完全私人也不是完全公共的场所。如果他穿过其间迈入摩尔的房子，柯布将发现更多不满意的东西：客厅的墙上以一种特别的方式雕出了床铺，啤酒窖挖在远离过道的地方；挂着的画虽然经过拉特的许可(不管在哪里挂起来，只要弄得像家就可以了)，但很少能符合居住设计的精确标准：“画要少而精。”不过有没有自主与表面装饰并不是两种居所的真正区别，区别要比此深得多。

摩尔的居所既不像过去的也不像现在的设计；它既是房子也是家：是一个社会的物理的过程，更甚于一个限定的具体的规范：“摩尔的内心怀有感情，总是将事情联系起来，这个是如何计划的，那个是如何想出来的，这个意外之财是如何从姨妈那儿获得的，那个了不起的发现是便宜货，另一个是如何通过费力的节省而买得的，等等。”（格拉姆，1908）另一方面，柯布的居住设计每个细节都很严格。其理念不是居住者应当改变它，而是居住者应为之而改变：“设计良好的方案，辅以大众产品基础的建造，能给人安静、秩序、整洁之感，不可避免地给居住者以约束。”（柯布，1947）怀有感情的内心（实际是柔弱性的所有痕迹）应当从设计过程中消失：“需要智慧的、冷静的、沉着的人建筑房子与规划城市。”甚至个性也是要坚决抛弃的：“普遍价值的东西要比仅仅是个人价值的东西珍贵，这个基本真理没有详尽阐述的必要。”老摩尔多么可怜！“充满结核的老马车”（柯布对前现代房子的结论）在柯布宏大的未来设计中没有位置。摩尔的特殊房子与柯布关于东西如何布置的辉煌图景格格不入。

通过平行阅读《柳林风声》与《通往新建筑》，有可能不断找出摩尔之屋与柯布居住设计间搞笑的种种矛盾，不过早该回到我的学生身上，以及他们有新发现的论文中了。尽管我不要学生们回答支持哪一种，但他们常常感到有义务这么做。建筑学教育是一个过程，通过它将学生从区分建筑师与门外汉的巨大分界线的一侧运往另一侧——从业余运往职业——这个过程中的建筑专业学生感到，释放出清晰信号以表明他正朝渴望的方向有力地前进，要比对有趣的审美的乳沟进行冷静分析更为重要。

哪一个才是正确的方向？大约20年前，现代运动正方兴未艾，毫无疑问，这是对柯布西耶的强烈支持。不过近来，随着社区建筑、新本土主义、自主建设、后现代主义、公共参与和自治住房的兴起，摩尔应当更具建筑上的吸引力。如那些看完道琼斯指数然后，把报纸剩余内容当作枯燥的重复而扔到一边的人那样，我发现自己越来越确信，我需要知道的有关建筑状况的一切东西（当然是能指望知道的东西），都在最近一批关于摩尔与柯布的论文中得到了概括。早些年柯布一直是完全胜利者，近年来摩尔占了上风，在过渡阶段，我看到了非常纠缠的现象——学生们发出了求援的呼声，他们拼命期待面向正确的方向，却因老师们拒绝告诉他们哪个方向正确而无所适从。一篇担心建筑的论文精华得出了这样的结论：“尽管摩尔的房子从纯粹人类观点来看似乎很有吸引力，作为一个建筑师，我感到必须要支持柯布西耶。”为努力调和个人美学信条与加入建筑业的抱负之间的矛盾，他无意中把建筑师从人类中排斥了出去。

这就是摩尔与柯布之间的重要张力。柯布醉心于通过宏大而有意识的设计来改造整个世界;摩尔仅仅是借助伸手可触的环境就近修补以产生"非常愉悦的效果"(见表1)。

表1 重要的张力

	柯布西耶	摩尔
社会身份	职业	业余
做法	强迫接受完美的全球指令	容忍不守规矩的地方土制品
未来的理解	长而清晰的视野	短而模糊的视野
结果	单个宏大的设计	产生愉悦效果的多样个体

既然柯布完美的全球指令与摩尔不守规矩的地方土制品针锋相对,你或许盼望能从二者间的冲突中看到一个全胜者,奇特的是你不能看到。没有一方曾完全成功地将未来的幻景强加于另一方。未来更大程度是冲突力量的合成,每一个力量都尽最大可能对其物理环境施加影响。按照胜负、强加与屈服来考虑竞争性未来幻境之间的冲突,与说塞伦盖蒂草原上的狮子只有吃掉公园中最后一只羚羊才取得胜利一样荒谬。

不,正如自然环境中的肉食动物与草食动物,柯布们与摩尔们在既定的环境中持续共存;他们不仅仅是在环境中共存,他们还构成了一个动力系统。在每个宏大设计实现时,摩尔们都要在下面忙于将之重新组织进百万个各自愉悦的结果中。我的观点是,我们已建立的环境正是这个动力系统的副产品,不多也不少。它当然有设计,当然也没有设计者——我深信洞察其中,必然能给设计职业提供更为深远的含义。

现在来做点概括,以阐释我试图走的这类方向:我想是工程学与人类学的综合。

1. 未来的图景是复数,与不同倾向的社会关系模式紧密相连,所有图景都带有复杂工业社会(以及十分可能是所有人类社会)的特征。

2. 这些图景的持有者倾向于以他们能判断的方式行动,倾向于强化他们更喜欢的生活方式,削弱其他生活方式。

3. 一切技术进步都生于结构化的不同种类的环境中,环境促使各类力量支持或反对吸收技术进步。

4. 这些进步一旦被采纳，首先将从那些反对它们的所有障碍中寻找出路，其次，与早已存在的东西建设性地啮合，或者调整现存的东西直到其能与它们建设性地啮合。

5. 当然，所有社会可接受性的选择必须是物理上可行的。大自然确实有否决权，尽管我们永远不能知道否决权是什么。

换句话说，技术是动荡的社会过程，其发展或许要比我们已知的更为复杂。不过我们可以列出技术可能的环境（我刚刚列出了），我们可以用我们熟悉的东西、用已经掌握的条件来探索这个过程的其他部分，以便获得对必须要进行的各类事物的感觉，更为重要的是获得对不能进行的各类事物的感觉（例如，一旦我们认识到其到达所有物质需求都已满足的地步，我们就有不需要技术的自主性）。好的设计应当与前者相称，与后者保持距离。不过设计史表明，常常恰恰是相反的东西在运用（我尤其想到了建筑中的现代运动与核能中的垄断技术：裂变和聚变）。

我来举一个我心中有关这方面探索的小例子：20 世纪 60 年代与 70 年代期间伦敦近郊中产阶级造成的恶果。这个例子的很棒之处在于，其给我们提供了在这个伟大城市宏大设计下摩尔们忙于工作的景象。首先，伟大的设计自身已经被哈罗尔德·克伦雄辩地预见到了，他在战前战后几十年中是有影响的计划者：“伦敦……正朝向整个世界上最伟大的城市挺进。这实际是文明的胜利……新伦敦将成为坚韧而有进取心的伦敦居民的辉煌纪念碑。它将是一座具有漂亮宽阔街道与纵横交错道路、宏伟的街景、美丽的公园、广场与河边花园的城市。”（克伦，1927：26～27）正如施洗者约翰，哈罗尔德·克伦随后为另一个人准备了道路，柯布西耶来了（现代运动后来到达英国）：“伦敦必须允许成长起来，黑伯里(Highbury)、巴恩斯伯里(Barnsbury)、斯托克·纽英顿(Stoke Newington)、黑柯尼(Hackney)、迈达谷(Maida Vale)、圣约翰区(St John's Wood)落伍的别墅与小房子必须让路给公寓的新社区。”

这些“落伍的别墅与小房子”的明显衰落与退化证明了这个伟大设计的合理性。一度有价值的居所正在接近或早已接近零价值，因而意味着其使用寿命的终结。它们仿佛从价值领域倒下，进入了一种毫无用处的永恒地域。任何理性的负责任的人都必然同意，它们已经成熟为“最理想的摧毁”，以便为宏大设计——克伦的“辉煌纪念碑”让路。

现在摩尔们进来了，用克伦先生的说法是“居民”，这个辉煌的纪念碑就是为了纪念他们的坚韧与进取心。他们以不同的方式与之相处，但都不能融洽。一方面，他们碰巧住在这些最该毁掉的房子中。每个人总是忙于重新整理他的周围环境，以创造“非常愉悦的效果”。不过（这是以下所有分析的关键）有好些不同类型的摩尔，对一种人来说愉悦的东西对另一种人根本不是如此。

“愉快的结果”，尽管不像柯布西耶与克伦的宏大设计那样是明显的乌托邦，但是与社会关系的特定模式（稍后我将谈到这些）以及与特定的未来图景都有联系，那些社会关系的特定模式在其成分中产生了“社会存在”（这是使用 19 世纪法国伟大社会学家埃米尔·涂尔干的术语）。剥开来讲，世界上每一种不同的行为模式都是由不同的乌托邦引导并为之作精神辩护的，是由不同的狄托邦支持的（再次是精神上的）。因此，乌托邦（以及狄托邦）思想不是可以变得陈旧的东西，或是我们可以摆脱的东西。没有它，我们将不能维持社会关系的竞争模式。正是社会关系的那些模式使我们真正成为人，而不仅仅是“思考的动物”。

当然，如果没有物质与技术基础，乌托邦思想将没有任何意义。通过将成本投入一种发展道路（因而就防止了将资源投入其他发展道路），那些致力于特定未来图景的人，就能将自己以及别人带到更接近图景的地步。如果仅仅是观念，将不会使它们有任何意义。

我们与我们建造的环境

伦敦（必须强调，这里指的是 20 世纪六七十年代）内部隐藏的生态系统由三种不同的摩尔类型组成：伦敦土著、侵入的新潮人物以及最近的移民。一二百年老的带露台的房子组成的相当统一的宽阔区域，与它们显然不同的居住者一起构成的异质环境，是伟大设计者的未来图景不得不进入的现状。这不是某种同源异形的系统，相互作用部分的动态平衡维持着整个系统的“自然平衡”。像大部分（如果不是所有的）生态系统一样，它处于过渡状态。

尽管房子并非一开始就为伦敦土著而建，但随时光流逝而逐渐遗传到他们手中。尽管这些工人阶级、个人主义的（有时是恶棍般的）伦敦人并不总住在那儿，但他们曾在那儿住过很长一段时间，事实上，那就是问题的关键。街道、市场、夜总会与酒馆——整个领地，如他们所讲——都是他们的。入侵的新潮人物是中产阶级边缘地带喜欢冒险的成员们,他们尝试性地定居于这个衰败而不太有名的区域。新潮人物的最佳定义(这可以清晰地将他们与80年代的雅皮士区别开来)或许是:在伪称的平等主义烟幕下向上移动的人。他们最有标志性的口号是“你知道,我们正在拆除障碍”,以及“是的,我们是第一批来这并定居的人”。最后是近来的移民——通常是西印度人与希腊塞浦路斯人——他们如同世界过去的贫穷移民一样,挤入了客居国首都廉价但相当中心的区域。

我认为,按照一个非常简单、非常基本的文化类型框架,即动态文化模型,可以理解这些不同种类摩尔遵循的不同策略。

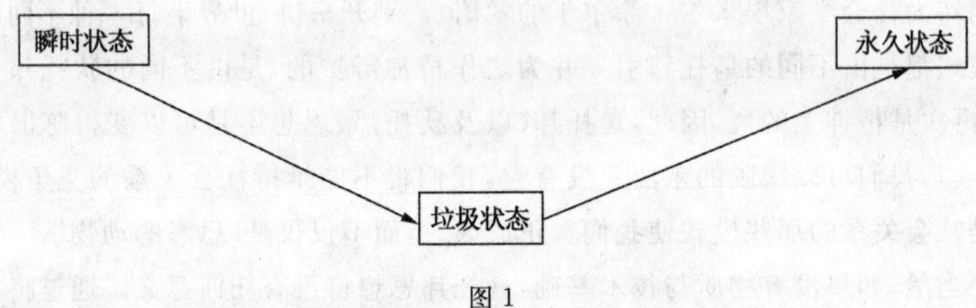

图1

稍加思索就能确定物体可以分为两类:一种是随时间的流逝价值上升并且理论上具有无限生命源泉的东西(如古代的小柜与年老的大师);另一类是随时间流逝价值下降并且理论上具有有限生命源泉的东西(如二手福特车与年轻的女主人)。深入一步思考就能发现,整个物体宇宙并非仅仅这两类所能包罗。还有一些不容易被觉察的物体,既不会增值也不会贬值,因为它们没有价值。这些物体如果因为某些原因不得不引起我们注意,我们会将之视为“垃圾”而加以抵制。尽管物体不可避免要落入这三种类型,它不会一直处于同一种状况。正在贬值的过渡状态的物体,最终将接近零价值,并随之接近其分派跨度的终点。在理想状态中,它将化作一片尘埃,不过情况常常不是这样。它只是悬浮在没有价值的、不受时间影响的境地中,直到有一天被一些有创造力的个体发现并被成功地转入“永久”。所以动态文化模式包含三类与两种可能的转变。

伟大设计者的战略是努力将现实变得符合理想。它的目标在于控制这些转变——从瞬时状态到垃圾状态以及最佳的破坏时机。摩尔们用他们不同的策略破坏这个控制。当伟大设计者尽最大力量使这些落伍的别墅与小房子服从理想从而化为尘埃时,它们摩尔般的主人愉快地打理着房子。

侵入的新潮人物通过安装乔治王风格的六页前门,使其维多利亚早期的房子显得更古老。他的伦敦土著邻居却用硬纤维板取代独特的四页门，使房子变得更年轻。有途径进入永久状态的新潮人物试图（结果表明是成功的）把房子从垃圾状态变为永久性一类。生活在瞬时文化中的伦敦土著邻居却在努力（很少成功）防止房子从瞬时状态的光滑斜坡上滑入垃圾类型。这些非常不同的策略导致他们不寻常地见证了一切已经达到垃圾类型房子中最荒废的一种。对伦敦土著而言没有希望存在，对侵入的新潮人物而言是很棒的机会。

二手汽车市场的所有者很悲观，他正老化的福特 Consul 车填满了一座我曾考虑购买的垃圾房子的前花园。他认为我正考虑的购买方案是把钱砸进水里，他把所见到的解释为整个露台的状况和命运："你知道，一切都没落了。黑鬼们（Darkies）与泡泡们（Bubbles）都在那些房子里。多残忍的状况！有些人的生活方式真他妈的恶心！"

应解释一下，"黑鬼"（Darkie）是伦敦土著对西印度人的称呼，"泡泡"（bubble）是对希腊塞浦路斯人的称呼。后者来源于押韵的俚语：希腊菜，泡泡吱吱人人爱（bubble-and-squeak，Greek）。Bubble-and-squeak 是伦敦居民钟爱的一道回锅菜，由甘蓝与土豆一起煎炸而成。这个名字可能来自炒锅里炒菜的响声。"黑鬼"与"泡泡"这两个词语现在不大用了，更大原因是黑鬼们与泡泡们已经变成了伦敦的长期居民，和改善与少数民族关系的外部运动关系不大。对伦敦土著来说，现在更喜欢吃印度风味的外卖烤腌羊肉串，而不是甘蓝炸土豆。

这些花絮给我们提供了一些关涉合理性复数的有用见识。它告诉我们，不同的人们能理性地决策房子该如何，不过最后所做的事情惊人地不同。

侵入的新潮人物与伦敦土著尽管行为差异很大，按照他们与瞬间状态到垃圾状态再到永久状态之间转换的关系来看，行为都是非常合理的。文化类型系统为他们装备了不同模式的规则。受歧视的社会垃圾——黑鬼们与泡泡们又如何呢？他们看上去似乎根本不知道这些规则。特别是希腊塞浦路斯人，他们非常喜爱金属结构的窗户，喜欢将砖面染成品红色，将灰泥费力地染成淡蓝色。当变为永久性的转换获得了动力时，侵入新潮人物的既成事实（鼠患严重的贫民窟变成了光荣的遗产）是通过正式选定为保护区、列入具有杰出建筑或历史效益名录的方式被增进了宏大的设计中（不再是克伦的辉煌纪念碑）。随着选定为保护区与列入名录，就有理由立法，强制性地禁止泡泡进入巨大麻烦中，以免房子贬值。

在许多方面，我们又回到了起点，环境与设计师的宏大未来图景已变得面目全非。我们可以肯定，新一代的摩尔们，他们与那些脱离克伦辉煌纪念碑轨道的人不同，不过令人惊异的是，还会以同样的策略行事，他们正在后面等着进入并开始以古老的近视方式创造，只是结果不同，愉悦的方式不同。真是一个循环（或更准确地说是螺旋）！

如果环境被永远改变了，如果宏大设计总是调整自己以便到现在环境可以够到的地步，如果伦敦佬抛弃了他们的术语甚至烹饪风格，如果侵入的新潮人物隐入乡间深处写小说或烤面包，如果最近的移民与接纳他们的国家融为一体，事情还会一样吗？是的，这个过程中看似最短暂与难以明了的东西——未来的图景以及伴随它们的行为策略——总是跟我们在一起。

我现在将力图揭示四重因素，这是了解我们社会互相作用而产生的冲突性未来图景的关键，也是揭开动态过程的关键。正是通过动态过程，这些相互作用（既有的环境）的自然支持物得以形成与改变。单一的图景（如经济的人、科学理性等等，任一种意识都坚持他者错误）是病态的。

在我心里，威廉·布莱克是这儿最好的向导（“现在我看到了四重景象/我因此获得了四重视野”），约翰·贝齐曼的诗歌“策划者的图景”更立足于当前的难题：

我看到了未来景象，朋友
矗立于黄豆田中，工人们的公寓楼
如同银色的铅笔，画出片片云岫
百万人涌动，挑战是他们的追求
公共食堂的麦克风里，一个声音在高吼：
“没有对，没有错！一切都只会更美好！”

当然，这里只有两种图景：一种是策划者的，认为人的完美性在于成功（此后将不会再有历史与乌托邦等等）；另一种是贝齐曼的，把声称具有远见的肯定性与可操控性视为傲慢而加以抛弃，宁愿着眼于我们奋力其中的短期而必定凌乱的事务，以我们不同的方式使更多事情变好，使更少事情变坏。贝齐曼显然是支持摩尔的：他钟爱反复试验、交换意见、差异、矛盾与紧张的短期相互作用——如果愿意,你可以称之为摸索着前进——而不喜欢通往遥远而模糊的新耶路撒冷的是精心计划好的、可疑地毫不惊奇的道路。

不过一些社会科学家也是以贝齐曼的方式看待事物。例如,学会的经济学家们早已认识到市场与等级的重要区别,并指出了促进社会交易的竞争性措施中极为不同的理性:一方是真实的市场理性(底线),另一方是等级的程序理性。(谁有权?做什么?为谁做?)

这两重图景是很好的开始,其确实有助于理解"中产阶级所造成的恶果"这类现象,我们城市的摩尔们通过种种小规模的行动,将整个内城地区变成"辉煌的遗产",展现在策划者眼前。策划者们曾声称它们是"瘟疫般的贫民窟",准备腾出时间来消灭它们,用他们耀眼的纪念碑式的新耶路撒冷来取而代之。但是根本未能很好地与那种有组织的抵抗相竞争,例如脱离策划者轨道的柏林克鲁兹伯格地区或是通过英国高楼大厦居民们获得的"无产阶级专政",已经迫使他们的地主(当地的权力部门)取消塔式大楼,重新将房子改造成更适宜的、更传统的、更接近地面的居所。换句话说,贝齐曼的双重视野是不够的,其不够多样化。除等级与市场,还有更多社会生活的方式。

四重视野下的理论

市场由种种独立的因素构成,每一种都在相互间自由地讨价还价。等级是由有界限的社会集团组成,每一种都是以一定的秩序与排列与他者产生联系。不过,尽管等级是由有界限的集团组成,但并不是所有有界限的集团都是有阶级的。那些狂热抛弃不平等的人(平等主义者)组成的集团相互保持独立,每个都为自己造出一个唯意志论的并由持同样信念者维系的平等使命之茧,同时对外界持尖锐的批评。当然并不是个人主义者都是忙碌的自由自在的企业主。有些人没有工作,奔波于职业中心到卫生部门以及为社会工人服务的社会安全办公室等处,租办公室给职业中心等等。贯穿个人主义与集体主义的纬度(以及区分市场与等级的纬度)不是社会性的唯一纬度。此外,尚有贯穿从平等主义的选择行为(这是个人主义与平等主义的特征)到不平等的拒斥选择(这是等级主义与宿命论的特征)的纬度(见图 2)。

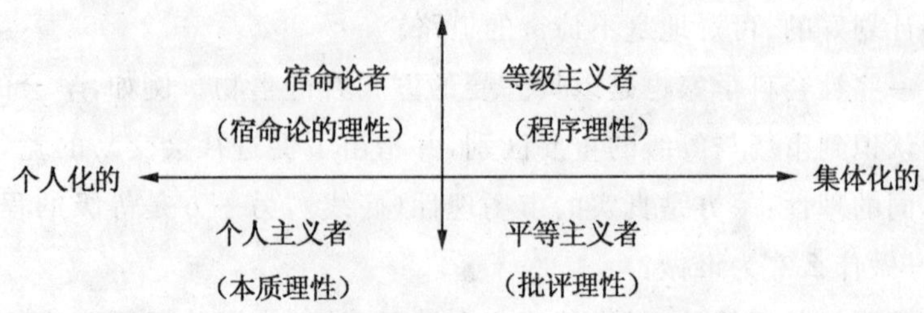

图 2　社会性的两个纬度与理性的四重性①

事实上，个人或许会发现在生活的不同方面（如车间或家里），他或她是不同类型团体利益的支持者，其与对这四种类型的经常性反应一致："在不同状况下能认识到我自已。"因此，窍门是看个性。与其说是我们每个人内在的东西，不如说是我们与他人纠缠在一起而出现的某种东西——内在关联性。因而分析的单元是瞄准社会关系模式（利益团体）。

稍后我将粗略地展开论述，不过现在，指出这四种唯理性起作用时既维持也证明了其所具有的特定组织形式就足够了。等级主义者把社会事务拖入他们有秩序的范围，个人主义者把事务拉进市场，平等主义者试图将事务抓进自发的保守行动中（在外界看来，更像是强制的乌托邦主义），而宿命论者则有尊严地忍受事务的一切方式。

因此需要作出解释，既然我们都生活在同一个世界上，为何这些矛盾的行动与理由都是合理的？这是对智力的极大挑战。最上品的、最有用的回答不是来自社会学，而是来自自然办法的社会环境适应学。这个回答的最吸引之处是其惜墨如金，在于其从四种截然不同的本质迷思中产生出四种截然不同的未来图景。

1. 本质的迷思

研究受控制生态系统（如森林、渔场、草地）的生态学家遇到的习惯问题，是使控制做得如生态系统中自带的一样。他们发现，面对本质相同的环境，不同的

① 按：个人主义者、等级主义者、平等主义者、宿命论者是社会存在——不同形式社会团体利益的支持者——而不是心理类型，当然更不是遗传决定的类型。

习惯一向做不同的事情。例如，面对云杉蚜虫复苏时，一些加拿大林务官开始向林中喷洒杀虫剂，另一些则不这样做。总之，行为反应的两极分化情况同侵入的新潮人物与伦敦佬对待前门的态度一样。

为应对管理上的不同成分，他们不得不在分析中引入"本质的迷思"这个观念。根据界定，本质的迷思是现实的最小表现，如果被赋予理性的尊严，必须要适应管理习惯。共有四种这类迷思，每种都以简单而一流的方式俘获一些经验与智慧的本质。你可以说每一种都是在所有时候部分正确，或是在部分时候所有的都正确，因而，每一种都有永恒的正确性与不言而喻的吸引力，这就是一切优异迷思的特点。而且，每一种都可以通过想象成球体内的球这样的图画加以阐述。

2. 四种本质的迷思

第一种："仁慈的本质"——盆中的球——给我们一个全球平衡的世界。这个世界是极为慈悲的，不论我们如何击打，球总是要回到盆的底部。只要我们都按照自己的意愿做足够的事情，一只"看不见的手"（地形一律向下的斜坡）将引导我们达成最棒的可能。既然对个人自由的限制，与因担心可能导致错误而致使的试验缩短，确实能阻止最棒可能的达成，"仁慈的本质"的迷思给这些特定的行为与认知模式提供了一个有力的道德理由。如果我们以危险的废物管理问题为例，"仁慈的本质"将把磨快市场动机（可转让的"污染权"、减小交易与信息成本的掮客、提高产品信誉的自我监督等等）看作出路。

第二种："倏忽的本质"——平衡在倒扣过来盆上的球——几乎是前者的严格对立物。它告诉我们，世界是可怕的不可饶恕之地，一点点的摇晃就能引起灾难性的崩溃。我们必须学会轻轻地踏在地球上（那些仍然到处踩踏的人将必须接受再教育，要不他们会把我们都毁掉）。最小的动摇是高于一切的道德强制，小的变得漂亮。试验必须在确保没有错误时才继续进行。按照这个标准，我们消费社会中的许多产品不仅是没有必要的，它们实际上正在摧毁应当是我们超级信任的唯一地球。"倏忽的本质"的神话告诉我们，在一切还来得及之前，现在必须要有重大改变。既然许多危险的废物从生产系统被排入自然环境，这个生产系统直接或间接地给我们提供了不需要的或者不该有的产品，因此解决办法是完全禁止（或者以更好的方式即抵制消费）一切不必要的产品：这个方案有额外好处，使我们更接近渴望的未来——与本质和谐相处。

第三种："执拗的/有忍耐性的本质"——带有向下斜边的浅碗中的球——尽管看似是前二者的混合，其实是非常不同的。它告诉我们，只要没有人将球击出斜边，个人主义的丰富是良好的。需要很强的社会控制以确保这种情况不会发生。为有效地应用控制，你需要知道平衡与不平衡分界线的确切位置。无论是平衡区放肆的试验，还是伴随不平衡的谨小慎微，在这儿都不能掌握许多道德权力。一切都以对分界线的计划与经营为转移。知识、确定性与可预见性变成主要的道德顾虑，这些东西是由那些卓越地使每个行为模式处于合适位置的人创造的。这就是带来标准环境、从摇篮到坟墓的物质会计系统、旅游票据、定点许可、抽样调查以及危险废物精确详细名单的神话。

第四种："反复无常的本质"——处于平面上的球——或许是一切神话中最有趣的一种，不仅仅因为在如危险废物管理问题上提不出什么策略，这经常被忽略。在其他三种神话中学习是可能的(尽管每个都是倾向于学习不同的东西)，但在"反复无常的本质"平台中，没有任何坡度教给我们山脉与山谷、上或下、好与坏。生活就像是买彩票。当你什么也不做时，世界会对你做些什么。你所能做的一切，就是尽最大可能地应对你所无法控制的处境。尽管那些依恋这个神话的人们对于管理有害废弃物提不出什么办法，但这绝不意味着他们对已有的那些办法无动于衷。他们是了不起的风险减震器，带着尊严与无知忍受着到来的一切；他们是一块社会海绵，积极的政策制定者们公开场合放手不顾、私底下用各种不同方式充分利用他们。

本质的这四种神话已经用社会性两个纬度的空间图形加以界定。这样做，令人信服地与不同理性以及它们的持有者偶遇。他们将发现："仁慈的本质"伴随个人主义，"倏忽的本质"伴随平等主义，"执拗的/有忍耐性的本质"伴随等级主义，"反复无常的本质"伴随宿命论。这种智力难题现在已经解决了。假使他确信世界如何，每个因素都具有完美的理性。就前门的例子而言，他所卷入的社会本质给了他这些信念。

简要地说，那就是复数理性理论。当然，情况要比这个复杂得多，瞥一眼附录就能证实。未来的图景是这个理论不可或缺的重要组成部分(它们在理解设计与设计失败之间的争论特别有帮助)，不过这个复数理性理论的主要信息是，每种图景(如所有列在附录中的其他标准一样，这个名单并未穷尽一切可能)都必须按照整个"生活方式"(或社会团结方式)来看，图景本身也是生活方式的一个重要部分。正是这四种生活方式之间的相互作用与竞争,使我们的环境设计(更确切地说是技术领域)不断得到发展。

如等级主义者倾向于支持大规模(当然是精心计划后)的干预,平等主义者则坚持(授权)小规模行动,个人主义者支持适度规模的项目("适度"是通过交替评估不同规模措施的风险收益比而确定的:这是工程学的风格,有时是"既便宜又令人愉快"——足够便宜就能获得收益,很令人愉快就可以吸引投资者)。回溯到20世纪六七十年代,英国大型建筑公司对于建造高楼住宅的新技术都有实际的评估,因为它们提供最大的规模经济(如正好为整个工地服务的巨大塔吊,正好为千座塔楼生产仪表板的工厂),与此同时,将不能支付新技术非常高额入门成本的所有小竞争者成功地排斥在外(实际上,即使大公司也不得不进银行融资)。所以这些未来的市场垄断者进入与住宅权威(中央或地方政府)以及现代运动建筑师、工程师的舒适联合(大企业/大政府/大科学)中,就毫不奇怪了。建筑师、工程师们的等级趋势早已使他们倾向于大规模的干预行动,用最富于想象力的宏大办法来解决最简单的社会问题。

在企业规模的另一端,小建筑商们不带偏见地联合在一起,进行小规模的干预行动。并不是因为他们相信小的才是漂亮的(以及我们都将变成节省能量的素食者),而是只有如此,他们才能呆在行业中并获得成功。他们为自己建立了一个小生态环境,巧妙地开发,为免遭大家伙的掠夺行为提供了保护。

将任何技术发展拿到等级主义者或平等主义者的标准前,你将发现,如果一方支持,其必然侵犯另一方几乎全部的标准。道德战线总在那儿,突然出现的技术总是被相应地赞成或诬蔑。举个局部的例子说,一方是核能,另一方是风车与温和的日光。不过,个人主义者是务实的唯物主义者,如果形势变得严峻,他们将带着看似能提供最好收益的偏见结盟在一起。当然,他们可能被误解了,事实上等级主义者与平等主义者在评估技术发展时也会被误解,不过目标总是理性的——推动看似与你的标准一致的那些发展,并反对那些看似与标准相抵触的东西。不过我向前跳得太快了。

技术,比如造就我们现在环境的那些,包括人力、思想与物。不仅如此,它们还包括人的模式(早已描述过的市场、等级主义、平等主义的集团以及被排斥的边缘人群等方面的人)、思维模式(早已描述过的理性、策略、道德理由、本质神话与人的模式相随的未来图景等方面的思想)和物的模式。后者是有效的技术成分:如果适宜的制度承诺出现(这就是,另外两种模式适宜),其将是一种技术传下去必经之路的一部分。高楼大厦是一种技术,以历史悠久的方式用砖砌墙是另外一种技术。所以我现在面临的问题是如何将之三位一体地装配成一个自我组织与进化的系统,其中只有特定的技术(那种物理上有效、某种程度上社会能接受的技术,而不是如英国广泛接受的“拉森——尼尔森体系”般自毁艺术一类的东西)得到可持续发展(这就是能够存在并是领先的,而不是跳跃成同样可以存在的其他东西)。

回到我能提问题的地方是我在本章中的目的。我想说的是,假使我们以不同的文化和习惯方式持续行动,以为我们在设计环境,其实是我们的环境(实际是整个技术领域)在设计自身。

后话:现在在哪里?

常常被提到的与这个讽刺性结论相联系的一点——被称作“自知之明的问题”——就是,正是由于在做设计时迷惑了我们自己,环境才能设计自身,一旦我们都认识到此,游戏就结束了。看穿这个至关紧要的诡计后,尽管争论依旧继续,我们将不能再在整个事业中起到实质性的作用。虽然有关撕下假面具的清晰争论已经有数十年,没有证据表明其会衰落。其看上去远不是讽刺:讽刺只能通过费力的拆解与思考来理解。站得远一些来品味柯布与摩尔之间的张力,就很容易理解结论。不过一旦人们沉湎于所有行动(对大部分人而言,大部分时间是不可避免的),古老的神话就在我们身上起作用了(如列维一斯特劳斯所言)。在这个过程中,它立刻产生出最适合环境的(并背离竞争图景的)、不同团体支持者能够判断的乌托邦与狄托邦,以替代多样的未来图景。

因此,自知之明倒不是一个问题,不过这不意味着这个讽刺的结论没有影响。这确实是很紧要的,关键就在结论前的一句话中(所以我现在面临的问题,是如何将之三位一体地装配成一个自我组织与进化的系统,其中只有特定的技术能得到可持续发展)。实际压缩进这个合成的不透明的句子的是一个完整的研究项目——“知识、技术与民主”,这是卑尔根大学罗龛中心(Rokkan Center)现在正进行的工作。

简单地说,这个观念就是,当不能完全避免跳跃式发展时,不应像过去常常做的那样，将他们看作是民主的分裂、浪费与削弱。如果我们希望同时加强民主与提高技术的适应性，就需要一种反简化主义的理论——这是一种方法，在认识我们的不可分割性、我们的物质基础与一直发展的技术（我们与物质基础通过此相联系）中，该方法给予人、物与思想以决定性的角色。因此，需要联合人类学与工程学，这一点早已经提到。

参考文献

Clumn, Harold P. 1927. *The Face of London: The Record of a Century's Changes and Development*. London: Simpkin Marshall.

Grahame, Kenneth. 1908. *The Wind in the Willows*. New York: Scribner's (in paperback, London: Methuen, 1970).

Hofstetter, Patrick. 1998. *Perspectives in Life Cycle Impact Assessment*. Boston. Dordrecht, London: Kluwer.

Holling, C. S. 1986. 'The Resilience of Terrestrial Ecosystems: Local Surprise and Global Change'. In *Sustainable Development of the Biosphere*, eds. W. C. Clark and R. E. Munn. Cambridge: Cambridge University Press.

Le Corbusier. 1947. *Towards a New Architecture*. London: Architectural Press.

Linnerooth-Bayer, Joanne. 1999. 'Climate Change and Multiple Views of Fairness'. In *Fair Weather? Equity Concerns in Climate Change*. London: Earthscan, 65—79.

—. 2001. *Transboundary Risk Management*. Laxenburg, London: IIASA/ Earthscan Publications.

Schwarz, Michiel and Michael Thompson. 1990. *Divided We Stand: Redefining Politics, Technology and Social Choice*. Hemel Hempstead: Harvester. Wheatsheaf, Philadelphia: University of Pennsylvania Press.

Thompson, Michael. 1979. *Rubbish Theory: The Creation and Destruction of Value*. Oxford: Oxford University Press.

—. 1992. 'The Dynamics of Cultural Theory and Their Implications for the Enterprise Culture'. In *Understanding the Enterprise Culture*, eds. Hargreaves Heap, Shaun and Angus Ross. Edinburgh: Edinburgh University Press, 182—202.

—. 1997. 'Cultural Theory and Integrated Assessment'. *Environmental Modeling and Assessment*, 2(3):139—150.

—. 1998. Waste and Fairness. *Social Research*, 65(1):57—73.

—. 2000. 'Global Networks and Local Cultures: What are the Mismatches and what can be done about them?' In *Understanding the Impact of Global Networks and Local Social, Political and Cultural Values*, eds. Engel, Christoph and Kenneth H. Keller. Baden-Baden: Nomos.

—. and Aaron Wildavsky. 1990. *Cultural Theory*. Boulder, CO: Westview Press.

—. Gunnar Grendstad and Per Selle, ed. 1999. *Cultural Theory as Political Science*. London, New York: Routledge.

Tranvik, Tommy, Michael Thompson and Per Selle. 2000. 'Doing Technology (and Democracy) the Pack-Donkey's Way: The Technomorphic Approach to ICT Policy'. In *Governance of Global Networks in the Light of Differing Local Values*, eds. Engel, C. and K. H. Keller. Baden-Baden: Nomos.

Verweij, Marco. 1999. 'Whose Behaviour Is Affected by International Anarchy?' In *Cultural Theory as Political Science*, eds. Thompson, M., G. Grendstad and P. Selle. London: Routledge, 27—42.

第四章
乌托邦、契约主义与人权

理查德·萨基

不仅是从前,即便是今天,基本的个人权利与人权也是启蒙运动的永恒遗产。但在近代早期以来的启蒙思想传统中,它们在有关伟大乌托邦的正统争论中所充当的角色一开始就很难界定。这两个创造今日众所周知人类生存处境的有利因素,其历史纬度与当前意义是什么?

导向现代性的契约主义与乌托邦模式

在 1990 年巴黎峰会上,34 个欧安会成员国接受了《新欧洲宪章》。这一事件的历史意义无可争议:历史上首次宣称把"始终不渝地忠诚于立足人权和基本自由基础之上的民主"视为新的泛欧洲身份的中心原则。

正如近代政治乌托邦一样,近代人权的社会与历史出发点是中世纪封建秩序的衰落。这种崩解的纬度不可能被充分描绘出:其范围波及对经院法霸权的激进弹劾与社会结构的解体,宗教、政治、经济、文化、法律与社会阶层都曾融入这种社会结构中,形成了一个统治集团整体。一度看似多多少少按照宇宙法则建立起来的统一体,现在在一个持久的危机肆虐的过程中开始分化为不同元素。政治学、经济学、宗教、学术、法律、艺术等逐步展现出构成自治领域的倾向。这个发展不可能在个人角色前止步:由于传统关系消解的稳步过程,他发现不得不依靠自己。只要这种状态持续下去,没有提供新的观察视角,我们不可能忽略近代早期自我形象的危机。应对这个问题有两个可供选择的方法。

第一种是个人自然权利的或利己主义自然权利的倡导者所采取的方法。他们试图使自治个人与合理的判断力成为新方式的中心要点,努力通过此对给定生活达成新的社会共识。通过政府设立前自然状态下天赋理性的人们之间相互认可的契约,世俗的政治规则与社会体系才完全合理。对不可侵犯的人权的需求，其在民主中甚至优先于制度与形成政治目标的过程，是这种方法有力的历史结果。弗里德里希·席勒在《威廉·退尔》中为之树立了一尊文学丰碑。我们在著名的罗特里一幕中读到："是的，专制权力存在约束，如果被压迫者找不到任何权利，如果负担不可忍受——他将不再冷静，并用武力夺取如星辰般悬挂着的不可剥夺、不可侵犯的永恒权利。"事实上，席勒通过斯塔法切(Staffacher)之口说出的是个人自然权利的理想特征：一旦政府侵犯先于政府的基本权利与人权，个人将回到"古老纯朴的自然状态"。人人都有与生俱来的平等与自由。感谢他的"个人自然权利"，如果什么也得不到改善，他将求助于最后之法——宝剑，来反对暴君的勒索，捍卫最高的荣誉——人的尊严。

毫无疑问，不仅仅个人自然权利证明正当的人权是个人主义的。甚至人权的基础——理性本身也是多元的，因为其遵从生而平等自由的个人的判断力。这个前提在1642～1649年英国内战期间有关宗教容忍的论战中表现得非常清楚。按照弥尔顿与议会阵营许多其他小册子的宣传者们的看法，寻求宗教真理的过程也是一个不断被谬误打断的过程，这一点要加以解释。宗教真理实际要依赖个人合理的判断能力而生存。但是它保持着自己的界限，并因此必须常常依赖与其他观点的较量。一种这样的辩论(其升级的错误是寻求真理的必要元素)需要一个超出教会和政府垄断解释之外的制度：谁提供更好的解释，谁就是批判大众中流行的权威。

另一种是自托马斯·莫尔的《乌托邦》1516年出版以来乌托邦主义者所采取的方法。在柏拉图《理想国》所激发的反个人主义的激进传统中，他们希望有建设性地一起加入那种正在增大的分歧中。不过，他们仍然与个人自然权利的倡导者有一点共识：认为重新回到经院主义宇宙等级思想中是不可能的。他们并不求助于已经过时的中世纪传统结构，取而代之的是，他们依赖于世俗理性的建设性，同时还有据称有效的普世主义。与契约主义相反，他们严格摒弃近代的个人化过程。他们的模式只有一个目标：通过内在世俗的乌托邦，来终结社会精神与物质基础的个人化和分裂化(Nipperdey，1962)。这个目标从一开始就设定，应当建立的是国家的集体理性，而不是个人理性；集体理性在制度和生活休戚相关的形式中得到发展；集体理性必须成为杠杆，现代危机通过它得以终结。

伟大的乌托邦对于人权的看法

乌托邦的理论方法对于人权说了些什么？安德烈·弗格特(Voigt)1906年正确地区分了无政府主义的与有政府主义的乌托邦。他把建筑于“绝对个人自由的社会理念”基础之上的那些模式放在第一类中：这些模式摒弃了所有约束与任何形式的控制及其权威，比如政府或警察。与之相反，有政府主义的乌托邦则是“拥有强力的全面中央权威的国家”。国家主体之间的关系是严格加以控制的：“只有统治者有自由，大众必须直接服从国家法律和权威的法令。”(Voigt，1906：19)无政府主义的乌托邦对人权的看法是：主体权利与问题无干，其可以通过相应的权威或必要时的武力反对他人而得到捍卫。拉贝莱(Rabelais)1532年出版的讽刺小说中描绘了一个理想的社会德来美修道院，那里只有一个行为准则：“做想做的事情！”没有类似于法律的行为法典。德来美修道院中的人们“无须以法律、法令、规则规定的特定方式生活，他们完全按照个人愿望和喜好来安排生活：他们想何时起床就何时起床，饥渴时才吃喝，想工作时才工作，想睡觉就睡觉”(Rabelais，1974：180)。在加布里埃尔·德·弗格涅(Foigny)17世纪后半叶写的《澳大利亚乌托邦》中，理想政体中的所有成员都遵循理性的强制与自然法则(Foigny，1676：108)。因此，无需制度化的人权、积极的法律或律师。法庭默默无闻，只是合法地规定了执行审判的形式。这一模式100年后被狄德罗在其《“高贵的原始人”传统中的塔希提乌托邦》中所继承。那里至多有一种土著主流道德与习俗施加的特定制裁(狄德罗，1984：221ff)。威廉·莫里斯19世纪后期出版的著作中所描绘的完美共产主义社会的乌托邦，既没有提到人权也没有成文法体系。一些众所接受的准则足够纠正偏离和平轨道的可能行为(Morris，1981：91)。

有政府主义的乌托邦可以追溯到柏拉图与莫尔，制度化的人权同样不起作用。它们没有立足之地，因为乌托邦政体与个人客体同样是优先的：其宣称以理想方式体现了自然权利，它们的法典化的宣言自身是个矛盾体；既然拥有了一直声称的自然权利，因而任何人都没有理由提起诉讼。因为个人需求与政体需求不再有区别或紧张关系，因而缺少主体优先氛围的整个语境，个人人权只有在这个语境中才具有意义。甚至在莫尔的《乌托邦》中，家庭房屋也是公开的：门很容易打开,任何人都可进入,所以根本没有私人空间。房屋每十年通过抽签互换(莫尔,1970:52)。康帕内拉在《太阳城》中更进一步:权威每六个月在门柱上写上成员该睡哪个宿舍(康帕内拉,1970:128)。不仅仅就餐是公开的。服装、头盖与发型也整齐划一,甚至性生活也处于权威的严格控制下。个性由此根除了,更谈不上人权:事实上,在莫尔与康帕内拉那里寻找法定私人权利并由国家干预加以保护的私人领域是白费力气。在莫尔的《乌托邦》中,有一些法律,它们表述清晰,人人可以理解。个人必须在审判前为自己辩护,原则上禁止律师。这样将会"很少离题,真相很容易弄清楚"(莫尔,1970:85)。在康帕内拉的《太阳城》中,寻找独立于权力的司法权威徒劳无益。不同职业的领导成员执行裁断。与莫尔的理想一致,太阳城中的居民没有书面指控与律师概念。案件公开置于法官和权威面前(康帕内拉,1970:151)。

不过,在早期启蒙运动中,乌托邦思想似乎与权力国家中高于一切的人权决裂了。无论如何,丹尼斯·德·费拉塞的《塞瓦兰人的历史》(*History of the Sevarambs*)中经常提到的个人的自然权利,在文艺复兴时期的乌托邦中还找不到:它们甚至上升到国家"根本法"的序列。德·费拉塞引用了三个先于政府的权利,它们根据理性自身而得出,旨在保证生而平等与良心及观念的自由:(1)每个个体自我生存的权利:只有当个人物质再生产的条件满足时,如吃饭、饮水、睡觉等等,其才能得到补偿。(2)幸福的权利。其实现在于抛弃"情感的疯狂与失调"。(3)理性引导下立足于爱情的繁殖权利。将它们提升到根本法的序列,意味着政府不能规定任何有悖这些"自然权利"的东西。但这种可能性正如其立足的抗议权利一样,是个假定,因为在塞瓦兰人的乌托邦国家中,国王与人民是完全同一的。没有人有理由抱怨国王,因为人们知道他做的一切都是为了共同体,因而他无须担忧反对或大众骚乱。没有人质疑他的权威。每个人都服从他。一百五十年后,带着对19世纪工业革命的充分考察,卡贝特(Cabet)再次提起同一性主题。他的乌托邦国家没有警察功能,因为所有居民都认为有责任保证他们自己制定的法律得到遵守,并向合适的权威报告他们见到的任何不端之举(卡贝特,1979:17)。卡贝特关于统治者与被统治者在伊卡利亚乌托邦中团结一致的思想是如此天衣无缝,以致丝毫没有给个人的排他空间留下余地:自由发表观点,这个古典人权的主要元素仿佛如同法律、公证人、律师、警察、监狱守卫、刽子手以及法官的成文化一样,毫无干系。该受惩罚的罪行仅是在分配或查询时的迟缓与不精确，还有诽谤。这些不端被尽可能接近底线地照顾，没有一个带有权威等级秩序的松散的司法局：除公共会议外，每个学校和工厂都有自己的正义法庭。

古典乌托邦方案的压制层面

如果说近代人权的支持者采取了反对国家压制力量的立场，以保证个人隐私空间的不受侵犯，那么在近代有关古典乌托邦的争论中，态度则转向了另一个方向。根据主要假定，一切“自然权利”原则上在理想国家中都能得以实现。但那些不论出于何种原因没有认识这一点的人则被剥夺了所有“自然权利”：他们必定受到或是严厉的惩罚，或是在最好情况下对智力制度承担义务。这就难怪在康帕内拉的“太阳城”中，国家从来不指控其居民的罪责，但对国家的不端行为确实立即招致重要惩罚。一个良心监督的智力体系如同密密织成的网络，在太阳城居民中传布。良心的净化被忏悔替代，所有人都必须经历；其依次指示权威居民对于国家的态度，因而他们没有时间采取措施维护和平与秩序（康帕内拉，1970：153）。类似的争论模式在摩莱里的《自然法手册》中也可见到。无论谁向乌托邦引进私有财产，都将因颠覆而被宣布为人性的敌人，并被监禁在洞中，因其有栅栏，洞四壁厚厚的墙体将他与世隔绝，也充当了他的坟墓（摩莱里，1964：186）。出于对反抗的恐惧，丰丹(Fontenelle)的哲学家共和国中的居民甚至不惮于有计划地屠杀他们的奴隶，以保障国家稳定之需(Fontenelle,1982:78)。在梅西耶(Mercier)的《2440年》中，审查如同在卡贝特的伊卡利亚共和国一样，被视为理所当然。梅西耶称被公开焚烧的令人不快的文学为“一种赎罪的献祭，由此带来了真理、高品位与常识”。与此同时，将有两位正直的居民每天访问散布“危险原则”的作者，通过强力劝说促其悔悟。在卡贝特的伊卡利亚共和国中，除国家诗歌与国家散文外，可印刷的仅是那些可以促进进步的作品。由于文学并不满足这个标准，因而被当作无用品或有害的垃圾付诸火焰，伊卡利亚人知道如何使路面整洁，以便年青一代通往进步的努力不受阻碍。卡贝特写道：“火在这些情况中都不是坏手段。”甚至许多无政府主义乌托邦也不能逃脱约束，认为一切抵制集体理性下被归类的行为都要被取消。当结果证明福格涅《澳大利亚乌托邦》中的讲述者不能满足绝对理性的要求时，他面临着死亡惩罚，只好一走了之。

古典乌托邦方案的压制层面只是揭示了什么是其初始之核:其所采纳的集体理性具有一元论的倾向。事实上,乌托邦认为他们的理想国家是一种"绝对"知识的散发,在他们看来是普遍的、真实的,没有任何选择。因其包含了过去和未来,这种知识只能被归因于一种个人实体之上的东西,比如说理想国家本身存在的制度。另一方面,缺少冲突与透明是消除所有疏离的信号,开始是废除行为的多元领域,随后导致国家作为一个独立于社会的组织的消亡,继之缺乏以根本人权的形式达成个人共识或解决冲突的制度保证。个人自由与独立在此情形下无优先立足之地,因为个体只有参与集体理性时才起作用。现代化因此被乌托邦视为一种和谐的社会状态。与此同时,他们盼望从这种身份中——其所有部分都与自身一致——获得人类能力的最大发展,这一点从柏拉图幻想新人类时就被思考过。

乌托邦争论的法典化及其意义

没有人能提出乌托邦方案,尤其是有政府主义的版本,不具有历史意义。资本主义工业社会最大胆的辩护者们、技术统治论保守主义的支持者们,他们或公开或有策略地拿起 19 世纪乌托邦思想的前提,这一点毫不奇怪。某种程度上,他们变成了正在浮现的技术国家社会结构的一部分,为了保守主义利益,他们被理想地用着。在劳动等级世界的硬结构中,这是相当多 19 世纪乌托邦计划的特点,他们看到了比前工业社会建立在庄园基础上的秩序带有更稳定统治结构的"生活秩序"。阶级斗争的终结,增长的生产被置于优先地位,这是 19 世纪乌托邦思想的一个古典假定,它们在二战后高度工业化的西方国家的社会合作中找到了确证。由于更复杂的劳动分工,每个人都在从未有过的广度上逐步依赖其他人,乌托邦的实现已经在"物质约束"的发展中变为现实,社会技术的"上层建筑"对抗个体将是不可避免的命运。这种社会过程中技术统治统一性乌托邦模式的建立,通过囊括整个体系,也在苏联式社会秩序上打上了烙印,其同样处于对经济增长无限量期望的推动下,同样对技术的普遍潜力有牢固不破的信任——这种潜力是 19 世纪乌托邦渴望解决所有解放难题的方案。不过在一个关键方面,他们比西方社会更接近于回到柏拉图与莫尔的乌托邦思想传统的古典位置。

政府专政工具维持下的严格的义务劳动，一直是自莫尔以来独裁主义乌托邦的传统主题。与此同时，早已很清楚的是，苏联 20 世纪 20 年代晚期并非不像传统乌托邦，无所不包的官僚控制体系永久地管理着整个产品的生产和分配。在狭义上讲，政治构造可说是类似的东西。这在柏拉图《理想国》中的哲学家们那里以及在近代早期模仿他们的乌托邦的精英那里有先例可循。其不是民主地而是借助历史哲学证明对权力的要求是正当的，这与从 18 世纪后半叶到 20 世纪初的乌托邦相似。“只有党组织才能传授理论与实践，才能洞察历史总体并促其形成，只有它才能领导人类通向自由王国”(Flechtheim，1985：22)。与此同时，对该目标的普遍认同被认为具有优先性，近乎百分百的人投票支持党的政策，自愿接受约束，就证明了这一点。不过还有另一个重要的类比，在源自国家社会主义的或无政府主义的社会乌托邦中，个体人权不起作用，这一点早已很清楚：用制度保障所谓早已被实现的东西似乎毫无意义。进一步说，既然以最好国家完美制度形式体现的“集体”理性比个人理性质量高，个体人权据此早就无立足之地。

甚至 1977 年的苏联宪法中也有这种思想的残余。我们可再次找到乌托邦思想的旧的结构特征：个体权利从不先于政府权力——如同古典人权一样，个体权利只有在给定秩序内才被授予，声称体现了所有工人利益的优先性。这样，市民的言论、出版、集会、示威自由只有“与人民的利益保持一致，支持并发展社会主义秩序”时，才能够得以实施(亚农，1978：28)。“组织协会的自由必须服从约束，以便与共产主义发展目标一致”，这就是科学的、技术的和艺术的行动自由(同上，27)。最重要的基本政治权利与最基础的行动与发展自由权利就这样忠于体系的统一性。第 59 条在权利的实现与义务的完成之间建立了不可分割的联系。其规定公民不仅要遵守法律和社会主义国家的生活规章，还要保证“配得上‘苏联公民’的崇高身份”(同上，30)。这与 62 条一致，规定公民有义务忠于不仅源自国家功能，而且源自所有公民的宪法(同上，31)。毫无疑问，对苏联宪法而言正确的东西，对于苏联式社会秩序的所有国家而言多多少少也是正确的：“根本权利只对绝对服从的市民才是有效的。持不同政见者或是因其他原因而采取这个秩序之外立场的公民，不能行使权利，因为他不符合他们要求的前提条件，与现存秩序绝对同一，并完全服从。”(Westen，1981：70)古典乌托邦思想的遗产很难更有力地被视为“积极”的形式。

古典乌托邦方案是一个历史的错误吗?

近代伟大乌托邦运行的前提假定是,随着移走资本主义利用的私有财产,社会对抗将变成往事:阶级冲突的消失将带来从社会分离出的国家的消亡。如苏联式社会秩序衰落所显示,这个前提最终不能抵制东欧国家居民的真正需求:处于可怕危险之下寻求人权的那些小民族赢得了胜利。东欧国家经历1989年剧变后,他们与其马列主义版本之间的竞争结果,似乎印证了早期无产阶级解放运动的标准假定,因为指定少数精英垄断真理与政治的体系不能创新地应对新的挑战。马克思主义社会民主党人卡尔·考茨基在对布尔什维克十月革命的批评中,早就反复强调了这一事实。新的学说和洞见通常由少数人首先提出,压制他们意味着阻碍了更深入的进步。当个体人权遭到禁止时,情况就是如此(Lubbe,1981:44)。如果市民不能享有自由,无数的才智必定被浪费(Euchner,1987:109ff)。结果就是社会所有领域的瘫痪性停滞。建立于大众监护基础之上的体系最终失去了合法性。不能在市民与国家之间建立信任,一旦中央监控机器停止工作,其必定像多米诺骨牌一样倒塌,因为大众行动将推翻它。

这种古典乌托邦思想(努力期盼的个体人权多余的境况)难道历史性地指出了一条错误之路?问题不能以简单的对错来回答。一方面,我们知道,为实现集体的解放但未能与个人需求建立真正和谐的乌托邦方法是一个历史性的失败。它开出的价码是任何人都不愿支付的:没有个人自治,每个个体都由官僚机器提供相应的监护。另一方面,每个人都必须知道,当他放弃乌托邦思想无法履行的要求——目标是建立于合理性舆论基础之上的泛社会团结时,他会是怎样。当古典乌托邦传统的前提失去时,基本仅剩下两种选择:或者撤退到传统社会形式或其他社会中,人类解放目前所达到的水平将被废除;或者我们以"后现代主义"的时髦方式选择一个个人竞争的社会,中心是个人拥有无限权利以保护他本人的利益。

问题是在乌托邦与协约主义之间是否存在"第三条道路"可供考虑。至于通往现代性的乌托邦道路与协约主义道路的强大历史意义的重建,一个结果在提供全新研究领域方面十分关键:我指早已提到的事实,自17世纪末以来可以看到这两种方式的近似物,其在18世纪中叶达到顶峰。这一过程的结果是古典乌托邦与协约主义模式之间静态对抗的消解。我的假定是乌托邦思想开始合并了协约主义的出发点,也就是私人领域。而且,它采纳了契约个人主义的构成原则。在相反的例子中,契约思想从卢梭那里开始,出现了“新人类”的视野,建立了公共经济部门。契约主义与乌托邦的近似物并未因法国大革命的剧变与工业化进程而终结。起码20世纪奥地利的马克思主义者开始了新的尝试,他们试图联结两种模式,在布尔什维主义的乌托邦与西方民主的个人主义方式之间发展出一种新的道路。

尤其是奥地利最主要的马克思主义者奥托·鲍尔(Otto Bauer),其著作以令人信服的方式代表了这种趋势。许多证据表明,奥地利马克思主义的理论与实践在二者之间震荡:一面是社会与历史的整体概念;另一面是个人主义指向,暗示了不可侵犯的人权需求。这种有特色的矛盾情绪甚至影响了红色维也纳住房项目的建筑,社会民主主义的工人们有组织的文化生活现在已是公开的问题。显然,这种乌托邦方式与契约主义方式之间的紧张关系与奥地利工人阶级自身的解放事业相关。事实上奥地利马克思主义者都认同契约主义的假定,相信如果个人的自由发展被接受为民主社会主义的中心价值,一个社会的显著特征必定是利益冲突。这就是为什么要建立制度来管理这些冲突的理由,即便资本与劳动之间的阶级斗争不再存在。不过奥地利马克思主义者也相信,只有当代表工人阶级整体的集体组织取代个人主义思想的原始影响时,工人阶级的解放才能实现。这种集体模式被认识是实现个人自由的前提条件。

这样一个考察必须要处理的难题是,为什么契约的与乌托邦思想的近似物不能成功建立起持久的社会结构。失败的原因是否是两种方式的主要立场未能充分改良,未能产生出一个持久的综合体?或者还是因他们内部及他们之间权力的不均衡分配所致?这个研究工程不仅仅限于历史学的个案研究,契约与乌托邦方式的近似物通向现代性的问题尚未从近日政治日程上消失。只要社会与生态条件在我们星球的大部分地区处于支配地位,因其独立于个人与政府的客体,故结构性地妨碍人权的建立,它们的普遍满足就不能指望从传统的未来主义场景中或是从那些基于个人主义私有财产的场景中得以实现,这一点毋庸置疑。这预示着大自然整体的物质条件不仅仅保护了自然环境与基本的社会改革需要,同时也给第三与第四世界国家提供了休戚相关的支持。在工业化国家的肌体上指出这根刺,是古典乌托邦思想的永恒成就。在我看来,这是很大的成就。

参考文献

Anon. 1978. *Verfassung* (*Grundgesetz*) *der Union der Sozialistischen Sowjetrepubliken. Angenommen auf der siebten AuBerordentlichen Tagung des Obersten Sowjets der UdSSR der neunten Legislaturperiode am* 7. Oktober 1977. Berlin: Staatsverlag der DDR.

—. 1990. 'Charta fur ein neues Europa'. *Frankfurter Allgemeine Zeiyung*, 22 November, No. 272.

Bauer, Otto. 1980. *Werkausgabe*, Vol. 7. Vienna: Europaverlag.

Cabet, Etienne. 1979. *Reise nach Ikarien*. Berlin: Kramer.

Campanella, Tommaso. 1970. 'Sonnenstaat'. In *Der utopische Staat*, ed. K. J. Heinisch. Reinbek bei Hamburg: Rowohlt. de Foigny, Gabriel. 1676. La Terre Australe... Paris.

—. 1693. *Nouveau Voyage de la Terre Australe*... Paris: de Vairasse, Denis. 1717. *Historie der neugefundenen Volker Sevarambes*. Nuremberg: Rudiger.

Diderot, Denis. 1984. 'Nachtrag zu"Bougainvilles Reise"...'. in D. Diderot. *Philosophische Schriften*, Vol. 11, ed. T. Lucke. Berlin: Aufbau.

Euchner, W. 1987. 'Vom Nutzen der Natur-und Menschenrechtsidee fur die Linke'. In *Jahrbuch* 1986, ed. Komitee fur Grundrechte und Demokratie. Cologne: Komitee.

—1990. 'Die Degradierung der politischen Institutionen im Marxismus'. *Leviathan*, 18:487—505.

Flechtheim, Ossip K. 1985. *Rosa LuxembuRg zur EinFuhrung*. Hamburg: Junius.

Fontenelle, Bernard Le Bovier de. 1982. *Histoire des Ajaoiens*, ed. H. G. Funke. Heidelberg: Winter.

Krizan, Mojmir. *Vermunft*, *Modenisierung und die Gesellschaft des sowejetischen Typs. Eine kritische Interpretation der bolschewistischen Ideolo-

gie. Frankfurt-on-Main et a1. :Peter Lang.

Lubbe, Paul, ed. 1981. *Kautsky gegen*. Lenin-Berlin et al. :Dietz.

Lukacs, Georg. 1923. *Geschichte und klassenbewubtsein*. Berlin:Malik.

Mercier, Louis Sebastien. 1982. Das *Jahr* 2440. *Ein Traum*, ed. H. Jaumann. Frankfurt-on-Main:Suhrtkamp.

More, Thomas. 1970. 'Utopia'. In *Der utopische Staat*, ed. K. J. Heinisch Reinbek bei Hamburg:Rowohlt.

Morelly. 1984. *Gesetzbuch der naturlichen Gesellschaft*, ed. W. Krauss. Berlin:Akademie-Verlag Morris, William. 1981. *Kunde von Nifgendwo. Eine Utopie der vollendeten kommunistuchen Gesellschaft*, ed. Gert Selle. Reutlingen:Schwarzwurzel Verlag.

Nipperdey Thmas. 1962. ,'Die Funktion der Utopie im politischen Denken der Neuzeit'. *Archiv fur kulturgeschichte*, 44:357—378.

Rabelais, Fransois. 1974. *Gargantua und pantagruel*, *illus*. G. Dore, eds. H. Heintze and E. Heintze. Frankfurt-on-Main:Insel.

Saage, Richard. 1986. Historische Dimension und aktuelle Bedutung des Topos 'Technischer Staat', In *Politik und die Macht der Technik*, ed. H. H. Hartwich. Opladen:Westdeutscher Verlag.

—1998. 'Zur konvergenz von Vertragsdenken und Utopie im Licht der "anthropologischer Wenden"des 18. Jahrhunderts. ' *Zeitschrift fur Geschichtwissenschaft*, 46:432—444.

Voigt, Andreas. 1906. *Die sozialen Utopien*. Funf Vortrage. Leipzig:Goschen.

Westen K. 1981. 'Uber das Menschenrechtsverstandnis der sozialistischen Staaten. Die neue sowjetische Verfassung'. In *Menschenrechte* 2. *Ihre Geltung heute*, ed. Ruprecht Kurzrock. Berlin.

第五章
论世界的建构:欧洲乌托邦中的技术与经济

沃尔夫冈·皮彻

我们凭什么有权说,乌托邦如同一些不可从过去网络中剥离的东西那样没有未来?只有在认可随时等候的"历史的终结"这种观点时,我们才能这么说,该观点彻底宣布任何乌托邦都是无效的。乌托邦思想与时间无限制的希望密切相关,人类历史不会简单地结束,不过其过程能变得更好。

近代早期乌托邦文学的出现与西方基督教传统的贬值相关联,这个带有时间终结期盼的传统一直运行到16世纪。[①] 即便马丁·路德也相信,世界的毁灭正在来临。一个普遍的行为是对之作出预言。这些预言带有宗教特色,因而制度化的教会不得不关注它们。[②] 不过预言并不将自身局限于明显宗教的环境中,占星学领域也有,这在文艺复兴时期十分重要。如同特尔斐的神谕,这个现象完全介入了世俗事务与计划。早期专制主义国家因而不得不关注这个散漫的被操控的未来。[③]

提供不属于未来、更多的是作为虚构存在的乌托邦观念或许是一个不错的主意,即使这些乌托邦地理上异常遥远。这种方式使它们没有预言或预测的通常特征,更像是提供了一份特别的旅游报道。它们报道的内容是同时发生的,不是以后的事情。更重要的是智力差异:预言或幻景由直觉认识所致,乌托邦的叙述则是理性的构建。其与同样是"理性的"占星学(要遵从严格的规则)的区别在于,它不承认命运的先验决定论,只认可命运是社会内在的。乌托邦是美好社会

① 基督教的历史直到16世纪,仍旧是展望的历史,更确切地说,是现在的展望:一方面有终结时间,另一方面又是世界末日的拖延。(Koselleck,1968:551)

② 把所有的幻想置于控制下是罗马教会的一个统治原则。拉特兰教堂第五期议会规定,一切有关未来图景的布道必须得到官方的授权。(Koselleck,1968:553)

③ 绝对国家的系谱一直与反对任何形式的宗教和政治预言的斗争相伴随。国家通过武力获得对未来的垄断,它压制对未来的启示式与占星式的解释。这样就承担了教会以前的角色。亨利八世、爱德华二世、伊丽莎白女王都严格禁止任何这类预测,违抗者将被终身监禁。(Koselleck,1968:556)

内在产生的，非世俗力量或超脱尘世的力量不在其中起作用。乌托邦不是预言，也不是预测：它不能预知什么将发生，其只是努力通过智慧的行为影响必定出现的未来。我们或许可用不太友善的方式说乌托邦是规范的叙述，对标准化毫不见外。但必须认清每个人建构的美好社会的机能，其常常带有一定程度的狂热。这是容易从乌托邦过渡到狄托邦的一个征兆。

站在2002年的回望

众所周知，近代早期的乌托邦文学因托马斯·莫尔的《乌托邦》一书而得名，该书出版于1516年，标题是《最好的共和国》。一份英国传记介绍说莫尔有过不平凡的职业：律师、作家和圣徒。在国王亨利八世召见之前，他先是在伦敦从事司法工作，后做过商人。1515年，作为大使逗留荷兰期间，他写作了乌托邦的第二部分，描绘了一个岛国。回到伦敦后，莫尔受到恩宠，国王力图使之成为更加亲密的顾问。作为回报，莫尔丰富了《乌托邦》的内容，反思王室顾问的角色，这个角色是故事叙述者拉斐尔·希斯拉德强烈反对的。莫尔不仅通过希斯拉德之口报道了岛上情形，并严词批评了英国当时的状况。或许因此原因，莫尔赋予希斯拉德希腊语“小丑”之称号。英国标准版的编辑杰克·赫克斯特曾评价说，有时很难确定他是严肃的还是嘲讽的。不过国王处死了他，一点不带嘲讽或含糊，因莫尔拒绝宣誓而使教皇的权威成了问题。这最终为他赢得圣徒地位。

《乌托邦》对英国不合理治理的批评，与其对乌托邦理想生活方式的多彩描绘形成强烈对比。二者同样出自上述小丑的口中。批评言辞有时通过暴食而有害的羊群说出，羊群甚至能吃人，毁坏农田和村庄。卡尔·马克思曾引用这些话，将之与“所谓的原始积累”联系起来，那里耕地变成牧场，公共区域和草场被围了起来，这从根本上破坏了农业人口结构，将他们赶进工业资本主义的“自由”工人大军。莫尔支持采取措施，对财产罪进行严厉制裁。

马克思强力而尖锐地批判了资本主义社会的这个历史阶段：“农民就这样，第一次被强迫性地剥夺了土地，从家园中被赶走，变成流氓，然后被法律荒唐恐怖地鞭打、污辱、蹂躏，变成工资制度的必需品。”马克思没有就此打住。他在所有这些贫困中也看到了发展的可能性，他以预言的形式解释了其历史先决条件的乌托邦，肯定了历史环境的现实。在题为《资本主义积累的历史趋势》一章的最后部分，马克思提供了一系列剥夺物。资本主义通过剥夺获取胜利后，其不再是从前的财富所有者，“劳动者工作不再是为自身，而是为了资本家剥夺许多排队等候的劳动者”。这种新的剥夺形式新颖，并以社会内在法律为其理由，允许资本以侵略性方式集中。“一个资本家常常要消灭许多资本家。”马克思没有反其道建构理想社会，而是宁愿在他对矛盾现实所能作出的分析中，想象维持社会积极变化的可能力量。众所周知，马克思对科学作出了要求，而不是对乌托邦。个体理性是乌托邦的成因，在马克思这里变成了历史过程的理性。社会因而不是在存在之外、在乌有乡中找到了美好未来的建设计划，这个计划就在其衣兜中，甚至已经露出第一缕晨光。新社会将矗立于被迫创立的旧社会基础之外。

对于托马斯·莫尔而言，在当代英国与乌托邦之岛之间存在着联系，特别是货币与私有财产。这些阻碍社会公正或成功地进行政治运作的东西，在乌托邦社会中将因其缺席而为理性秩序开辟道路。或许有人会自问：这个简单的思想统治各类乌托邦文学已有多久？长期以来乌托邦话语是如何形成这种模式？我们一再发现这二者并非必定紧密联系在一起，私有财产的金钱社会阻碍了所有人都必定期望的东西，那就是社会的繁荣，由于进步，社会故能充分利用技术生产能力，因而也就不需要有市场调节的经济秩序。社会的真正富裕在金钱价值之外。

一种古怪的摩尼教统治了这种乌托邦思想：恶魔因素（金钱）统治了社会，其与人类的消极特性密切联系在一起。自亚里士多德以来的很长时间里，金钱已经被简化为自身能成功变成目的的赤裸裸的方法。只有当穷凶极恶的金钱方式消失，并且一切富裕之源的工作取得支配地位，被“颠倒的”关系才能再次反转过来。生产性的工作与其发展方式决定了乌托邦思想的视野。相反，不存在金钱的乌托邦，因为金钱之魔不能以乌托邦的方式加以思考。

莫尔《乌托邦》中的人民生活得幸福，不仅仅是因为生活在一个繁荣的经济共同体中，而且因为没有私有财产与相应的货币，他们捣毁了应对人类犯罪倾向负责的制度化的基金会。不仅仅是懒惰、嫉妒、贪婪、吝啬以及傲慢而不为人知的倾向，连整个社会都变得有道德了（Hexter，1985）。这儿乌托邦的构建显示出其是一个有教育法的机器，由一个神秘之父乌托波斯构思出，他征服了阿布拉克萨之国，将未开化的野蛮的土著置于理想的良好养育之下。随后的乌托邦岛也是他的事情，应该国之请，他通过大规模挖掘将之与大陆分离。

虽说人们谙熟于乌托邦中的奴隶，他们有最下的或被鄙视的行为，不过所有居民都必须工作。他们不是为市场而生产，也用不着货币，因而节省了许多无用的多余的行动。由于他们不断迫切寻求物品生产的改进，他们的必要劳动贡献——每个人都要付出——相应地维持在最低程度，因而有可能作进一步的知识改进。乌托邦的国土某种程度上早就是知识社会。必须要为所有的孩子都提供学术研究的入门指导，大量成人在空余时间从事科学研究工作，这在书中阐释得非常清楚。因此，他们具有尊敬技术发明的惊人天赋，这些发明有助于生活简单便利。他们生活在完全透明的社会中，莫尔对此而言显然没有任何戒心，在与真正基督教社会有联系的地方更是如此，那里的每个人都同时向所有人敞开心扉。(自由)市场的不透明组织及其不受控制性，这在莫尔看来代表了自大的贪婪世界与贫穷的非理性世界。

乌托邦的理性

所有乌托邦文学作品都聚焦于教育与抚养。因为其与理性社会有关，一个按照特定理性争论建立的社会，必须要保证想象中生活于其中的人们理性地行动。在某种程度上，乌托邦文学带有近代经济理论的一个元素。正是理性决定使得个人选择了这种社会。这个主要决定带来的生活是立足于持续理性决策基础之上的。不过这些决定并非直接为了个人利益，而是为了共同体的利益。大部分乌托邦设计在决定该利益时并未遇到任何大的困难。在这些乌托邦设计中，若要使社会个体成员从经验层面出发使其行动符合整体利益，这只有在综合教育的帮助下才能实现。乌托邦的成员因此也是一个文明的受过很高教育的人，是一个道德存在:他将出于洞见而行动，而不是由于担心惩罚。乌托邦的社会是知识的社会，在这个意义上，它们是当代乌托邦或西方社会未来预言工程的先驱。既然他们在很广泛意义上赋予技术知识以优先地位，这方面也与当代趋势有关。

我们看到，乌托邦把闲暇时光用于智力发展，大多数人从事学术活动。我们不知道他们的研究内容，但知道一些研究结果。他们对某些自然科学很精通，比如说天文学，他们也“熟练设计出”用于计算天体运行的不同工具。显然，在所受的科学性训练基础上，外加具有发明战争机器的重大技术，他们在技术发明领域具有惊人的天赋。

康帕内拉 1623 年构思出的《太阳城》的居民，他们也具有特别伟大的技术与军事智能。太阳城被七环城墙包围："因此任何人想要推翻该城，必须征服其七次。不过我相信，第一环就不能拿下，城墙由土墙、防御坝、碉楼、战壕以及弩炮构成防御工事，异常牢固。"（康帕内拉，1962：117）城门可像一个神奇装置那样被迅速锁上。城中"矗立着一座神殿，建造工艺精良。神殿的巨大穹顶以难以置信的艺术拱立着"（同上：113）。这里汇聚着那时文艺复兴工匠的通常造诣：对城池的护卫、战争机器、高起的建筑结构。在一个僧侣看来，他想到的是牧师的王国，最高统治者是叫做"太阳"的司祭，翻译过来就是"形而上学者"之意。他旁边有三位显要人物，名字分别是"篷"、"信"与"摩尔"，即权力、智慧与爱之意。这些高官掌管着他们自己的官僚机器，科学与教育不是任何同时发生的私人行为，而是公共的、受操控的行为。自由的手工艺术与科学联系在一起，呈现出智慧的装备，其表明了学术的实用性与实用技术的理论偏见。

智慧的装备也占据了发明与发现领域。因为这些发现，他们拥有两个记录过程，其中一个我们很熟悉，即知识手册。另一个过程是把城市空间当作教育领域，因为城墙被刷上了科学场景。例如在第六环城墙内侧，画着"各种手工业和它们的必要工具，以及各国人民的从事情况。绘画按手工业的重要性加以排列，并画有发明者加以说明"（同上：122）。除墙壁上的指导外，工场中也有教授与学习。《太阳城》的居民高度评价了手工艺人的技术以及实用艺术："他们使那些掌握许多手艺并善于实践的人变得尊贵。所以嘲笑我们鄙视工匠，反而尊崇那些不懂任何手艺、游手好闲、役使大批奴隶过享乐生活的人。"（同上：125）科学有直接的政治影响，既然太阳城的居民都肯定"只研究某一门科学的人，既不能真正理解这门科学，更不能理解其他的科学"（同上：127），因此，科学在太阳城中是多样的。他们从来不信他们的统治者们是可怕的或者有罪，因为"他们懂得很多"。因而知识可以避免权力的滥用——只要权力与知识能确实结合到一个人身上，我们必须加上这一点。我们很难不把太阳城描绘成"知识社会"，其在道德层面上也高度评价知识。

太阳城知识渊博的居民们，认为性别之间没有区别，男人女人们以同样的方式接受手工艺教育与思辨科学教育，生活在一个真正的社区中，每个人同等富裕与穷困："富裕是因为他们拥有一切，贫困是因为他们不占有任何东西；因此他们不是为物所役，而是物为所用。"(同上：136)如果我们暂时离开《太阳城》，进入弗朗西斯·培根的《新大西洲》(1638)，或许我们可正好体验《所罗门房屋之父》访问该城的感觉。这儿的居民行动训练有素。他们站在巷子里："街道丝毫不受影响，任何军队的战列都没有他们站得棒。窗户里的人也不拥挤，不过站着的每个人仿佛被安置在那一样。"(培根，1963：155)所罗门之屋是个大智库，带有典型的培根式定义："我们创建的目的是理想的知识、事物的秘密运动，将人类帝国的疆域尽可能扩大到一切事物。"(同上：156)

弗朗西斯·培根(1561～1626)是大臣阁下，与托马斯·莫尔一样；无论如何他没有变成宗教意义上的圣徒，而是预言科学与其实用之美好国度的先知。在其最著名的《新工具》(1620)中，他把引导性推理称赞为科学程序的合适方式。为了制定法则——这是每门科学的目标，必须关注最大数量的现象，然后用实验检测结果是否正确。1830年德文版译者安东·西奥博尔德·布吕克在其引言中想象了大臣阁下进入1848年革命前时期所作的时光之旅，在那儿"实验物理学的进步以及它们在实际生活中的运用"可能会令他大吃一惊。"如果他看到我们的避雷针、显微镜、望远镜、蒸汽机以及无数由它们作动力的机器，毫无疑问，培根将进入令人陶醉的惊异中。"(培根，1981：7)震惊不仅停留于此，因为培根还是个社会乌托邦主义者："更高的意识进一步提问：你们如何勤勉地将这些好发现用于智力福利，'用于真正哲学的无尽建构'？——当数百万因自动化而贫困的饥民们的紧急呼号完全淹没我们时，我们将不得不为我们的财富与奢华而默默羞耻。"(同上)布吕克还写道，或许培根因不满于社会不平等而联想到古代神话，向我们提起贪金者迈达斯(Midas)。我更愿意先提到一切工程师之祖代达罗斯(Daedalus)。在1609年出版的小书《远古的智慧》中，培根糅进了各类神话叙述，以便用寓言引出他们的道德。"代达罗斯是一个具有最伟大天才，同时也有着非常恶劣癖性的人，在代达罗斯之下，古人描绘了一幅机械技艺与工业、同时带有非法技艺与堕落式应用的图画。"(培根，1983b：734)

在阐释该寓言时，他还提到了"迷宫的寓言"："寓言表现了机械学的基本性质。因为一切更有独创性、更精确的机械发明都可以与迷宫相比，除试验线索外，任何判断都不能判定区分出它们的微妙、复杂变化、一部分与另一部分的明显相似性。下一点同样重要，即迷宫的设计者同时透露了如何使用线索。技艺可两面使用，或是治疗或是伤害，大部分结构有能力消解自我的符咒。"(同上：735)

乌托邦的聚居地

19 世纪上半叶，创立乌托邦之岛——一小块生活得更好的地方——在一个非常动荡的国家似乎有可能实现。在欧洲人愿意移居的数目巨大的定居计划中，共产主义聚居地占主要部分，尽管我们今天看来它是一个矛盾体，尤其在美国，那里曾进行过数不清的社会主义试验。

这些聚居地的建立在多大程度上也构成了社会的与工业的教学试验，可由罗伯特·欧文的新和谐村这样的例子加以说明。在 1800 年的早些日子，欧文成了苏格兰新拉纳克区最大棉纺厂的老板与经营者。那一年他 29 岁，尽管如此，他早已具有指导这类工厂的经验。他自己说过接受了新拉纳克“政府”，因为他不愿意仅仅管理一个工厂，而是希望改变人们的行为。要改变行为方式，就必须改变他们的生活环境。他的一个座右铭是：“人的性格是后天形成的，不是天生的。”他的一本书名为《论性格的形成》。

欧文不仅要照顾好工厂运作的技术方案问题，要为具体的工业管理措施订立计划（这为他赢得经理称号），而且要以社会改革教育家形象出现，以保证其事业在社会环境中能持续下去。不难理解，欧文在新拉纳克环境中取得成功后，努力扩大其影响领域，以一个社会改革家的形象亮相。不过，他类似的议会措施遭遇了不够理性（即不够技术地、经济地思考）的代表们为他设立的政治边界。他草拟的限制童工的法律仅以非常残缺的方式被采纳。他为解决穷人居住问题而大力构想的项目（最初只是为了解决失业问题）在英国失败后，欧文打算在美国树立一个聚居地样板。1825 年元月，他在印第安纳州购买了一个村子，包括村子周围的庄园。自 1814 年始，就有德国路德教会的一支居住在那儿，社会号称和谐，社区号称“和谐村”。这部分人与他们魅力超凡的首领约翰·乔治·拉普后来全部移到宾夕法尼亚，以便建立经济城，居地靠近匹兹堡。1825 年春天，约 800～900 人移进和谐村时，欧文稍稍改变了它的名字，称之为“新和谐村”。

1827 年 5 月 6 日，欧文在新和谐村议会大厅对幻灭的村民们讲话，向他们解释为什么他认为试验已经失败了。[①] 除新和谐村居民令人遗憾的复杂成分外

① 新和谐村实际上在 1929 年解体。

(欧文指责这使得达成必要的共识变得很困难)，学校项目应对失败负责。他表达了作为一个技术发明家的建筑幻想。他说："如果学校项目能按照我期望的上好计划那样充分运转"[①]，那么本来有指望看到整体变成一个社区。不过这些学校的老师没有按照他的原则指导所有的学生，而只是关注特定群体，所以他们与其他人的联合受到了阻碍。学生们因此"被教育出不同的习惯、脾气、情感——而我最真挚的愿望，是学生们应当被教育出相似的习惯和脾气，他们应被当作一个大家庭的成员来培养，没有个别不和谐的情感"(布朗，1972：101)。一种训练，在欧文看来是学校教育的问题，而在老师们看来则是合作社会总体的经济问题。在回应欧文的这个演讲时，约瑟夫·尼夫提到了欧文施加于合作集体上的意在补偿其财政预付款的巨大经济负担。由于土地质量因素，他们未处于设法产生补偿的状况，他们时时要被赶走，没有变成土地负责的所有者，在经济改善中只能得到有限的效益："人们在这儿勤奋工作有什么利益？不过如棉花或蔗糖种植园中黑社区中的奴隶而已。"[②]

看上去仿佛是金钱的魔力摧毁了和谐的社区。更不寻常的是，完全处于乌托邦传统中的欧文，对于反对金钱(尤其是能产生利益的资本)非常怀疑。紧跟英格兰银行 1797 年放弃纸币兑换黄金之后的货币理论大讨论，欧文 1819 年投票赞成把工作当作价值标准——因而赞成劳动工资。[③] 这种观念导致了 1848 年欧洲革命期间银行的相应建立，其无论如何不会存在很久。

还有其他一些类似的聚居地，名称源于神话奠基人伊卡洛斯(Icarus)，不过聚居地的真正发明人是艾蒂安·卡贝特(Etienne Cabet)，他在文学中创立了合乎乌托邦的它们。受到托马斯·莫尔《乌托邦》以及公共产品观念的激发，卡贝特创作了《伊卡利亚之旅》。在 1840～1848 年经济环境相对恶劣的法国工人中(当时该书已经出版第五版)，这本小册子广受欢迎。所以不难理解工人们显示出做好了结束等级的准备，以响应他的聚居地计划。在欧文建议下，自 1847 年始，卡贝特将这些愿意移民者集中起来，并将他们带到得克萨斯；不过稍后，他们

① 这是欧文 1827 年 5 月 6 号在新和谐村会议厅对村民与邻近社区居民的讲话，引自 Brown，1972：100。

② 约瑟夫·内夫"给欧文的信，关于他的告别讲话"，引自 Brown，1972：108。

③ 欧文为其社会主义乌托邦创造出一系列管理方案，包括按照工作时间给付劳动报酬(Hodgson，1999：18)。

移居到圣路易斯安那附近瑙沃(Nauvoo)区的前摩门教聚居地。卡贝特死于1856年,许多伊卡利亚社区此时仍然存活着。

真正的伊卡利亚社会在旁观者看来很穷困,与卡贝特书中的描述相比特别不一致,书中的伊卡利亚是一个欣欣向荣的有着技术文明的社会。在其首都,有轨电车早已通行,人们在有顶棚的站台候车,繁忙的交通使得有必要采取如信号灯控制路口这样的措施。与所有其他乌托邦社会的居民一样,伊卡利亚人也不辞劳苦地忙于提高他们的生产方式。卡贝特想到了大工厂,他描绘了许多发明,以至于"观者有研究专利局档案文件的想法"(Berneri,1982:212)。

工厂的观念,或更精确地说是概念,一直保留在这些乌托邦中。因此威廉·李卜克内西在德文版威廉·莫里斯的《乌有乡消息》前言中说,他们与"贝拉米的《回顾》完全相反,后者让社会工作在普鲁士德国的军事体系框架内完成"(莫里斯,1900:IV)。众所周知,爱德华·贝拉米是按照大工厂模式来构建理想社会的。德国社会主义运动更为杰出的成员克拉拉·蔡特金,她是《回顾》德文版的译者,也评价了贝拉米经济体系有纪律的军事特征(贝拉米 1922:3)。即便她也对该书说了批评的话,该书的许多例证揭示了一个社会主义社会如何展望未来:这就是,按照技术经济标准构想的理性规划的社会。

技术统治论下的乌托邦①

"技术统治论"这个新词汇最初由工程师兼发明家、专利律师的威廉·亨利·史密斯于1919年创造出来的,用以表达工程师能够提高工业效率之意。该词汇迅速变成工程师社会改革运动的名字,他们因此寻求主张支配社会的权力。其他发展中工业国家情况同样如此,美国在19世纪末出现了单一的不平衡,据此,工程师们必须在有关主要工业任务中充当决定性角色,而其他职业集团仍旧如以往般负责这些过程的社会执行与政治协调。技术专家也应充当政治领导人这一观念正成为民主体系的政治反对物。查尔斯·普鲁特斯·斯坦梅兹(Charles Proteus Steinmetz)是该趋势的最早预言者之一,在其技术乌托邦概念中,他以技术本位的科学权威取代(他看来)陈旧的、反生产的民主投票权,权威

① 以下描述主要基于 Willeke1995 年发表的著名论文。

的结果不可能付诸投票。权威同时还是编制计划的手段，其使得政治自由主义作废，如同其使自由市场经济失效一样。斯坦梅兹1865年生于波兰布雷斯劳，在研究过程中开始与社会主义集团接触[①]，为避免被抓捕，他不得不于1888年逃亡瑞士。1889年，斯坦梅兹到达美国，他在那里的剩磁（residual magnetism）研发工作，最终使他于1892年开始在通用电气度过了31年职业生涯。他还是一个社会主义者，热心于俄国革命，在通信中给列宁提供电气化方面的帮助。纽约社会主义与农民劳动党1922年提名他竞选国家工程师一职。在竞选宣传中，最让他感兴趣的是水力发电。他建议利用尼亚加拉瀑布，“数百万千瓦电能无用地跌下悬崖——利用起来至少降低三分之二的煤炭消耗”（Jordan，1989：68）。

他1916年出版了《美国与新纪元》一书。一位当代评论家将之与同时代十分流行的爱德华·贝拉米和萨缪尔·巴特勒的乌托邦著作进行了比较，他认为斯坦梅兹的书“是一切乌托邦中最华而不实的一种”。人们很容易以避免浪费的名义将其乌托邦元素置于“效率”和“经济”这两个口号之下。技术经济效率的提高与同时减少不必要的消耗结合起来，这使得四小时工作日很可行。省下的时间激发每个可能发展的教育兴趣。我们早已对这些惯用语句耳熟能详。每一种乌托邦都这么说。

约翰·多斯·帕索斯为斯坦梅兹树立了一座文字丰碑。在其美国三部曲中名为《第42行》的一卷里，他以题为《普罗特斯》（译注：一个能任意改变自己外形的希腊海神）为题，为“电力奇才”斯坦梅兹作了令人难忘的简要传记。

尽管诸如斯坦梅兹这样的社会计划者不会赞同F. W. 泰勒[②]，但泰勒式管理合理化的概念对于工程师的所有社会行为常常具有参考价值。20世纪初，“效率”和“浪费”这两个口号是这一时期进步生态运动以及其后的技术统治论导向的核心思想。因避免同时发生的浪费而获得的效率提高，被认为有助于解决社会问题及与自然环境有关的问题。但是对私有企业存有一定程度的猜疑，也是显而易见的。泰勒的学生莫里斯·L·库克1909年发起了一场关于空气污染的会议，他呼吁“公共设施”，因为只有这个词才能保证技术为社会福利而投入使

---

① 熟悉鲁克斯之后，乔丹写道：“鲁克斯与斯坦梅兹合作之前，曾帮助组织过‘法治太平洋’，这是一个期待在美国建设社会主义乌托邦的团体，鲁克斯思想的乌托邦困境与拉萨尔主义的改良因素都可在斯坦梅兹的后来著作中出现过。”（Jodan，1989：59）。

② 参见Jodan，1989：80。

用，而“公司”只会保持私人扩张主义策略，其腐蚀了自然与人类。

美国与欧洲一样，战时经济措施是社会计划经济观念的有力促进物。主要以“理性”方式调整并运作的维持经济首次被一个国家投入运行，即使这个国家根本不想因此而成为社会主义社会的先驱。

在中欧，奥托·诺依拉特(Otto Neurath)试图通过战时经济刺激以达成一种更好的非市场经济的社会改革。在奥地利国家经济学家、后来“维也纳学派”杰出成员的工作中，出现了一种总体上可以与美国技术官僚相比的社会概念。如对诺依拉特而言，战时经济是他社会改革思想的主要方面。这强化了他抛弃“货币经济”的念头，他希望用“自然经济”取而代之。他公开支持工业与技术之间的密切联系，在此过程中拓宽了技术术语的范围，“人类社会有意识的设计”也被纳入其中，因而可以说是“包含了工业的社会技术”(诺依拉特 1919a:221)。政治经济被视作宏图伟业，这是诺依拉特例子的典型特征，其蕴涵的历史发展是从机器技术经由劳动与操作技术再到社会技术。旧有乌托邦在早期技术阶段的基础上站了起来。他们按照以下方式解释社会系统，“业余的发明家构建了不系统的机器，柏拉图、康帕内拉、托马斯·莫勒斯某种程度上是这类社会技术专家的先驱，他们给我们展示了一个不太遥远的将来”(同上:223)。不过这些社会工程师还缺乏必要性的专门工具，以制定不考虑货币因素的社会计划。正是行政经济框架内必要的自然计算中心(其作为一个大规模的统计机器，能提供各种必要的数据)，是诺依拉特建立未来希望的基础。不过社会还没有成熟到这个地步，因为仅有技师还不够：“我们为何不早些设计计划，因为我们还没有学会技术地思考。”诺依拉特在这里向我们提到了一个叫波普·林克斯(Popper Lynkeus)的技师，他承担“粗略估算整个经济体系”的任务。他强调这项事业的价值，“波普这个努力的重要性在于，不考虑货币因素而对经济作出自然估计，这完全与他对工业、生活体系以及有关改革建议可行性的观察的准确度无关”。而波普·林克斯与诺依拉特相反，根本不想听任何社会主义的东西，在1919年的一篇文章中，诺依拉特讨论了乌托邦思想用于政权重组的任务，这对于他而言是不可避免的：“许多人相信，如果说不完全以同情的嘲笑态度，他们能以一定程度屈尊的溺爱与仁慈来谈论乌托邦。他们认为，大部分都是空想与空想家。”

正是这种未来建构的看上去令人满意的科学特性，将现代乌托邦与早期乌托邦区别开来，诺依拉特首先将之归功于乌托邦的繁殖：

不论如何，人们必须避免停留于一种特定的乌托邦，而应相互联系地考虑与研究整个乌托邦系列。首先，历史赋予乌托邦的巨大财富为这种科学措施提供了适宜的基础。跟着它们，一个人就能确定选择哪一种职业、工资等是似乎有理的，不同的序列中哪一种联系是可接受的，以及其他类似的问题。或许我们发觉我们正处于“科学乌托邦”的开始阶段。

美国1917年成立的战时工业委员会处于工程师的领导下，其经济计划是值得效仿的。工程师们当然不是决断的，但实际上可以确保他们的理想技师的经济观念在基本纲领中体现。例如，泰勒的学生、机械工程师亨利·L·根特(Gantt)就受此影响，他后来成为技术统治论运动的重要支持者。根特比其他工程师更激进，他于1917年早已创立了一个叫“新机械”的组织，不考虑其短暂的经历，这个组织可被看作后来技术统治论组织的直接先驱。在根特采纳的专制的反民主的政治观念一旁，正是他对显然掌握资源并控制经济的金融家们的反对，清晰地定型了技术统治论者的幻境。在他们的共同史中，以及在一切政治修正之外，这种对货币市场经济的反对是决定性的。技术统治论运动在持异见的经济学家托尔斯坦·维布伦(Veblen)那里找到了支持。尤其是他1921年出版的《工程师与价格体系》一书，变成了“技术统治论的宣言”。该书的最后一章早已预示了这点：“行得通的技术性苏联备忘录。”

维布伦让技术统治论者着迷，不仅仅在于他对资本主义市场经济的批评(他将之置于“价格体系”术语之下)，而且在于他认为只有通过生产者、工程师的统治，才能建立确实有效的经济与社会体系。对货币自由市场的批评无论如何都可与乌托邦文学的古典主题相比，其很大程度上同样抛弃使用货币。

技术统治论运动首先在1929年金融危机期间的美国获得了一些重视，不过很快被罗斯福新政所吸收并中立化。德国的技术统治论运动经历了类似的命运。海因里希·哈登塞特(Hardensett)有影响的论文(《资本主义的人与技术的人》)得到政治权利吹毛求疵的代表人物韦讷·松巴特(Werner Sombart)、奥斯马尔·斯潘(Othmar Spann)的赏识。正是这一时期，他们的职业组织——德国工程师协会突然转向极权主义阵营，在“科学大会”上表示不赞成多元民主。这个发展绝不是偶然的。哥特佛瑞德·菲德尔(Gottfried Feder)(有资质的工程师，国家社会主义经济方案的作者，自1918年以来就是打破投资资本统治论的宣传者)在德国技术官员的帮助下，努力在纳粹德国求职并不反常。在他身上，与经济体系中工程师般统治相连的是对金钱的深深怨恨，暗指西方有关高利的冗长争论，其没有免于反闪米特族的低音。他在“生产性”工业资本与“贪婪的”金融资本之间所作的区分，以所有简单的思想形式，为他赢得了具有类似思想的工程师们的同情。菲德尔在所有方向上仍然失败了：他未能使他的政治经济思想获胜，他的技术统治论运动也没有成功。在这个意义上，“国家社会主义乌托邦”在实际掌权后很快被驱散了。

这种失败的乌托邦在马丁・海德格尔身上激发了不寻常的反响。他在1935年演讲“形而上学导论”时对听众说：“今天宣传的作为国家社会主义哲学的所有东西与这项运动的内在真理以及伟大性一点也没有关系，不适宜宣判。”他表达了对未能在哲学上引导希特勒的失望。

市场乌托邦

随着国家社会主义乌托邦的失败，我们被告知只剩下一种乌托邦了，这就是自由市场乌托邦。[①] 这个许多乌托邦建构的老敌人目前事实上保持着优势地位。自由市场看上去与事实一样新，实际并非如此。在乌托邦文学档案中，早已发现了有关自由市场的积极事情。德国医生与社会科学家弗朗兹・奥本海默(Franz Oppenheimer)在一本小说中对自由社会主义乌托邦的理论研究到达了顶点，书中一个斯瓦比亚工程师承担了一次通往2032年的时光之旅，在那儿遇上了自由社会主义社会。[②] 对奥本海默而言，一个“自由竞争而没有剥削的经济”是值得寻找的目标。他认为，资本主义恰恰是自由竞争体系的对立面；它是一种有限制的竞争，这是很明确的(奥本海默1996b：21)。另一方面，他相应地发现作为一种社会自由，“集体共产主义国家的集中自然经济是不可能的；从人类共同存在中永远划去了取消经济自我决定的权力”(同上)。他的政治信条是：“自由主义与社会主义并不像迷惑的人们过去认为的那样是对立的，两者就是一回事。自由主义坚持到底，结果就是社会主义！通往社会主义的道路只有一条：

① 参见Willke，2001：7。

② 这本名为*Sprung uber ein Jahrhundert*的小说1934年出版，作者化名为弗朗西斯・佩尔顿(奥本海默，1996)。

完全的经济自由，真正‘自由’的竞争。”(同上：49)

欧洲近代早期乌托邦思想的漫长过程最终以颠倒的方式而结束：初始阶段批评的客体与乌托邦构建的动机，在这一阶段变成了乌托邦思想的中心。这在很大程度上是属于20世纪的一个发展：这个世纪不同于任何其他世纪，乌托邦激发的极权主义被抛弃了。世界的建构在那里耗尽了自己并最后消失了。我必须承认，在这一点上我们还没有到达历史的终结，不过或许旧乌托邦的末日已经来临。

参考文献

Bacon, Francis. 1963a. *New Atlantis*. In *The Works of Francis Bacon*, *facsim.* edn(London, 1857—1874). Stuttgat: Fromann Holzboog, Vol. 3.

—. 1963b. ‘Translation of the *De sapientia veterum*’. In *The Works of Francis Bacon*, *facsim.* edn(London, 1857—1874). Stuttgart: Fromann Holzboog, Vol. 6.

Bacon, Franz. [sic]. 1981. ‘Introduction’. In *Neues Organ der Wissenschaften*, ed. and trans. Anton Theobald Bruck (Leipzig, 1830). Darmstadt: Wissenschaftliche Buchgesellschaft(repr.).

Bellamy, Edward. 1922. *Ein Ruckblick aus dem Jahre* 2000 auf das Jahr 1887, 6th ed. trans. Klama Zetkin. Stuttgart: Dietz (first published in 1890).

Berneri, Marie Louise. 1982. *Reise durch Utopia* [*Journey through Utopial*]. *Ein Reader der Utopien*. Berlin: Kramer.

Brown, Paul. 1972. *Twelve Months in New Hamony*. Philadelphia: Porcupine Press.

Campanella, Tommaso. 1962. Somenstaat. In *Der utopische Staat. Morus Utopia*; *Campanella-Sonnen staat*; *Bacon-Neu-Atlantis*, ed. and trans. Klaus J. Heinisch. -Reinbek: Rowohlt, 111—169.

Heidegger, Martin. 1953. *Einfuhrung in die Metaphysik*. Tubingen: Max Niemeyer.

Hexter, Jack H. 1985. Das Dritte Moment der Utopia und seine Bedeutung

In *Utopieforschung. Interdisziplinare Studiem zur neuzeitlichen Utopie*, ed. Wilhelm Vosskamp. Frankfurt-on-Main: Suhrkamp, Vol. 2, 151—167.

Hodgson, Geoffrey M. 1999. *Economics and Utopia: Why the Learning Economy Is Not the End of History*. New York and London: Routledge.

Jordan, John M. 1989. "Society Improved the Way You Can Improve a Dynamo." Charles P. Steinmetz and the Politics of Efficiency, *Technology and Culture*, 30(1): 57—82.

Koselleck, Reinhart. 1968. 'Versangene Zukunft in der friihen Neuzeit'. In *Epirbrhosis. Festgabe fur Carl schmitt*, eds. Ernst Barion, Ernst-Wolfgang Bockenforde, Ernst Forsthoff and Werner Weber. Berlin: Duncker & Humblot, Vol. 25, 49—66.

Marx, Karl. 1974. *Capital: A Critical Analysis of Capitalist Production*, Vol. 1, ed. Frederick Engels, trans. Samuel Moore and Edward Aveling. Moscow: Progress Publishers.

Maurer Reinhart. 1991. 'Das eigentliche Anstossige an Heideggers Technikphilosophie'. In *Heidegger: Technik-Ethik-Politik*, eds. Reinhard Margreiter and Karl Leidlmair. Wurzburg: Konigshausen & Neumann, 25—35.

Morris, William. 1900. 'William Morris'. In *kunde von Nirgendwo. Ein utopicher Roman*, ed. and intro. Wilhelm Liebknecht. Stuttgart: Dietz, Ⅲ—Ⅳ.

Morus(More), Thomas. 1962. *Utopia* (1517). In *Der utopische Staat Morus-Utopia; Campanella-Sonnenstaat; Bacon-Neu-Atlantis*, ed. and trans. Klaus J. Heinisch. Reinbek bei Hamburg: Rowohlt, 7—110.

Neurath, Otto. 1919a. Technik und Wirtschaftsordnung. In *Durch die Kriegswirtschaft zur Naturalwirtschaft*. Munich: Callwey, 221—227.

—. 1919b. 'Die Utopie als gesellschaftliche konstruktion'. In *Durch die Kriegswirtschaft zur Naturalwirtschaft*. Munich: Callwey, 228—231.

Oppenheimer, Franz. 1996a. 'Sprung uber ein Jahrhundert(1934, pseud. Francis D. Pelton)'. In *Gesammelte Schriften. Schriften zur Democratie und sozialen Marktwirtschaft*, Vol. Ⅱ: Politische Sclriften. Berlin: Akademie, 161—237.

—. 1996b. ‘Sozialliberalismus Oder kollektivismus?’(1900). In *Gesammelte Schriften. Schriften zur Democratie und sozialen Marktwirtschaft*, Vol. Ⅱ: Politische Sclriften. Berlin: Akademie, 15—25.

—. 1996c. ‘Weder so-noch so. Der dritte Weg’(1933). In *Gesammelte Schriften. Schriften zur Democratie und sozialen Marktwirtschaft*, Vol. Ⅱ: Politische Sclriften. Berlin: Akademi, 109—160.

—. 1996d ‘Der Ausweg. Notfragen der Zeit’(1919). In *Gesammelte Schriften. Schriften zur Democratie und sozialen Marktwirtschaft*, Vol. Ⅱ: Politische Sclriften. Berlin: Akademi, 43—83.

Schacht, Hjalmar. 1953. 76. *Jahre meines Lebens*. Bad Worishofen: Kindler& Schiermeyer.

Vebien, Thorstein. 1990. *The Engineers and the Price System*, intro. Daniel Bell. New Brunswick N. J.: Transaction Publishers.

Willke, Helnut. 2001. *Atopia. Studien zur atopischen Gesellschaft*, Frankfurt-on-Main: Suhrkamp.

Willeke, Stefan. 1995. *Die Technokratiebewegung in Nordamerika und Deutschland zwischen den Weltkriegen. Eine vergleichende Analyse*. Frankfurt-on-Main: Lang.

第二部分

人造的世界与“新人类”

第六章
乌托邦的躯体与中华帝国的躯体乌托邦

柯矫艳

这篇文章终始于一个问题：如果乌托邦没有落脚处，是否存在一个地方来存放它的躯体？如果是这样，这又是一个什么样的躯体？什么样的躯体能经受住一会儿在这儿一会儿在那儿的迁移折磨？从一开始伴随着躯体的迁移会发生什么样的转化？肉与骨会神奇地变亮与发光吗？经常饥渴并充满欲望的现实躯体又是如何摆脱需要的重担的？他们会沿路嗅玫瑰花的味道吗？

思考乌托邦的躯体就是思考它的门槛和穿过这些门槛。乌托邦不能拥有一个整体中的理想顺序，我们的出发点处于一种变动的躯体中，它不断在创造和打破自己的界限，按照这种观点，一个乌托邦不能获得或拥有一个躯体而是变成一个躯体。我们内心在思考安置其躯体和过程时，可以用新的眼光来想象乌托邦。乌托邦经常被以结构主义者的目光来设想，这种眼光设想乌托邦就像镜子中的影像或者是颠倒的世俗世界或现实世界的景象。按照这种方法，乌托邦被按照一种模式勾画，这种模式反映了本来世界和附属世界的关系。知性主义非常普遍，这样就形成了一种虚饰，知识分子成为乌托邦的通道，我们思考，因此乌托邦是想象的乌托邦。这种方法富有建设性，但是不能说明整个故事。

只要乌托邦在以欧洲知识分子的框架来设想，知性主义就不可能避免。智力和心智主宰着现代通向自我和人格的方法，从大陆哲学到心理分析。智力脱离躯体以后还会保持生命吗？如果我们把躯体变成哲学命题，以此来颠覆数字和范围会怎么样呢？女权主义哲学家伊丽莎白·格罗兹(Elizabeth Grosz)这样沉思。[①] 一个什么样的世界将被发现呢？如果我们考察的乌托邦命题超越西方的传统时，这种颠倒就十分重要。许多东方的宗教没有像基督教的原罪、耶稣化

① 格罗兹的前提值得注意："身体拥有全部的思想力量的说明。"(格罗兹，1994：7)

为肉身和复活的那种教义，肉身被认为是远离疑惑和焦虑的。[①] 而且在中国医学和哲学论述中，形神一体论很盛行。我们把中国人本身看作是化为肉身和有思想的人，一个不断展现自身的人。[②]

本文围绕着中国的两个古典的乌托邦形象考察：儒家的大同和道家想象的桃花源。它们在经典著作、政论文集、诗歌和绘画中非常普遍，一千多年来这两个方面部分地分享着中国古典文化典籍。[③] 不仅形体的存在是中国乌托邦的一个关键因素，而且这个形体（内部或本身）可以转化为乌托邦国。在道家和佛家的冥想中，形神是本我的载体、修养的客体和超越的工具。[④] 为了理解这种有形的可能性，我们的认识需要从乌托邦的躯体转移到躯体的乌托邦。避开事先形成的机械的并转为静止环境中的躯体观念，后者被设想为一种肉体的实践，这种实践通过塑造或重新塑造社会来创造乌托邦的空间，在这个过程中躯体也被改造或战胜。目标就是创造和重新创造自身，最终达到长生或永恒。道家的内丹术——冥想和观察技术的神秘派别——为人们创造了一个乌托邦的实践，本文将一直探讨这个问题。

辛苦的躯体：西方和东方

在西方传统中最直观地反映躯体乌托邦的就是亚当和夏娃的躯体。在最近的一次展览会上[⑤]，一个流行派别的生动例子吸引了我——“乌托邦：西方世界寻找的理想社会”。一本1445年德国出版的《圣经历史》的插图中描绘了亚当在

---

① 当然粗略地说身体、西方或东方是误导。但是许多学者，包括我自己，发现法国现象学的自身观点，类似于佛教、儒家或道家中思考身体的有用的世间的人。例如，Yuasa Yasuo一位比较哲学家，发现伯格森（Bergson）、梅洛-庞蒂（Merleau-Ponty）的心身理论和日本佛学家的理论有共同点。但是一个主要的不同是，在东方心身统一倾向于说明一种状态，而不是本质或天性。（Yuasa，1987）

② 对于有心的身体的概念，参照谢珀-休斯（Scheper-Hughes）、洛克（Lock），1987；对于身体的中医观点，参照弗斯（Furth，1999）和栗山千明（Kuriyama，1999）。

③ 由于篇幅的限制，我不讨论佛教中极乐世界与来世和女儿国这种滑稽的乌托邦想象中的题目，这两个方面在中国的乌托邦设想中都占有突出的位置。我也不准备考虑点缀于中国历史上的建立在乌托邦的冲动的世俗制度中食物与贪吃的重要性。关于中国和英国文学中女性乌托邦的比较研究，参照吴（Wu，1995）。

④ 对于这些争论的说明，参照Ko，1999。

⑤ 这个展览由纽约公共图书馆和法国国家图书馆组织。

山坡耕种的场景。亚当高举斧头，注视着脚旁的树枝，表现了尘世的艰难。身材瘦小的夏娃在他身旁，站得稍微高一点，正在纺羊毛。她的目光盯着那令人难忘的手工纺锤，纺锤刚离开她握着纺线杆的右手。一个小婴儿床在她的脚边，小床离她的脚如此近，以至于让人们感觉到她的脚就踩在了孩子的胸上。她全部的身体赋予她两个女性的任务：纺织和抚养孩子。

展览馆的馆长解释说这个图景代表了欧洲乌托邦思想家眼中的人类共同命运和平等：

> 这幅图景说明了14世纪非常流行的谚语：亚当耕种夏娃纺织时，谁是绅士？这个广为流传的民间谚语，说明自从亚当夏娃以来，由同一血统繁衍出的人们是平等的。自从1381年牧师约翰·保尔(John Ball)满怀激情的布道把它总结出来以后，这个谚语就在民间广泛流传。保尔大声说出这个谚语来唤起农民的愤怒，挑动他们起来反抗地主。多少世纪以来，这个谚语反复被乌托邦思想家重复，包括威廉·莫里斯，呼吁阶级和性别平等。(Schaer et al. 2000：63-emphasis mine)①

如果一个中世纪时期的中国人看到这幅图景，他或她的反应会大不相同。主体和肖像图也许会非常熟悉，因为耕织图在中华帝国的传统中是受人尊敬的绘画派别。在儒家的治国方略中，男耕女织是根据性别和地位的不同而不是平等来描述的理想社会。自给自足的农耕社会的乌托邦设想，是每一个中国政权的公开政策目标，通过倡导勾画耕种和手工业的图画，来促进地方社会工业。的确，中国没有这样的牧师和革命，希望朗诵亚当耕种夏娃纺织的谚语来鼓动农民造反，这是造反农民的敌人的基本意识形态，即国家的意识形态。

与亚当夏娃的绘画相似，中国的耕织画派描绘的是使用交换得来的工具在劳动场所进行耕作的身体。中国人的躯体具有一个显著的固定特点：他们辛劳，却不辛苦。露齿的和乐观的笑容经常浮现在他们的脸上，他们的情感表达了更多的是欣悦而不是坚忍的克制。这些画的目的主要是传达对劳动的热爱，也部分地表达了统治者的仁慈。尽管耕织情景的画面经常是散布在新石器时代的洞

① 这个展览由纽约公共图书馆和法国国家图书馆组织。

穴墙壁上，这些画的编纂应归功于某个王朝的官员，这些画里男女并肩劳动，但是分别处于不同画框。12 世纪，中国南方养蚕集中地区临安的一个地方官，被他管辖地区的耕织业所感动，于是他把他们的日常工作编成 48 张系列画。[①] 随后的朝代，皇帝命令发布同样的图画鼓励和教导人民。这些画面背后反映出的动机力量，是地方官员的同情和皇帝的仁慈，也是农业秩序所代表的乌托邦的道德基础。

许多世纪以来，劳动性别分工的主题——单独劳动却有相互补充的情景——是政治秩序的基础，如此根深蒂固，以至于他们在农村成为喜闻乐见的印刷品被生产和消费。[②] 鉴于官方的耕织图是如此精确地代表了技术和工具，可以成为指导工作的手册。这些本土画描绘的生产过程如此广阔，以至于对乌托邦秩序本身的设想也成为这些画的主要目的。

乌托邦的景象和一种文化观察问题的角度及习惯联系在一起。传统中国画散点透视法的使用，使画像的前景和背景的尺寸大小一样。与 14 世纪意大利出现的线性透视法不同，散点法没有消失的点，因此它们对观察者来说呈现出没有固定的位置。采用散点法，观看者感觉到画面所描绘的时间和空间在无缝画面上是连续的。使用焦点法，乌托邦秩序表现的不是分散的主体，而是一幅情景画。[③] 消失的点从一个固定视角预设和产生出普遍的世界观。绘画者通过扩大观测，感觉到就像上帝观看这个世界。相对而言，多重移动的散点透视法，考虑到了绘画和观察过程的相互性，这个过程中空间被时间化，时间被空间化。[④]

《男人的十项任务》描绘的是一群在田里劳作的农夫，他们正使用着农具和牲畜忙碌不停。十项任务并不相同，但是日常的耕种、种植、除草、收割如此相似，以至于观察者可以补充细节。《妇女的十项任务》则展现了十一个妇女抽梳

---

① 据说 Lou 把这些图画献给皇帝，但是这些画已经不复存在(中国农业博物馆，1995:35 及其后)。

② 关于公共印刷的历史、生产和类型特点，参照 Lust，1996。

③ 关于散点法，参照 Krikke，1996。巧合的是，一个早期的直线透视图试验的例子是，康熙命人绘制的一套耕织图，由宫廷画家焦秉贞(Jiao Bingzhen，1662～1735)在 1696 年绘制(中国农业博物馆复制，1995:78－95)。

④ 中国画家试验用定点透视法和明暗法始于 17 世纪，部分是由于宫廷的耶稣会画家的活动。安德里亚·波佐(Andrea Pozzo)的《绘画与建筑透视》1729 年被翻译成中文。因此，中国的散点法和欧洲的直线透视法之间没有绝对的对立。因为后者介绍到中国成为中国画家的技能。参照精选目录 chugoku no yofuga ten。参照同上:447～471 页关于波佐的中国翻译。同样参照克鲁纳斯(Clunas)，1997:194－199。

棉花、整理纱线、用湿的刷子从经线上除去浆的画面。上面的打油诗把她们看作是十个媳妇,第十一个可能是婆婆。两个拱洞上面是瓦砌的屋顶,每个矮角一个,它们之间的地方设计为内部空间。妇女的身体间隔比那些男子更有节奏。这些女技工的工作精细地呈现出来。这些劳动者的图像价值在于它们是家长希望的目标:一群和谐的妇女,执行多重任务,面带微笑,有生育能力(注意三个男孩),有美德,这些都通过她们的勤奋反映出来。[①]

这两幅图反映出的意图是,宇宙和政治秩序的关键是劳动的性别分工。令人吃惊的是,尽管这强调了男女能力和活动的范围不同,但是它实际上说明男人离开女人是不可能的。农夫和纺织者的身体在形式上是可以相互转换的。他们的服饰朴素,洋溢着微笑。发式、衣服和劳动的社会区分表明,性别的区分是一种文化的创造。这不是先天的,也不是刻画在身体上或者通过解剖反映出来的。这种图画的习俗扎根于性别的不确定性,或者是雌雄同体,这完全表达了道家内丹术所展现的身躯乌托邦,这将在下面讨论。

大同社会里最需要的身躯:一个典型的乌托邦

快乐却抽去性别的劳动身体,在男耕女织的理想的社会政治画中非常流行,这是大同社会的理想激发出来的。大同就是和谐、团结,一种典型的乌托邦。儒家经典《礼记》对此进行了描述,大同指理想的时代和国家,这里最低标准的政治主导着一个和谐的社会:

> 大道之行也,天下为公。选贤与能,讲信修睦,故人不独亲其亲,不独子其子;使老有所终,壮有所用,幼有所长,鳏、寡、孤、独、废疾者皆有所养,男有分,女有归。货,恶其弃于地也,不必藏于己。力,恶其不出于身也,不必为己。是故谋闭而不兴,盗窃乱贼而不作。故外户而不闭,是谓大同。[②]

---

① 《男人的十项任务》和《女人的十项任务》,清代版画,山东潍县,Po and Johnson,1992:163—165。

② 《礼记·大同篇》第 9 节。翻译部分改编自 de Bary 1970:176。其中我所作的变化是文章的时态。经典的中文没有时态,考虑到儒家尊重过去,翻译者用过去时来翻译。我倾向于用现在时,暗示这种乌托邦状态可以设想未来。关于孔子设想的大同社会是一个时间或空间的实体的问题吸引着众多的学者和评论者。

人立刻被凸现并归隐于大同。在老弱需要照顾、年轻人需要工作、小孩需要提供帮助的被动句式里，含有这样一个共识，自然的人在其出生、成长、衰老和死亡的自然过程中，需要培养、从事生产劳动和关心别人。但是这是一个单一层面的人。所有提到的人如老人、成年人、年轻人、寡妇和鳏夫，都依例而行；如果有关联，那么他们的思想和感情被置于第二位。这段激发人们绘制耕织图的话，“男有分，女有归”，描绘了一个分工的社会，这个社会支持性别差异。

大同篇的支持者是那些服务于国家的官方学者。与帝国官僚机构有联系的人是那些置于生产和消费圈的人：劳动就有收获是帝国政府和人民之间订立的长久的儒家社会契约。根据这个定义，为官者是男子，妇女活动的地方是家庭。实际上，妇女被禁止参加科举考试，而这是唯一通向当官的道路。在这种意义上，中国人的大同乌托邦社会是一个男性主导的地方，是一个施展政治权力而不是缺少政治权力的王国。乌托邦里辛苦而有教养的人占优势，他们隐藏和压制了其他突出的人，这些人有欲望、肉欲、审美和幻想。

桃花源里有感情的人：一种道家的乌托邦

在促进人们依靠道德说教自己管理自己的理想小政府中，儒家的大同乌托邦社会经常被说成是道家的灵感。的确，这种乌托邦的设想超越了传统的儒家和道家区分，经常被解释为现实世界和另一世界的冲突。① 两种设想的混合在桃花源里非常明显，这个乌托邦设想源于晋代诗人陶潜(365～427)的一篇散文诗。陶潜生活在政治动荡的时代，辞官归隐田园。

大同社会是一种时空静止的社会，自给自足是它的目标和追求。许多人赋予这个社会以现实的空气。相反，桃花源只是一个瞬间的景象，是由一个现实中有感情的人，在一次奇异的旅行中发现和经历的。风景画是中国画的主流，多少

① 大同社会类似于道家经典《道德经》80 章的描述：“小国寡民……至治之极，甘其食，美其服，安其居，乐其俗。邻国相望，鸡犬之声相闻，民至老死，不相往来。”(Anon，1999：188－189)。

世纪以来，画家发现了一个特别吸引人的主体。[①] 一个例子就是波士顿美术博物馆里的一幅手轴画，其作者是仇英(1494～1522)。仇英是明代职业画家，以感人的风格出名，这种风格倡导市民追求感官刺激。仇英时代的中国保持着世界最大和发展很快的商业经济，远离简朴的农业大同社会。归隐田园如桃花源更加吸引人：

> 晋末太元中，武陵人，捕鱼为业，缘溪行，忘路之远近，忽逢桃花林。夹岸数百步，中无杂树，芳草鲜美，落英缤纷。[②]

渔夫的乌托邦之旅始于忘却思想。他对空间认识的丧失伴随着突出的感官认识。突然他的眼睛和鼻子宣布桃花的出现。没有其他树木也没有其他事物的存在。而且，在仇英的卷轴画里，他进入的乌托邦实际是世间的通道，沿着亮光，他缩着身子通过狭窄的入口：

> 渔人甚异之。复前行，欲穷其林。林尽水源，便得一山。山有小口，仿佛若有光。便舍船，从口入。初极狭，才通人；复行数十步，豁然开朗。土地平旷，屋舍俨然。有良田美池桑竹之属，阡陌交通，鸡犬相闻。其中往来种作，男女衣著，悉如外人；黄发垂髫，并怡然自乐。

肥沃的农田中，有几代欢乐的农人，这个景象是对男耕女织的大同社会的回忆。对农妇的描绘不如农夫那样明显，但是池塘边的桑树暗示了纺丝工作。大同社会里缺少那种令人吃惊的高耸于稻田上面的壮丽建筑情景，儒家理想的建

---

① 元朝画家赵孟頫(1254～1322)是最早创作花溪和单独的渔夫的画家。桃花源的主题在17世纪的中国绘画中非常流行。著名的画家包括王翚(1632～1717)的现在收藏在台北国家博物馆中关于树叶的集子，石涛(1642～1707)的藏于美国自然历史博物馆中的Freer展览馆中的手轴画，沈士充(1607～1640)的现在收藏于故宫的手轴画。

② 这篇文章在以下的段落中全部被引用。这些都是罗伯特·黑格尔(Robert Hegel)翻译的。

筑和农业被压缩成一对文明的纪念物。[①] 当渔夫重新开口(恢复意识),他认识到要及时返回:尽管对村民的服饰很熟悉,他却被告知这个乌托邦是一个古老的地方。表面现象怎么能够骗人呢!

> 见渔人,乃大惊,问所从来,具答之。便要还家,设酒杀鸡作食。村中闻有此人,咸来问讯。自云先世避秦时乱,率妻子邑人来此绝境,不复出焉;遂与外人间隔。问今是何世,乃不知有汉,无论魏晋。此人一一为具言所闻,皆叹惋。余人各复延至其家,皆出酒食。停数日,辞去。此中人语云,不足为外人道也。既出,得其船,便扶向路,处处志之。及郡下,诣太守,说如此。太守即遣人随其往,寻向所志,遂迷不复得路。南阳刘子骥,高尚士也,闻之,欣然前往。未果,寻病终。后遂无问津者。

一个叙述的转折发生了,村民们用酒和鸡肉的宴席来款待客人。好客的举止,直到现在在中国文化里还是非常普遍的和发自内心的。这说明了一个事实,渔夫和村民在其内心有着共同的根。眼睛和鼻子的感觉——渔夫通过此来到了乌托邦——最后证明还是靠不住。走到桃花源是难得的,他想重新经历,注定要失望。他迷路和离开桃花源后的叹息,表明这是不可信的。

赋予意识和感觉能力,桃花源里的人要比大同社会里一维的政治主体复杂。但是,总之,这两个乌托邦社会都是相同的官僚压制的产物。如果大同社会的乌托邦潜能在于自由仁慈的政体,那么桃花源则因是没有压制的安全港湾而不朽。地方官员顺流失去方向是乌托邦的必要条件;没有他们,就没有对桃花源的敬畏和需要。在这种意义上,桃花源里有感情的人和大同社会里辛苦劳作的人没有什么不同,他们都因成为国家权力的目标和工具而获得了存在和意义。

---

① 中国的房屋本身就组成一个乌托邦的空间。人类学家弗朗赛斯卡·白瑞(Francesca Bray)因此说在建筑中文化和自然达到了和谐:"中国的房屋体现着现实世界,但同时它总是包含着自然的宁静,一种和季节紧密联系的文化选择。在他们手段许可的范围内,农民或者乡绅把自然的风景引入屋内,变成一种混合。在屋里,人的空间容纳着直系亲属:丈夫、妻子、孩子、主人、仆人和依附者,有序社会的所有的人的结构,其他空间腾出来让人们躲避红尘世界的喧嚣,进入一个山水宁静的地方……"(白瑞,1997:83～84)

内在的乌托邦:躯体内部和外表的景物

只要躯体受到官僚机构的控制,乌托邦的设想对于自身而言就是外在的。可是乌托邦能够以一种完全不同的方式出现和实现,把人置于宇宙的张力中心,并且赋予各种改变现实世界的必要能力。这种躯体的乌托邦潜能扎根于一种与西方不同的观念,在西方人是完整的和受束缚的,只是自我的载体。相反,在儒家和道家的论述中,出现过这样不受束缚和奇异的人。躯体就是乌托邦。

中国的躯体乌托邦相信这样一个假设:人身不是一个分离自我的容器,而是处于永动中的宇宙场所。躯体不是肌肉、肌腱和骨骼等的自然结构,更多地被看作一种转化的场所;内部和外部世界通过皮肤互动(物质力量或能量)实现统一。儒家的朝堂礼仪和道家的冥想尽管在目标和实践上有差异,但都是调和内部的小宇宙和外部的大宇宙,在这个过程中产生了躯体乌托邦。[①] 眼睛在这躯体转化中扮演着重要的角色,儒家文化有华丽的服饰,道家通过看得见的法术来修炼。

在合适的地点和吉祥的时刻,穿上礼服,这些简单的行为使人的身体和宇宙的力量最大限度地达到统一。儒家朝堂上的仪式是,穿上出自妇女之手的华丽盛装,以从外到内的衣着来刻画想象的情景。在这种习惯中,耕织图里出自妇女之手的丝织物和宇宙结构相融合。服饰馆长约翰·佛尔默(John Vollmer)这样描写了皇帝和大臣的龙袍:

> 朝服把人类社会的需要和宇宙的秩序联系在一起。穿上时,衣服和朝臣都发生了转化。人变成了宇宙的中心,领口变成天堂的大门,领口把衣服所代表的物质世界和精神领域分开,通过盛装者的头部反映出来。宇宙的力量是活跃的。创造出的和谐对于帝国的存在是必不可少的。(Vollmer

---

① 中国的乌托邦人不同于 Lucy Sargisson(2000)所描述的那种。在这个绿色政治和女权主义的研究中,Sargisson 谈到灵活的人和冒犯的政治。但是她的书把更多的注意力放在了英国当今生态意向的社会而不是人。按我的理解来说,她的冒犯的政治仍然扎根于一种建立在连贯、意志和动因性之上的伦理。相反,我所说的乌托邦人的前提是,不稳定的或易动的人。

n. d.)①

在这种瞬间的乌托邦状态中，礼服成为身体和宇宙的界面；物质和精神的二元状态消融时，皮肤、肉体和衣服融为一体。

一个更加奇特的身体内部和外部世界的转换，像身体、思想和心灵的融合，可以通过道家的内丹修炼来达到。与修炼外丹吃朱砂和其他药对照，内丹转化身体是通过冥想、呼吸练习、交媾和内省来实现。它起源于中国中世纪的道教，后来与恢复身体和延长寿命的医学技术融合。这些传统的某些成分，今天还在中国内外以轻功的形式表现出来。夏洛特·福斯(Charlotte Furth)评说道，道家的外部炼金术定形了人体炼金术把人当作熔炉修炼提纯粗糙物质的比喻。普通的药物医治身体，内部炼金术则是长生不老药，它是道家内行用自身的物质炼成的。(Furth,1999:191)

因为在中国人的思想中，食物和药物是一种东西并且作用是相同的，所以循环于道士身体中的内丹可以解释为一种营养物质即一种食物。由于身体需要这些物质，炼丹者想到在大同社会里身体需要的营养。但是在这里，身体需要的不再是外部的政治权力，而是不分物我的东西。自我修炼的技术产生了内丹，内丹来源于肚脐下面的永不枯竭的丹田。理想的状态是自我再生，一种自我向永恒的延伸。这种由内丹术所产生和吸收的食物，更多的是超自然的而不是自然的。道家就同时是鸡和蛋、母亲和胚胎，体现了生和再生的无穷无尽的可能性。因此，躯体乌托邦诞生后就克服了凡人的生命限度。

可视的图表常用来帮助修炼者修炼。10世纪的一个例子就是名为《内循环说明》的图，它提供了没有肢体的人体内部的情景。内丹的修炼包括阴阳两种能量在身体的不同部位疏导、提纯和转换。在图中，互补的阴阳能量的图形在头部、身体上部和下部会合，它们通过脊椎线运行。头上有九个点，象征着九宫，或者身体上部的阳气。双眼象征着日月，分别代表阴阳。像宝塔一样的喉咙下面是肺、肝(桑树林)、心(牛郎)、肾(织女)和丹田(身体下部的水银地，燃烧的火炉代表着炼丹炉)。

“牛郎星”和“织女星”主宰着躯干。织女(肾)属于五行的水(阴)，她的爱人

① 关于朝堂礼仪，参照安吉拉·齐托(Angela Zito)的《富有洞察力的研究》(1997)。

牛郎(心)五行属火(阳),因此它们扮演着身体内部的阴阳循环。在它们的右方四个连着的太极环绕着丹田,发出代表阳气的光芒。圣杯中的内丹,是纯阳构成的不老药,由三线形代表(三个固体线路)。牛郎织女结合诞生的婴儿把铜钱拴在一起,形成了北斗七星——命运之星,因此为身体创造了一个新的生命。①

大同和桃花源的官方规划,保持着道家躯体乌托邦的器官原则,虽然这是一个比喻。克里斯托佛·施鹏(Kristofer Schipper)是一个学者,也是一个道士,他说:

> 道家说人体就是国家的形象。对于他们来说人体就是有山、湖、森林的风景,并且是一个避难所。此外,人体作为一个国家,有一套管理系统,有统治者和官员。心脏,更准确地说是精神的居住地,一般被认为是统治者或者身体的国王,然而其他内脏器官只是官员。(Schipper,1978:355)②

当正确地利用和约束时,道家的躯体就是中心,他维持着他的边界。中国人如此厌恶混乱,向往清明的社会,以至于这种情感表现在各种乌托邦的景象中,儒家的或道家的,内部的或外部的,个人的或集体的。道家用烹调的比喻来指乌托邦身体的内部转化过程。在描述大同乌托邦的社会的耕织画中,基本词汇反复使用,如营养和劳动,或内部或外部王国,但是神奇的丹药转化却发生了。种地谋生成为一种神奇的职业,这里没有了辛苦的劳作,而是成了自由和充裕的王国。更为神奇的是土地本身的利用。在"内循环说明"图中,耕织图或桃花源图画中的田园风光被缩小,被主观化和具体化了。人体吸收了外部世界。

这种融合的乌托邦躯体是男性的镜像。作为一种自我主宰和外部循环的工具,内丹术在晚期中华帝国主要由男性实践。粗略地说,女性的身体被认为是无秩序的,不服从纪律的。③ 这样的创造也发生在躯体乌托邦的衣服的刻画上。

---

① 《内循环图解》,19世纪白云观的一个木雕版的拓本。重印时缩小了,参见艾奇(Eichman),2000:350－351。也可参照 Schipper,1978:355－386。一个类似于"内循环图解"的图在365页。

② 同样参照 Schipper,1993:130－159。

③ 这是 Charlotte Furth 的讨论。女性实践着一种不同的内丹修炼术,目标是红龙斩首,或者是叫停止月经。妇女的修炼不是为了长生而是为了多产(Furth 1999:125－129)。Ktistofer Schipper 看来道家修炼对妇女来说是友好的(Schipper,1993:125－129)。这两个学者的不同之处可能部分是由于 Furth 重视历史,而 Schipper 描述的是当代在台湾的修炼这样的事实。

皇帝或大臣衣着龙袍礼服,头部突出,因此制定了宇宙的秩序,根据那时的性别规则,这种情况不可能是女性。性别差异和等级区分,是中国社会的组织原则,从中可以透视想象的和生活的乌托邦。

参考文献

Anon. 1995. *Chugoku no Yofuga ten*. Machida:Machida shiritsu kokusai bijutsukan.

—. 1999. *The Classic of the Way and Virtue: A New Translation of the Tao-te Ching of Laozi as interpreted by Wang Bi*, Richard John Lynn. New York: Cloumbia University Press.

Bray, Francesca. 1997. *Technology and Gender: Fabircs of Power in Late Imperial China*. Berkeley: University of California Press.

China Agricultural Museum, comp. 1995. *Farming and Weaving Pictures in Ancient China*. Beijing: China Agriculture Press.

Clunas, Craig. 1997. *Art in China*. Oxford: Oxford University Press.

De Bary, Wm. Theodore, ed. 1970. *Sources of Chinese Traditions*, Vol. 1. New York: Columbia University Press.

Furth, Charlotte, 1999. *A Flourishing Yin: Gender in China's Medical History*, 960－1665. Berkeley and Los Angeles: University of California Press.

Grosz, Elizabeth. 1994. *Volatile Bodies: Toward a Corporeal Feminism*. Bloomington and Indianapolis University Press.

Ko, Dorothy. 1999. 'Female Body as Text in Imperial China'. In *Encycolpedia of Women and World Religion*, ed. Serinity Young. New York: Macmillan.

Krikke, Jan. 1996. 'A Chinese Perspective for Cyberspace?' *ILAS Newsletter*. No. 9 (Summer).

Kuriyama, Shigehisa. 1999. *The Experessiveness of the Body*. Cambridge, MA: MIT Press.

Little, Stephsen with Shawn Eichman. 2000. *Taoism and the Arts of China*. Chicago: The Art Institute of Chicago in association with University of California Press.

Lust, John. 1996. *Chinese Popular Prints*. Leiden: E. J. Brill.

Po, sung-nien and David John, eds. 1992. *Domesticated Deities and Auspicious Emblems*. Berkeley: Chinese Popular Culture Project.

Sargisson , Lusy. 2000. *Utopian Bodies and the Politics of Transgression*. London and New York: Routledge.

Schaer, Roland, Gregory Claeys and Lyman Tower Sargent. 2000. *Utopia: The Search for the Ideal Society in the Western World*. New York: The New York Public Library and Oxford University Press.

Scheper-Hughes, Nancy and Margaret Lock. 1987. 'The Mindfull-Body: A Prolegomenon to Future Work in Medical Anthropology'. *Medical Anthropology Quarterly*, 1(1):6—41.

—. 1993. *The Taoist Body*, trans. Karen C. Duval. Berkeley and Los Angeles: University of California Press.

Tao, Qian. n. d 'Taohua yuanji', trans. Robert Hegel.

Vollmer, John. n. d. *Five Colours of the Universe: Symbolism in Clothes and Fabircs of the Ch'ing Dynasty*(1644—1911). Edmonton: The Edmonton Art Gallery.

Wu, Qingyun. 1995. *Female Rule in Chinese and English Literary Utopias*. Syracuse: Syracuse University Press.

Yuasa , Yasuo. 1987. *The Body: Toward an Eastern Mind-Body Theory*, ed. T. P. Kasulis. Albany: State University of New York Press.

Zito, Angela. 1997. *Of Body and Brush: Grand Sacrifice as Text/Performance in Eighteenth-Century China*. Chicago: University of Chicago Press.

第七章
科学、技术与乌托邦:计算机辅助下的人类进化视角

克劳斯·梅因策

20世纪60年代末,电影院上映了斯坦利·库布里克(Stanley Kubrick)的《2001年:一次宇宙旅行》。这部科幻故事片成了科学技术乌托邦的电影偶像。科学技术乌托邦集中关注人类未来的两个计划:(1)人类在宇宙中的自然进化;(2)未来人造生命与人工智能某种程度上是否通过计算机而存在。

谁没有听说过智能计算机的高度自动逻辑呢?它与宇航员一道探索宇宙空间,寻找有人类特点的生命,同时开发类似人类的情感。宇宙学、生物科学、信息与计算机科学在21世纪初期标志着知识的重要发展。量子宇宙论和太空观测提供了一个宇宙无限膨胀的精确预测,生命与智能的进化是可能的,在一个自由的外围宇宙结构中,这是一个正常的过程。这一关于自然进化的洞察激发了越来越多的信息和计算机技术。量子的、生物的、神经的、情感的与温和的计算机处理把自然法则转化为计算机程序,并且进一步发展了它。计算机中的虚拟现实产生出生命与人类的另一种场景。乌托邦进入了计算机。有神经、遗传与生物移植的人类最终将会不会变成自我设计的生物机器人技术的模型?人类本身会不会变成全世界的超级生物,具备互联网中已经带有的大量智力?海森堡(Heisenberg)的不确定性关系、非直线模式、复杂与混乱开启了宇宙的窗户,也打开了自由、创造和幻想的机会。乌托邦证明了进化与生命的潜能。

生物学的进化

让我们看一下目前越来越多的影响计算机与技术发展的生物进化知识。150亿年前,宇宙这个巨大的时光机器从微小的初始状态出现,按照量子力学的法则,瞬间扩大(宇宙膨胀)。在这种辐射与物质的热拌过程中,原子微粒在百万分之一秒之后形成。大约30万年后,物质和辐射分离,宇宙变得透明了。重力

开始形成星系、黑洞与初始星体的物质结构，它们也同样产生化学物质，并且为了产生新的物质而停止下来，直到今天。

未来宇宙将继续膨胀，同时冷却和稀释物质与能量。星岛将消散，宇宙能量的火炉将熄灭。最后时光机器将消失在帕斯卡(Pascal)的无限虚空里。其理由如下：近来对物质密度的测量与来自早期热宇宙的微波辐射证明，我们生活在最简单的空间，这个空间可以用相对论来解释。总的来说，它是一个欧几里得几何学的空间，在不断无限膨胀。

宇宙中的生命并不局限于地球。在生物出现前的进化中，分子系统发展出一种物质和能量的转换性质，有合适的行星条件就进行自我复制与变异。这种特性储存在分子里。在生物化学领域，科学家试图理解这些能够产生生命的分子程序。达尔文关于地球物种进化的树型结构可以用 DNA 符号的遗传程序来解释。在进化树中，变异是 DNA 码的随机改变，选择是一种驱动力。

按照这种树型结构的设想，人类、苍蝇与酵母只是一些彼此分开的枝杈。但是地球上没有发生不断的进化。随机事件诸如：陨石的撞击，空气、水与地理环境的长期变化，改变着物种的生态小环境，使得进化的历史过程中没有出现过其他生命形式。

最终，智能生命在进化，其与神经系统和大脑的发展相联系。神经细胞专门化，神经系统能够学习和记忆。尽管个体间有差异，但工具、语言与文化的出现并被传承，发展出除 DNA 之外的另一种繁殖方法。如果生命与环境条件发生变化，那么另一种智能生命形式理论上讲就存在可能性。

当今人脑被理解为复杂的神经元系统，由影响神经系统的化学物质之间的相互作用把神经网络联系在一起。计算机正电子放射 X 线断层摄影术图像显示了人脑区域的闪光模式，这与感觉、运动、情绪、思想与知觉相联系。这个方法让我们实时地观察患者的思考与感觉事实，但不知道他思考与感觉的内容。利用这个，进化发展出复杂的数据与交流系统。在中枢神经系统，百万个神经元组织人的复杂信号与交流过程。发出信号与不发信号的神经元产生复杂的二元信号数据流，大脑破解这些数据作为(知觉、情感与思想等的)信息。但是在进化中，数据网络并不局限在个体生物体。在社会生物学领域的动物研究表明，它们通过群集智能组织着传输、信号与交流系统。中枢命令或监督单位，单一动物一种中枢处理器并不存在。所有的信息被储存在扩散的化学领域，动物通过这种方式交流。只有高级生物体才能集体表演，例如，建造网络状的蚂蚁道或者复杂的蚁丘和蚁穴。个体的神经元并不能思考和感觉，只有在集体中才能产生令人吃惊的大脑行为。

人造宇宙：生命与智能

现在可以在计算机模拟下观察与显示自然进化。让我们从虚拟的宇宙大爆炸开始。在膨胀阶段，一个热的同质宇宙爆炸性地扩大，在很短的时间扩大了1045～1050 倍。根据标准的宇宙相对论，伴随而来的是向缓慢扩张过渡。计算机模拟显示了几乎同质的纯量场（原生辐射）在宇宙扩张初期的每一种可能下如何改变。微弱的量子流导致微波背景的辐射偏离，最新的卫星数据发现了这些。利用计算机，初始宇宙的每一种原始爆炸都能发光，它的结果可以系统地显示出来并作分析比较。实际不可能发生的进展，理论上可能变成了虚拟现实。

恒星在最后的发展阶段，巨大的质量密度突然坍塌，留下一个巨大的引力场，吞噬着一切物质，在其周围形成盘旋的涡流，这样宇宙中黑洞就形成了。光也被吞噬。因此黑洞不能直接观测到，尽管可以通过相对论和量子宇宙论精确地预测出来。计算机模拟光线追踪能够产生同样的效果，如果物质流从黑洞的北极移动到南极，黑洞物质流的观测者就能看到。按照黑洞旋转的克耳几何学法则，计算机程序可以计算出复杂的数据量。

最后是化学成分和化学混合物的产生：以目标指向的计算机语言（虚拟现实模仿语言）中，三维分子场景分解为形状、颜色与变形等数据目标。透视图把这些静止的点连接起来，并且聚合为分子的结构。超链接可以连接局部的结构和有趣的信息。使用这个技术，不仅自然进化的实际复杂性可以模仿，而且在虚拟现实中，可能的分子能够组建，在工业分子设计、材料科学与医药行业里已有了实际使用。在遗传领域，在基因扫描器的帮助下可看到基因组，借助遗传研究机器，可对基因序列进行研究。

进化不仅仅是计算机帮助下的观察与实现，进化甚至扮演着一种模式，为基本粒子、分子、生命科学中的 DNA 与细胞处理、大脑与认知科学的神经计算、带有如动物群集智能班的人工智能计算机网络等的计算机量子化模型提供了运作方式。

使用量子计算，我们知道了物质的最小单位，自然常量的边界，例如普朗克量子、光的速度，这些是计算机的最后比率。在传统的计算机中，1 比特类似于两个晶体管中的一个，充电的为 1 或没充电为 0。1 量子比特类似于两个为 0 或 1 状态的量子中的一个。例如，原子核的电子是两个可能的能量水准上的一个，或者电子是两个旋转状态（上或下）中的一个。根据量子运动规律，同时允许位置的重叠，原子或基本量子闸门相互作用。大量高速的量子的平行计算是可能的。物质可以缩小到基本微粒量子的状态，因此是量子比特；从而物质或多或少代表着物质化的量子信息。宇宙的时间机器因此也是一个自然量子计算机。每一比特的物质可能就和一个计算机一样在活动。但是在技术层面上实现量子计算机仍然有许多问题。例如，通过与环境相互作用，连续的量子状态的变化，使稳定的存储量子信息非常困难。

在传统计算机微型晶体管里，外部电压确保电流流动或不流动，因此二元顺序可以产生。在分子计算的分子闸门中（例如苯环结构），可控电压引起分子的扭曲，以致电流能或不能通过。分子闸门、导体与存储要求更大的存储密度、速度与稳定性。由于它们非常小，它们必须通过微型工具或者自动装配生产。当前的技术问题是它们的配线和相邻开关引导的直接分子。

最后，存在作为 DNA 计算模式的分子生物学：电子计算机按照 0 和 1 的比特顺序来编码，DNA 计算机按照 DNA 顺序的核苷 A、C、G、T 来编码。数据处理或者通过硬盘的化学反应，或者通过微型试管的生物反应器酶来进行，酶可以分开或者重新连接 DNA 链。由于巨大的平行对应，几十亿的 DNA 链在化学反应中处理，并且因为巨大的存储密度与速度（例如，6 克的 DNA 每秒就发生一百万万亿操作），旅行商问题可能被解决。例如，复杂的连接问题，诸如寻找最短的旅行者一次访问所有城镇集合的旅行连接。但是直到现在 DNA 计算机总是容易发生错误，因为有多余的化学反应。使用此，我们已经到达人工生命的过渡状态。它是理解有生命生物体的一个的伟大莱布尼兹（Leibniz）视角，也是一种计算机。因而，每个生物体都是一种神圣的机器或是自然机器，它无限超越所有人工自动控制。

约翰·冯·纽曼（John von Neumann）的细胞自动控制概念为这些想法提供了数学上的精确性。这些细胞自动控制包括特殊状态的细胞，例如，它们通过细胞上色就像棋盘一样进行图示。细胞的这种转态依靠它的环境与同步的转化规则。在一种自我组织中(没有一个中央控制单位),复杂的模式出现了,它们的生长与死亡让我们知道它们是有机生物。

每一个图灵机(并因而每一个计算机)都可通过大量的细胞计算机模仿,反之亦然。约翰·冯·纽曼在抽象的数学中已经证明,万能的图灵机般复杂的细胞自动控制具有自我复制功能。很明显,生物出现前的进化中,自我复制的分子几乎不能有普遍的结构。因此,朗顿(Langton)设计了一种非常简单的分子自动控制,能够自我复制,这鼓励了人工生命科学。

用细胞自动控制与遗传运算法则,可以说明进化的本质方面。但是模拟进化并不像在程序中运用进化的关键机制一样是一个重要的题目。细胞自动机器的基因型按照比特序列编码,对应着它的局部规则来改变细胞的状态。变异是单一比特的随意改变,因此也是一种规律。比特顺序可以用虚拟的遗传技术分解。按照解决给定的任务时细胞自动机器的适应程度,选择就发生了。在一种虚拟的进化中,遗传运算法则确保每一代的细胞自动机器最优化地处理特定的任务。

下一步是把大脑与认知研究变成人工智能与神经计算的模式。历史上,认知、运转与大脑器官模式的设计是根据高度发展的技术标准进行的,开始是 17 和 18 世纪的自动机械表,19 世纪的电动机器装备,20 世纪的程序控制的电子计算机,19 世纪 40 年代建议把神经细胞看作是有限的自动控制,通过彼此的连接来模仿神经网(McCulloch-pitts,莫克罗—彼特氏网)。这种自动机器经过估计不同的输入通道,模仿神经树突:细胞体通过典型的起点和轴突经由一个输出渠道。

和这种方法一样成功的是模仿逻辑计算,它在运动与认知过程的技术模仿上依然是失败的。学习不可能发生在一种僵硬的有线路连接的自动机器网中,这里的每一步都由机械程序进行着中央控制,因为学习意味着神经网有能力局部改变突触连接的分量,例如,为了获得更好运动与认知,学习时,一个自然神经系统能够建立一种特定的神经自我组织模式。

这是能够学习的人工神经网确切获知的方式:人脑的突触适应性。类似于人脑的皮层,几层神经在一个网络中可以堆积。学习的运算法则按照局部类(Hebb-like)学习规则,在学习或储存一定的网络模式后,引起突触连接的加强或停止。在这个例子中,我们谈到监督学习,因为改变过程是一个给定原型的模式。在没有监督的学习例子中，大脑同时集中注意力于一个符号或标准，并相应地对我们认知的目标进行分类。在神经计算中并不是所有的学习运算法则都根据大脑的学习规律定形。它取决于它们的技术运用。例如，在弥补术领域，能够学习的神经网编码器被使用，是为了把运动控制信号变成神经冲动，并且创造运动模式。另一方面注册的神经膜信号被神经网解码，并且用来控制人工肢体。神经网在复杂的数据认识模式中是有效的。例如，典型的认知能力在认识处理中是认识模式，或者在阅读时是学习方法(例如，网络谈话)。

情感的计算训练着神经网来认识情绪反应。目标是没有鼠标和键盘时提高网络和使用者的接触面(例如，对于残疾人)。可通过复杂的生理信号模式将情绪刻画出来。例如，生气与担心被典型的肌肉收缩、皮肤传导、呼吸与血压的测量曲线所决定。神经网认识这些学习模式过程，然后能够诊断各自的情绪。模仿也发出不同的情绪，例如神经情绪、高兴、吃惊、生气或厌恶。它们可能被决定，是通过使用能量图，在这里脸的这些部位有强或弱的血流通过，从而得到加强。神经网又认识了分配模式。这些工具在医药与精神病学领域得到运用，效果是很明显的。

当今大脑研究强调思考与感情的联系，因为相应的大脑区域是紧密协作的，像皮层与边缘系统。神经网络的激励改变着认识网络的学习比率，这本身或者刺激地或者破坏地影响着情绪网。目前只有简化的模式存在，这里神经网、神经中枢发动机、情绪与认知区域可以模仿。很明显这个软件不能感觉自身。但基本上它可以用一个生物化学系统组建网络，例如，这个系统可以体验疼痛。

公开的问题是神经生物学、心理学与神经信息学的假设。神经网络能产生意识吗？实际上像意识这样的物质并不存在。现代大脑研究把意识定义为一定程度的注意、自我参照、自我感觉与自我观察。我们区分视觉、听觉、触觉或运动神经意识与手段，通过这些我们在那些心理过程中观察我们自己。我们知道我们在某一刻看、听、感觉等。最后我们反省我们自己，并且发展出一种自我意识，伴随的是记忆的储存。简单的自我监督行为已经在现存的计算机与信息系统中实现。动物和人在进化过程中日益发展出复杂的意识形态。人类也加入历史、社会、文化与个人的经验，导致了个性意识。基本上近似系统的技术发展是可能的。不过我们允许它发展到什么程度，是一个道德问题。

群集智能与远程通讯技术的超有机体

在进化中,并不是单个有机体或单个大脑重要,重要的是全部群体拥有信息与交流网。随着计算机的引入,技术的发展把目标定在计算机网络和它们的信息与交流系统。在本文中信息与交流指的是什么呢?按照仙农(Shannon)的信息理论,一个消息从发送者(如电话、电脑)传送到接收者,通过发送者把信号编码成技术信号(如电流冲动),然后接收者再进行解码。发送者与接收者必须配备联合信号设施。信息的价值取决于接收者。这点不仅对于人类的接收者与意识是真实的,对于蚂蚁也是如此,它们选择化学信号或DNA链,这些物质区分适合或不适合的分子营养。信息因此不必与(人的)意识相连。交流意味着信息的交换。谈到分子模式认知与分子交流时,生物化学的术语学是正确的。

信息对于计算机而言,必须翻译成计算机语言。编译器与直译器程序把这些语言变成比特与字节,0和1的机器代码顺序,类似于技术二进位阀门,例如,处理器中的晶体管。信息处理是计算0和1。计算机网络中的交流(例如互联网)要求把消息(例如电子邮件)编成网络代码(例如HTML代码)。做了不同的日志页后(例如国际组织标准化标准,OSI/ISO),消息就以字节包的形式在网络里从发送者向接收者传输。

这些电脑工程师使人联想到神经网,个体终端收集当地局域网与互联网服务提供商(LAN/ ISP)的信号,然后反过来又连接地区网络,通过结合跨地区的中心(例如,德国科研网络,DFN),并且以局部的系统连接到互联网。在这些网络中,数据流以小的资料包存在,并有起始的地址。路由点根据地方路线表选择每一个包的地方部分,提供相邻路由的合理连接。如果路由缓冲器能力达到,那么资料包就会给予邻居的路由,它同样有能力的限度。类似于交通拥挤,这能引起数据包的拥堵,传染到整个网络,会引起坍塌和混乱。这些路由之间的虚拟拥堵,可以通过着色的时空分配密度形式的手段来说明。这使我们想到正电子放射X线断层摄影术图中,神经模式的闪动分配模式。

在一种技术进化中,全球互联网(万维网)似乎在发展,它们的节点扮演着一种分散的方式,就像人脑的神经元。大脑、神经网与万维网的类比已经被用于技术创新。例如,学习运算规则如局部类学习规则(Hebb-like)能够独自加强或关闭连接，经常被使用者使用，引起万维网上的突触塑性。创造超级大脑的想法不是意味着完全模仿大脑，像科幻小说问题般的经常性问题，诸如“什么时候互联网会醒来?”从进化的角度来看，一些生物发展出技术，另一些则没有，包括一些高级的成功的种群，诸如细菌。如果互联网保持着有用的服务，它取决于应用大量的运算规则，不管它们在自然界中已经存在与否。但在什么程度上我们谈智能计算机网络，同时使用时不仅被系统的坍塌所困扰，而且不被数据与资料过剩所淹没？许多使用者无助地呼喊网络中的迷失，因为由于缺乏导航帮助，导致万维网中的迷惑不断增加。在生物学领域，蚂蚁与白蚁群为我们显示了运输与信息处理是如何通过群集智能手段组织的。技术上，需要智能程序扩展到整个网络。一些或多或少的虚拟生物已经存在(代理)，它们能够学习与自我组织，并且调节自我的信息需要。它们选择邮件、计划经济的交易或挫败敌对的计算机病毒的攻击方面，更像人类的免疫系统。

虚拟代理设计上带有变化的自主、运动和学习与反应的能力，以与它们的虚拟环境交流与合作。迄今为止运转的静止代理，安置在特殊的服务器上，或者移动代理，它们以字节符号的形式发送到万维网，为处理它们提供离线服务。在人工智能建造上，为了创造内部状态(例如，虚拟的认知、形势、目的、意图)，代理模块被用来限定智力种类，同时用来修改内部与外部的状态(例如，估计的形势、行动的目的、计划和执行行动)。

所有这些的基础是目标指向的程序语言，定义模块为有特性与方法的数据目标。要求多重代理系统交流的条约被记在计算机语言 KQML(Knowledge Query and Manipulation Language，知识询问与操作语言)里。根据奥斯汀(Austin)、瑟尔(Searle)和其他人的理论，它建立在分析语言哲学的语言行为理论上。语言评论被理解为有意的行动：知识的转移作为一种解决问题与呼唤行动的方式，而不是纯数据与消息的转移。

在互联网上选择与寻找目标与信息的代理，必须认识和不断适应使用者的偏好。由于或多或少的偏好目标种类不可能清晰地得到区分，在研究领域出现了模糊数量。为了解这些模糊分类，代理配备有神经网络的学习运算法则与模糊逻辑规则。神经代理也能在互联网里起到虚拟警察的作用，在一种极端流量密度下，混乱与不稳定出现之前，以便用模式识别运算法则监督复杂的数据流模式，并警告路由服务器。在有效的运算中，为了使用者的情绪反应，代理装备着模式识别运算法则。软件代理然后就能够从他的情绪反应中,而不需明确说明(例如,声音的改变),发现使用者的偏好。

虚拟代理为情绪变动配备着模仿软件,甚至能够显示情绪智能的局部。但是,在高度复杂的容易混淆的网络里,逻辑规律基础上的决定几乎是不可能的。例如,一个成功的管理人员经常按照直觉下决定,“按照本能行动”,而不是根据计算他的员工模式来决定。在进化中,根据情绪的选择在于,它们的能力很快提醒我们类似的情形,发出警告或行动,当大脑皮层有了合理的形势判断、计算并采取行动时,已经过了很长时间。因此,具有能够学习的神经网络的代理,能够真正有效地代理。

在未来,为了处理信息的洪流,移动代理群的群集智能很难避免。在一种人工生命的虚拟进化中,我们将用遗传运算法则增长代理群。后代将提高它们的适应度,以发现有趣的信息,完成使用者的个人需求。所有这些例子是增加全球网络中的虚拟现实。生命似乎被转化成网络里的虚拟世界。但我们实际上是人,进化的血肉产品,并且不是虚拟代理、天使或魔鬼。在我们的技术与文化历史过程中,我们创造了工具与技术,这些支持、加强或拓展了我们的能力、认识与爱好等。最好的技术是那些从背景中来的行为,并且统一着它们放大的顺序。我们遵守着交通信号,并没有意识到阅读的行为,或交通控制的功能。我们操作着开关、烘烤机、闹钟、收银机、电视机与电话,而没有电子技术知识或意识到麦克斯韦(Maxwell)方程。

对于中央信息支持来说,计算机是多重目的的工具。因此,它们不能用单个顺序来统一,而是扮演着从背景中来的技术。有关界面与生物工程学的问题,也必须得考虑。一个笔记本电脑不能像点灯开关一样容易操作。随着计算能力的增长,越来越多的计算机功能积累着,它们制造了一个经济与社会的虚拟现实。我们对技术的极大热情让我们有时甚至忘记什么是本质,例如,电子商务或虚拟大学的培训。

这就是普遍信息系统。信息技术只能被称作普遍的(无所不在的),如果它与标准计算机(如个人机、笔记本)的连接能够克服,功能就能转化到实际使用。低于一个个人计算机的能力,低能耗的智能装置把智能环境传播到每天的生活。例子有标签、便笺和面板,短消息的小装置,纸页顺序的箔片,便利的电子书或报纸和显示面板。这些标签、便笺和面板预示着无所不在的计算时代的开始。万维网上的虚拟现实和人的物理世界连成网，并产生一个技术网的超级生物。

智能装置是小的智能微处理器，造出闹钟、微波炉、电视、音像与玩具。它们彼此或与我们通过传感器进行着远程信息交流。不用鼠标和键盘的计算机界面，它们的所有需要是一个适合的界面，依赖特定的目的，像我们每天知道的装置。在信息应用的形式中，它们组合成工作与生活的环境。智能家庭、办公室与汽车的想法已经存在。因而在计算机中，信息应用并不能创造虚拟现实，但扩大了日常物质小玩意的能力。

当鼓吹个人计算机时代的替代品时，如唐纳德·诺曼(Donald Norman)所说，无所不在的计算预言确实有点夸张。个人计算机仍然会留在办公室、研究场所与生产车间。但另外将有一个小工具数目的改变，通过使用这些，大量使用者将通过互联网/万维网以远程通讯联系，创造着使用者与客户的潜力，局限在个人计算机市场就不能达到。电子商务的乐观预测表明，人们将一定增加使用新经济的虚拟服务。

客户的性情经常不被考虑。使用一些产品与服务，人们不愿意走在物质接触、经验与事情的前面。总之，电子商务不会替代现实的商业，这与一些虚拟网络预言的信念相反。它是一个连接电子商务与现实商务的问题，同时增加了信息市场的生产力。这是无所不在的计算开始的地方。在二三代里，大量使用移动电话，展示了无所不在的信息技术在现实市场的成功扩张，从电子商务到扩大的商务。

这是一幕典型的场景。客户在商场看到一个感兴趣的商品，通过互联网，他设法找到是否有这个或与之相似的产品，哪里可以以合理的价格购买。安德森(Anderson)咨询机构最近开发出一种方便的智能装置，目前专门用在图书市场。交易包括三个部分：用小的扫描仪，读出某书的ISBN号，打出它们将很复杂，而且容易出错；无线交流模块把扫描信号转化成一个适合网络寻找的格式；虚拟代理也扮演着服务提供者的角色。公司对这些销售寄予厚望。这些功能基本上也可以与个人数码帮助设备或移动电话连接。

目前麻省理工学院正在从事着电子商务的宏大研究计划。硬件与软件是为个人设计的“氧气”，它像我们呼吸的空气一样无所不在与不显眼。“氧气”的移动部分是移动电话21，配备附加设备，一个相机、红外线探测器与计算机。一碰按钮它就由电话变为收音机电话、一个高频收音机或局部高速网中的一个无线电台。“氧气”的不动部分是环境21,它们可以单独地结合成生活与工作环境。像环境21的传真机、个人电脑、照相机或耳麦一样,移动21也能与传感器交流,它打开门窗或调整灯光与通风。移动21与环境21通过网络21连接起来,这个网络21在有时混乱的互联网中有任务寻找稳定与有效的连接。为了获得这个,网络连接领域的新概念必须根据自我组织与调整为基础发展。键盘与鼠标的连接绝不是上帝与人的界面,但是必须被认为是临时交流桥梁。有神经网的语言认识系统,因而不是麻省理工学院研究计划的主要题目。这里也有与互联网信息存储(记忆)的接口。“氧气”提供了一个无所不在的信息系统,它可以适应公司环境与员工需求的变动,就像在健康系统里使用,信息的收集与数据的管理功能多少要经过联机医学文献分析和数据检索系统。

在信息领域,无所不在的信息系统引发了巨大的挑战。装置与环境的可辨性要求移动日志的发展。全球操作系统正在研究,它不仅允许资料转移而且允许服务转移,就像个人计算机局部操作系统所提供的那样。简单对象访问协议(simple object access protocol)、超文本传输协议(HTTP- NG)、Jini/Java空间、网络化操作系统(Web-OS) 或 XML/RPC,使互联网的扩大需要无所不在的技术系统。如果掌握这种技术,成千上万的个人机使用者不仅可以虚拟交流,而且现实世界里成亿的小物品将会在互联网上管理。贴在行李包或衣服上的是互联网服务程序上用于指定信息位置(URL)的小标签,通过它,可以广泛地再现当前的居住点、来源与所有者的资料。也许现实世界的物品不会思考,像麻省理工学院的尼尔(Neil Gershenfeld)在他的书名中预言的一样。但是他们将在互联网中获得巨大的数据映象。数据映象不仅是一个技术问题,它们能引起社会、法律与道德的根本问题。害怕透明的诊所里,病人或大夫相见必须要有适当的安全警惕。

总之,人们可以把无所不在的计算机处理视为全球科学的任务。在经济力量的推动下,通过信息科学、微电子与材料科学的技术发展,人类迎接挑战是为了寻找类似于人性而不是强暴人性的信息环境。具有普遍技术的远程通信网的超级生物,可能是一个技术的乌托邦,我们人类于其中保持着技术手段。集体生活的蚂蚁群体也能认识到这点,群集智能会坍塌在虚拟的数据丛林与病毒中。

进化、宇宙与机器人技术：通向哪里？

在这些技术场景中，我们的未来会是什么样子呢？像马文（Marvin Minsky）所设想的，人类会不会变成快乐的机器人，有着神经与生物技术移植和假肢？人类会发展成全球高等生物，有着像神经系统一样的数据网功能，数据传输功能就像血液循环？互联网会不会最终醒来？在这些遐想后面，除了发展出可能与接近科幻小说的情景外，可以找到隐藏的恐惧与伪宗教的救赎希望，它们被科学神化赋予光彩。像古希腊神话人物普罗米修斯（Prometheus），他用泥土创造了人，在很长的历史文化进程中，人类谋求变成生命的创造者。从有生命的假人到机器人的技术乌托邦中，都有这种图景。弗里兹·朗格（Fritz Lang ）1927年在电影《大都市》里用他极度现实的母机，塑造了一个人造人谱系的偶像。用钢铁与金属塑造的人造人并不是它的全部。生物、基因、信息与计算机技术能让我们生产新的生命、修改它并创造出技术的进化。

我们有很好的原因这样做：与人的标准比较，自然进化造成了植物与动物种类甚至人类胚胎的极大损失：混乱、盲目并且不能总成功。癌症肿瘤和严重的基因与神经缺陷就是例子，这些东西仍然使我们震惊。从人工智能的角度来看，生物科学与神经技术伴随着一劳永逸地克服疾病的医药科学的历史性乌托邦。

但是，宇宙的进化能接受静止状态的乌托邦，人能长久地生存在这里吗？最新的物质测量显示，我们生活在几乎平而阔大的宇宙中。按照适当的标准模式，宇宙无限扩大，同时物质与能量的密度变小。在太阳膨胀成巨大的红色巨人之前，作为生命基础的地球将消失。黑洞将爆炸、蒸发并变成灰烬。宇宙将永远地扩大，变成真空，这里能量形式将消失。我们知道生命依靠炭与恒星的能量辐射（星际的能量辐射）。基因工程人也有生存的限度。如我们今天所知道的，人的智能、感觉与个性不与我们的大脑和分子器官相连，因此，类似计算机的系统将变得可能，这可能代替我们后代的身体。

19 世纪 70 年代末，美国物理学家蒂森（Freeman Dyson）已经估计人类永恒生命的可能，他们在宇宙大灾难后以感觉星云的形式存在：但就是这种生命形式也依靠能量与信息。宇宙在扩大的能量之炉中消亡，智能生命形式必须在宇宙中捕捉能量猎物。这是宇宙中想象最远最后的生命情景。即使把生命编码成最小程度的量子形式的量子机器成为可能，在宇宙最后膨胀成真空时，信息的坍塌也要发生，缓慢地自我分解。宇宙忘掉了我们与它自己。

总之，宇宙崩溃与扩张的预测不能为未来的人类提供安慰。在是否每一个物体都被决定的问题上，斯蒂芬·霍金（Stephen Hawking）的回答是明确的。但是他又补充道："它也可能不是，就像我们从来不知道决定什么。"在这个立场的背后，是对带有不确定联系、非线性与混乱性的统一理论特殊结构的洞察。它起码给乌托邦岛打开了一个宇宙的窗口，为自由、创造性与幻想提供了暂时的可能。

参考文献

Mainzer，Klaus. 1988. *Symmetries of Nature*，Mainz：De Gruyter(engl. Translation . 1996).

—. 1995. *Computer-Neue Flugel des Geistes*？2. ed. Mainz：De Gruyter.

—. 1997. *Gehim*，*Computer*，*Komplexitat*. Vienna：Springer.

—. 1999. *Computeretze und virtuelle Realitat*. Vienna：Springer.

—. 2000. *Hawing*. Herder.

—. 2003. a. *KI-Kunstliche Intelligenz. Grundlagen intelligenter System*. Darmstadt：Wissenschaftliche Buchgesellschaft.

—. 2003b. *Computational Intelligence*. *In*：*Encyclopedia of Life Support Systems*，ed. UNSCO. Oxford：ELOSS Publishers.

—. 2004. *Thinking in Complexity*. *The Computanional Dynamics of Matter*，*Mind and* Mankind，4th enlarged ed. New York，Vienna：Springer.

第八章
“思考不可思议者”:作为乌托邦之所的虚拟

克劳斯·皮亚斯

在《作为一种科学乌托邦的莱布尼茨通用语言》一文的结论中,拉斯·古斯塔夫森(Lars Gustafsson)肯定了戈德尔的历史性意义。由于库特·戈德尔(Kurt Godel)1931年对决策问题的贡献,莱布尼茨形式化的乌托邦在50年前就结束了。从那以后,我们再次面临着一个“世界不能整体观察”的问题(古斯塔夫森,1985:133)。古斯塔夫森把莱布尼茨的试图解释为一个哲学主张,固定于历史,试图“完全重建世界”。这个矛盾一自由世界的希望建立在“吃惊”的恐惧上,它的实现更多依赖于形式化的系统与演绎,而不是通过可能性的估计。古斯塔夫森把莱布尼茨的试图总结为四点:第一,寻找分离的“原子”标记;第二,在链中确定这些标记顺序的形成规则;第三,确定这个象征的层面与现实之间的参考性联系;第四,表述形式的规则,也就是说,系统化这个发现。古斯塔夫森在希尔伯特(Hilbert)的数学方程中认识到这些,而这正是戈德尔反驳的。

我之所以要进行全面总结,是因为这个故事对我而言并不简单明了。所以我想作出一个小的替代,其表明充分计算的乌托邦不会终结。我首先要讲的不是戈德尔,而是关于图灵机:不是关于一个数学证据,而是一种令人信服的硬件,叫做纸机(paper-machine),它是机器的普遍象征,或更简单地说,叫计算机。其次,我想把中心从莱布尼茨通用语言转到他的神义论(Theodizee),进一步转到计算上帝的理论,通过经济的组合学来表明世界是可能的。第三,我想谈及象征与现实之间、预测的与现实的空间之间、人工与实际世界之间的联系——这涉及不再吃惊的可能性与其媒介一历史性的基础。

上帝自己的领域

我们习惯于把世俗定义为偶然事件。以这种观点来看,我们的世界似乎早是一个可能的世界，事物在这里不必像它们那样集合在一起。换句话说，世界已被全部决定，只提供了一个假定的必然。每件事情也可能会是另一个样子，总的可能因而形成背景，与已经存在的界定自身的可能性形成对照。莱布尼茨在神义论结尾处提供了“可能性世界”结构的总精神图画。它是“生活偶然性之宫”的表述，是一个想象性建筑的描绘，“它不仅代表实际发生的东西，而且代表所有可能发生的事情”[①]（莱布尼茨，1986：261－269）。它描绘了事件偶然性与可能性变化的梦。在这个梦里，通过智慧女神帕拉斯·雅典娜（Pallas Athene）的行动，西奥多勒斯（Theodorus）得以洞察塞克斯塔斯·塔克文（Sextus Tarquinius）生命的各种可能性变化：

> 我现在将展现各种事情，它们并不是全部来自你们看到的塞克斯塔斯（因为这不可能，他一直保持原样）。可是在这里，会发现类似的塞克斯塔斯，他具有那些人们知道的真正属于塞克斯塔斯的东西，他并不包含每一件事情，没有人的评论，作为所有这些的结果，它仍然会发生在他身上。换句话说，你会看到一个非常快乐的与位居高处的塞克斯塔斯，在另一个中，你又看到一个满足于生命中普通位置的塞克斯塔斯。总之，塞克斯塔斯种类多样，形式繁多。

这样我们看到了一个塞克斯塔斯·塔克文，他遵循着阿波罗（Apollonian）的神谕警告，不去罗马，而是到了科林斯（Corinth），并富有而受尊重地死在那里；一个塞克斯塔斯去了色雷斯（Thrace），娶了公主，有了孩子，并坐上国王的宝座；而最后一个塞克斯塔斯不愿意听从神谕，去了罗马，与罗马一道经历了不幸。尽管这些可能的塞克斯塔斯的个体生命故事的叙述形式有代表性，但这些不同故事的可能前提并不代表叙述自身。它们还需要图表，一个有结合点的决策数形，在它之上各种生命的与叙述性道路能分开并长出枝丫。西奥多勒斯的观察因此聚焦于决策的环境，而不是决定之间延伸的时间。可能的生活好像在一种运算法则中：

---

① 以下讨论归功于约瑟夫·沃格的书 *Kalkul und Leidenschaft. Die Poetik des okonomischen Menschen*，2002，在此对他表示真诚的感谢。

按照雅典娜的命令，多多纳（Dodona）给他展示了朱庇特神庙（Jupiter），而塞克斯塔斯却走出来。一个人听到他说，他将遵照神意（选择：不遵守他），并且已经把他的目光放到一个海中城市，例如，科林斯。他在那儿买了一个小花园（选择：没有花园），并在工作中发现了财宝（选择：没有财宝）。它成了富有的受尊重的人，年老而死，受到整个城市的爱戴。

尽管它们之间的关系与个人生命道路的顺序是一个图表问题，但是他们的个人生活却是文学。

一本大部头的书放在柜子里：西奥多勒斯忍不住要追问其含义。它是我们将要访问的世界的历史，女神使他相信：它是你的命运之书。你看到塞克斯塔斯额头上的一个数字，你在书中找到它暗示的地方。西奥多勒斯打开它，在书中的那处发现塞克斯塔斯的故事比他看到的摘录更为详细。雅典娜继续指示，把指头放在你喜欢的一行，你的眼前将大致出现与它相关的东西。循此，他看到了一个时期塞克斯塔斯生活的所有细节。

可能性世界的档案需要映象、印刷和编号，需要用有限的一系列事物、人和经验来完成操作，并且带着图书馆的电话号码与网络般的联系。众所周知，可是许多可能性世界并不能形成非等级的网络，而是另外一种带有无尽可能的金字塔。最美好的世界位于顶端，它之下分散着无穷多的、不完美的世界。

最后是塞克斯塔斯，他是怎样的与他实际将变成怎样。他愤怒地离开神庙，他不顾神的建议。你在那儿看到他到了罗马，所有的事情变得混乱，他强暴了朋友的妻子。这儿他与他的父亲出现：被驱逐、被打、不高兴……他仍然选择这个世界，它完美地超越了其他一切，并形成了金字塔的顶端……你看，并不是我的父亲使塞克斯塔斯生气；他常常这样，并按照他的意志行事。他仅维持他的存在，他的关于所属世界的智慧不能保留：他把自己从可能性边缘引入实际的存在。

在必须与可能、欢乐与悲哀之间的矛盾关系的基础上，塞克斯塔斯是可能的或一致的——但并不是在同一世界而是在不同的时空世界。不是所有可能的事情在每个可能的世界都会变成可能。确实有许多可能性的世界，但没有一个世界中包含所有可能。从这儿滋生出可能世界之间的竞争态势，莱布尼茨用经济学的术语来加以理解。通向现实的最美好的世界是，用最少的努力与最小的损失获得最大的结果和伴随着的最大效率。对于存在的最优化与最大化，存在着一个组合的游戏，它实现了可能的最大数量，同时带来了最高的关系密度，产生了最强的连接。因此，从一系列可能性中，连接被选择，它包括最多的可能性集合，并因此产生了简单与富有的世界。这是一个世界，它包括一个整体中最高的复杂性，并且（如一个圈子）在最小的空间里包含着最大的数量。它是一个世界，这里所有的部分天衣无缝地结合在一起，并因此划分为可能的最佳实现。按照莱布尼茨的说法，一切选择中最好的世界只能在上帝计算与选择过最高兼容性与同样的可能性之后，才能产生。上帝因此是一个绝对的读者，对他而言前后之间的差异没有意义。因此，如果我们拥有足够的视角，我们就会知道事情如何与为什么发生，并“从现在看到未来”（莱布尼茨，1986：261－269）。

现实世界将变成一个令人羡慕的机器，是所有可能中最好的，它同时有最好的状态。因为最好世界的神圣构建不能把我们从实现它中释放。莱布尼茨自己的活动就像哈尔茨山上铁矿的常务董事，使他成为像过去那样各部分互相联系的模式化功能世界的一尊小神。同样，他必须把无数的环境协调成一个综合体，包含有法律的、管理的、技术的、经济的或地质的因素。只有把知识领域的最大可能性数量计算在内（所有中最好的事例），一个乐观的微观宇宙才是可以想象的。它的相关数据最后以奇迹与灾难的形式展现，后者表明某些事物不能与指定的理解接轨。在这种意义上，我在冷战期间试图在电脑上展现一个狂想：这个狂想是数字机器拥有的计算能力能与上帝本身拥有的能力相竞争。但在此前，我将努力说明，通过可能世界的组合学来实现的希望是建立在这个事实基础上的，即计算机本身被想象与设计成一个组合的游戏。

希尔伯特、图灵机与可能的数学游戏

有关发明计算机的所有故事中，最出名的可以总结如下：在世纪之交，与直觉主义者如布劳威尔（Brouwer），相反，戴维·希尔伯特把数学方程化，他的方程有两点与库尔特·戈德尔的理论相抵触，第三点与艾伦·图灵（Alan Turing）的理论相抵触。正是对图灵的所谓“决策问题”的评论，使得纸上的概念最终变成金属与玻璃的计算机。这个过程有一个独特的隐喻，即象棋的比喻。

首先，按照希尔伯特的理论，数学与现在世界上的事物根本没有联系。如果我们谈到点、线、面并且用它们来做欧几里的几何，演绎定理等，那么这就是从事实中最后得到的全部。我们的空间观、三位的知觉世界，只是肯定了这样的事实，那儿有地点、道路与平面。在希尔伯特看来，这与数学没有关系。数学的思考不与任何事实关联：它一开始就打开了假设的可能世界，宇宙接近于自己。它是人工世界的定理；对于这些，典型的游戏行列式是正确的。一个游戏在象征的镜像中实现，游戏被严格地控制，但不是通过外部世界的法律与道德的规制，一个游戏是一个偶然的事件，即游戏中每一个单独的举动只能通过许多可能的结构来实现。这种情况下，就出现了非常著名的问题：如果不再有任何观察，数学的真理应该建立在什么之上？希尔伯特的回答是：建立在矛盾的自由之上。公理可以任意地发现，如果它们不是彼此矛盾或与结果矛盾，那么它们就是直接而简单的真理，并在存在中被证明合理。哥特罗布·弗雷格（Gottlob Frege）不仅是一个数学家而且是一位哲学家，它写信给希尔伯特提出以下问题：(1)A 是一个智能存在；(2)A 是无所不在的；(3)A 是全能的。从中得出的结论是存在上帝。这个回答清楚表明，如果人们用“游戏”的术语或“人工世界”的术语争论，人会遇到何种困难。因为如果按照这种方式观察，提出上帝的问题是错误的。在希尔伯特的意义上，存在是没有存在论特征的相关系统。数学游戏没有本质的哲学问题。如果一个人能不带抵触心理地把玩这三点主张，“A”或上帝就是存在的，但是只能存在于这些游戏中，不能无缘无故地超越这个世界。

简单地看，希尔伯特三步数学计划看起来就像这个。首先，全部经典数学应该公理化成一种形式的语言。希尔伯特因而建议把经典数学的成分转化成游戏标志。其次，游戏标志应当在计算内进行。第三，应发展出来一种数学，反映计算过程本身。这构成了游戏设计者的思想水平，他思考是否这个或那个游戏规则会出现问题，游戏规则是否覆盖所有游戏的构成等。数学家赫尔曼·威尔（Hermann Weyl）在希尔伯特仍活着时就看到了这点：

> 这个方程式或句子将变成符号构成的无意义的数字;数学不再是知识,而是由特别的管理支配的一个正式游戏,总体上类似于棋类。棋类的成分对应着数学中有限的符号。棋盘上棋子的合理安排,把这些符号简化成公式。一个或几个公式被认为是公理,它们的对应物是棋子游戏在开始时的规定安排。在这里一个安排产生下一个安排,所以那儿产生正式的结论性的规则,按照这些,新的公式能够赢或者从公式里演绎出来,在棋类合理的规定里。我理解在根据规则游戏的过程中,公开规则中产生出的步骤,类似于数学的是演示公式,它们产生于建立终极规则的公理。图表化自然的特定公式被打上矛盾的印记;在棋类中,大约每一种安排中会有十个同一颜色的棋子出现,我们理解为一种矛盾。另一种结构的公式,如游戏者的将军,激发了这些玩数学的人通过一系列聪明的步骤赢了游戏,当作一个游戏的结论性公式。(威尔,1968)

因而所谓希尔伯特的"决定性问题"与是否存在一个总的过程有关,人们在这里可以决定一个选择性的安排,无论这在游戏规则里可能与否。阿兰·图灵证明这是不可能的,因而挽救了数学。图灵向自己提出了心理上的问题而不是数学问题,当一个人遵循着规定,他该怎么做。他得出结论,他像一个机器或像一个生产线上的工人一样行动。只有那样,他才能替代与机器一起玩希尔伯特游戏的数学家。希尔伯特的术语过程变成用机器计算,因此,如果希尔伯特是对的,所有的数学将变成完全的机械化,因为一个机器能打印出所有能说的句子,与相关所有公式可能说的,如果它们来自或不是来自这些公式。数学的历史就会结束于一个巨大的过程计算。他就会完全结束,或(根据约翰·冯·纽曼John von Neumann)停止现代形式的存在。对于执行希尔伯特数学的机器,历史、过去与未来之间的区别将会消失,就像是莱布尼茨推想的上帝的世界真实性会消失一样。

不过,有限的数学世界并不能阻止军事对广大复杂世界的计算。关于少数游戏的决定性事物,我将简要说明,并不存在于和所谓现实一起短期循环的所谓游戏中。它也不包括这样的事实,在计算机模式里可以生产,事情就可以模仿。它与这样的事实有关,在新的计算机媒体帮助下,仿效导致数学发展的历史难题,一个完美的思想产生了:这完全是与虚拟王国的计算相联系的。这个王国不是按照真实与不真实、对的或错的之间的区别来定义自己，而是按照虚拟与现实来定义自己。虚拟的经验并不被想象在发生与不发生中，而是作为多种可能性的一种，每一种都有一个特别的可能性指数。在这种意义上，虚拟的经验与保险精算技术知识相关。“一个发生或不发生的事件，一个爆发或不爆发的疾病，在这种知识上拥有同样的本体论性质。”(Vogl，1998：40)当它进入现实世界，一个事件在这种意义上不会发生，但是在毫无疑问的可能性中已经发生。在这种意义上莱布尼茨的金字塔代表了一个虚拟的空间，它的点拥有最大的同时发生性。莱布尼茨最可能的事例，展示了它不是一个热力学的世界而是一个神圣的世界。但同时，电子的可能王国是虚拟的空间，即球形的或方形的轨道的各种形式。在我看来，人们甚至可以说这些空间(不仅是文学)是乌托邦。

战争游戏简史

按照阿尔弗雷德·豪斯拉斯(Alfred Hausrath)的说法，玩战争游戏有三种作用，它们将得到系统的理解，也是历史性的理解，这就是：训练官员、测试思考中的计划与虚拟的生产。第一种形式(训练官员)是从冯·莱斯维茨(Von Reisswitz)、米夫林(Muffling)与普鲁士军官团的游戏中发展而来，早已经成了军事训练系统的一个固定部分，并且是合理的，主要因为与现实行动相比具有非经验性。第二种形式(测试计划)在第一世界大战与第二次世界中被大规模地应用，无论是施里芬计划(Schlieffen Plan)、海狮行动(1940 年夏结束)、巴巴罗莎计划(1941 年 2 月实行)或者入侵波兰都如此，在这个计划中天气发生了改变，尽管没有更多的时间来作进一步的游戏试验。通过游戏，俄国已经知道在坦能堡(Tannenberg)附近的灾难性失败。美国反对日本，但是忘记了——如切斯特·尼米兹谨慎地承认的——“视觉化”神风特攻队战术。1940 年底，在日本东京的海战学校里，日本人玩着偷袭珍珠港的游戏。游戏的第三种形式于我来看是 20 世纪 30 年代发展起来的，与操作研究一起：潜水艇巡逻与鱼雷逃避操作特别适合于这个。这些操作很大程度上依靠技术操作资料，如速度、武器范围、旋转半径等，其参数小到足够计算一个潜水艇与一个鱼雷结合的所有可能连接。通过这些计算绘制的图表展现了可能的情景，这些被理解为虚拟的地图，它根据可能性记录了所有的可能事件，并把不可能的事件划入白色区域。但是它们也是作为操作来理解的，通过这些，所有最优的可能场景被确定下来：最可能存活的与最可能死亡的，根据这些侧面人们找到自身的位置。操作研究被认为是一种科学的方法，为执行部门贯彻他们控制下的决定提供了数量基础。

虚拟产生的最有影响的工具，当然是 20 世纪 40 年代以来约翰·冯·纽曼与奥斯卡·摩根斯特恩(Oskar Morgenstern)的博弈理论。它尤其吸引人的地方是，它发展出一种数学形式，这种形式告诉人与机器最好的可能行动(因而是最高付出的)。它为独立于人的决策及其系统化提供了可能，圆了一个官僚机构的梦。的确，由于这个原因，它为 20 世纪 50 年代的军事与政治权威提供了最好的先决条件。博弈理论按照"我们与他们"来思考，努力作出机械化的没有个性的决定，倾向于目标与责任的简化模型，并使效果普遍化。作为冷战的一种理论，它是有趣的，因为它总是计算自身的成本，不在每个例子中采取决定性的行动——无论它叫做第一次打击或第二次打击。因此，就像约翰·冯·纽曼把所有的游戏都数学化地缩减为一个行动，这里所有的计算都相连，所以战争本身成为一种单一的致命行动，它一直在继续着但是没有真正发生。数学博弈论提供了虚拟中的超人工作，这个工作在计算机里通过正式的矩阵得到了良好的贯彻。

但是这不排除而是包含了这样的事实，在小的数量中，最好的可能世界不仅可能被计算出而且能够生产出。沃纳·雷法纳(Werner Leinfellner)是奥斯卡·摩根斯特恩的合作者，他说：

> 博弈论解决国际类似战争(竞争)冲突的实例是朝鲜战争，它们可能引发第三次世界大战。那时，美国政府委派包括纽曼、摩根斯特恩在内的专家小组寻找结束战争的最理想办法。为解决中美之间可怕的战争，他们建立了一个 3000×3000 大小的矩阵；它包括了战斗中对手之间所有的战争举动，包括他们的评价。矩阵产生了一个马鞍形的点作为最佳的选择，即尽可能地结束战争。这个方法是在计算机上得出的。其结果就是杜鲁门总统下令不要越过中朝边界鸭绿江，带有敌意地撤换了麦克阿瑟。(雷法纳，1997)[①]

---

① 保罗·爱德华兹表达了他对这种轶事的怀疑，在 1999 年 2 月 9 日的一个电子邮件中，这既没有在《收集的工作》中，也没有在冯·诺伊曼的传记作者阿斯普雷那里证实。这种信息的可能的更多的分类核心的真理，依然需要假设。

然而另一个例子可能更清楚，计算机在计算可能性中扮演着决定性角色。计算可能性的决定性因素是重复与偶然之间的联系。快速的重复与偶然的产生这两方面是计算机的专长。例如，物理学家乔治·伽莫夫(George Gamow)早已在洛斯阿拉莫斯(Los Alamos)专心研究蒙特卡洛(Monte Carlo)的方法。20世纪50年代，他不仅从事基因组合学研究，而且从事坦克战研究。1952年他在第一个纯计算机游戏里结合了偶然与重复，命名为“最大限度复杂性的战斗”。他把两个坦克部队放在六角形的固定游戏盘上，给他们一些行动规则与打击的可能性。因而游戏不再由人来玩，而是由计算机来反复进行。尽管人类的玩家可能根据他们的感觉欲望，在意外的产生中反复劳累自己，会变得很慢，而计算机拥有很高的速度与忘记过去的能力，能够产生随机的不受阻碍的游戏行动。在这些没有灵魂的游戏中，正常调兵遣将的终结不是那些千篇一律的崩溃，而是那些压倒性胜利与毁灭性失败。不能预期的结果要求有特别的融入背景的与下指令的能力。它是偶发事件的极端例子，通过可能性领域不同寻常的位置，可与奇迹和灾难相连。像过去一样，计算机被展示成一个必备的系统调查工具，与可能性边界的例子一样充满智慧的奇迹：更准确地说，在军事意义上它需要危机和偶然的管理。按照游戏的约定，在奇迹与灾难发生的情况下，一切可以重新开始。

冷战军事妄想狂设法确定每件事的发生都已经被计算在内，真令人吃惊。赫曼·卡恩(Hermann Kahn) 以冷战舞台上的克劳塞维茨(Clausewitz)形象出现，写过声名狼藉的著作《论热核战争》，他把把这种现象称为“思考不可思议的东西”(卡恩，1961，1962)。这种思考不可思议者与无法衡量的成千上万的巨大伤亡计算没有联系，他的冷嘲依然会震惊公众，但同时与不可衡量的计算过程没有联系，这个过程如此广泛，以至于不能在人类时间的框架内执行：一个通过情景不断重复的计算过程，没有人能够对此进行思考。兰德公司已经开始将他们所扮演的角色自动化，这在以前军事与科学顾问中发生过，发展出代办概念并把游戏领域变成不可视的计算机领域。例如，从20世纪60年代的情境下着手，通过几个参量的变化与无数计算操作，20世纪80与90年代的多样场景会出现(卡普兰，1991)。

但是，对计算机产生的共存世界的信心在越南战争中陷入了危机。哈里·萨默斯(Harry Summers)从20世纪60年代后期开始散布一个重要玩笑，用计算机游戏准确地描述了问题，将地区性的越南游击战与全球性的、绵延的冷战作出区别：

> 1969年尼克松上台时，所有关于北越和美国的资料都被输入五角大楼的计算机——人口、国民生产、制造能力、坦克数量、船只、飞机、武装力量的规模……
>
> 然后问计算机：我们什么时候会赢？
>
> 片刻后，计算机作出回答：你们会在1964年赢！（萨默斯，1981）

事实上，它很早就引起计算机游戏的主要承包人、美国国防部高级研究计划署（ARPA）的注意。越南战争并没有依照预测的模式运行。美国的研究和咨询公司（Abt Associates）受委托去设计一个计算机游戏，用来模仿内部革命冲突与反叛的主要方面。与全球核战争的情况不同，在游击战中很难衡量如集中入侵、忠诚、破坏活动、心理战等因素，而且政治考虑与国内外的支持扮演着重要角色。因此，这不仅是全新的关于相关知识领域与其数量的模式化的问题摆在我们面前，而且这也是战争行为的代理问题。如何衡量一个人在思想领域忠于祖国？语言能力、文化印记与创造性如何使才能模式化？自我中心主义是所有玩家的普遍战略吗？

为了充分建立一个模型，不仅技术能力资料与兆吨级的爆炸力量相当重要，而且政治、商业与技术、心理、文化、历史以及相互作用下，既产生系谱，又能产生独一与个别现象也很重要，许多游戏对此进行了整合，并且要包括即便不是全部的也是大量的知识想象领域。美好世界的计划（即使是和越南一样小）需要估量无法预测的因素，直到建立模型，把它们连贯起来，把它们组成一个功能顺序，并编入程序。现在很大程度上彼此分离的游戏，无论在战术或战略上，在社会或逻辑上，还是在军事或政治水平上，它们与20世纪50年代是不同的，但如以往一样，需要统一、协作与稳定——总而言之，就是需要对游戏进行管理与规制。

联合战争游戏署因此投身于（不少是在麦克纳马拉对高技术的热情指导下）野心勃勃的计算机游戏解决方案，如策略上的“AGILE-COIN计划”或战略上的

“技术、经济、军事政治评估常规(TEMPER)计划”。[①] AGILE 的目标是使每个单独的游戏领域模式化为一个村庄，并结合需要的参数与运算法则，它按照计算机的方式描述控制村庄的必然性和可能性。在麻省理工学院与哈佛大学的科学顾问参与下，在 20 个历史案例研究基础上，建立了主要变量如“信息”、“忠诚度”与“有效军事力量”，同时涉及了 15 个类比测试版本。在第一个游戏中，6 个村民在一个屋子里，不断受到政府与革命者代表的访问。两方面都打出代表士兵、食物与丰产希望的游戏牌，以按照美国习惯赢得居民的心思。代表的目标是在 3 个游戏中维持 6 个村民中 4 个人的忠诚，结果是成功的。第二个游戏引入了恐怖行动，把小组分隔在相邻的屋子，模拟一个系统来发布新闻。第三个游戏(中断了这种列举)引入时间的耽搁，为了描绘人们反应时间的框架，设立了一个乡政府，它的代表当然成了受攻击的受害者。这些尝试的数据，是兰德公司在复合监狱里通过直接采访获得的。第十五个游戏之后，找出了上百种因素，当能以流动表格记录这些结果时，目标达成了。越南被分为许多游戏场所，它们的功能类似于小的村庄，被完全计算过。

AGILE 用战术层面贯彻的东西，在战略性的 TEMPER 中也发生了，军事历史学家豪斯拉思(Hausrath)正确地把它称为“最具野心的、严格的、战略的游戏项目”。雷神(Raytheon)公司的设计假定在全球水平下建立 TEMPER 模型，连接最多 39 个国家与另外的 20 个地区的冲突。TEMPER 展现了模型贯彻许多 AGILE 的类似点。尽管不需要说细节，但是确实应该指出的是，TEMPER 集中了 117 个国家的资料，它们能像演员一样出场，它们的联系被建成七种模型：军事的、经济的、政治的、科学的、心理的、文化的、意识形态的。在世界剧场的代理按照理想的感觉、现实的感觉、理想与现实的差异的衡量、资源分配、国际的与集团之间的谈判、联合形成、运作与分解来作出决定。每个模型领域的决定都对其他六个产生影响，每个决定都在单独的模型内影响着与其他国家的关系。而且，特别是军事区域，一个扩大的评估模块控制着行动，它的范围可以从第三世界国家的小的暴动到大规模的核战争。从世界级的世界模型或等比例的区域地图中可知，TEMPER 与百科知识的需求相联系。因此，它所缺少的主要是程

---

① 参见：美国的研究和咨询公司，1965；戈登(Gordon)，1965；皮尔卡(Pearca)，1965；戴维森与扎斯洛夫 Davison and Zasloff，1966；登顿(Denton)1966；布鲁尔与舒比克(Brewer and Shubik)，1979。

序有效数据，这导致计划断断续续。为了有效地运作，有必要在世界各地部署秘书，他们类似于气象站，将不间断地为系统提供从各种知识领域与国家收集的现时数据。

乌托邦

我在评论中想强调的不是人类完全控制矿山、战争区域或整体世界的幻想，而是深远的技术手段、知识与历史之间的关系问题。面对一个计算的上帝与计算的机器、乌托邦的虚拟，关于联合游戏的文学幻想，有三点值得我注意，它们在任何情况下都能刺激起进一步的讨论。

首先，我想建议把虚拟看作是乌托邦，并且因此否认幼稚的真实与不真实、存在与不存在、预测与履行的二分法。虚拟的衰竭不是超级现实主义计算机图表的虚幻结果，也不是源自电子商务或新的交流实践，例如聊天室与电话会议。虚拟在很大程度上描绘了自身的全部事件分类，在可能与可能性之间的紧张领域里，事件的地点与位置是矛盾的或至少是有疑问的。

第二，在过去的半个世纪里，事实证明乌托邦不再是文学的领域，而是计算过程的产物。尽管计算机程序把世界的复杂性归纳为一个模型，但是这些模型自身是如此复杂以至于它们只能由机器来操作。这些模型不断产生的“历史综合”，至少在三方面超越了文学的可能性：(1)因为它们是控制论构建，所以它们随着每一次中断变化。每一个新的可计算的历史事件引起可能的未来历史乌托邦空间的替换，它扩大、限制或延伸了虚拟的拓扑学。(2)因为模型的决定是数据库与计算能力的事情，乌托邦能被衡量。大量的概念与未明确的细节之间、宏观社会秩序与微观日常生活实践之间的差异，为许多的文学乌托邦着色，被变化精确的计算之轴连接了起来。(3)因为历史的书写与历史的创造差别[①]在这个模式里倒塌。特别是最新的战争场景展现了它们不仅登记与处理事件，而且它们本身生产事件。信息战是程序事件与机器间的交流。计算可能性的信息学游戏世界，不是特别纯的，而是控制着真的、热力学的世界(Stocker and Schopf, 1998)。虚拟与现实之间、乌托邦与历史之间、可能发生的与发生的事情之间的

① 创造历史与历史的创造，米歇尔·德·瑟托表达了这样的区分。

界限，因此是不稳定的，并处于一种永远变化的状态。

第三，这将意味着乌托邦不再是一种幻想的事情、历史或预言的幻想，而是数据组合的结构性结果。如果计算过程衡量可能性领域，并因而使叫做世界模型的乌托邦生产自动化，所有考虑的位置可根据计算被挑出，并用可能性指数加以区分。乌托邦产生于那些没人的地方。数学家、工程师与编程者是一方面，战略家、心理学家与经济学家是另一方面，他们只能安排环境，它是他们留下的，为了放弃计算过程无法衡量的领域。这种从历史的综合中出现的东西，瓦解着诗歌与文化传统形式的历史处理。综合历史不再有海登·怀特（Hayden White，1991）意义上的情节结构。它不是叙述的，相反只是计算；不是悲剧、浪漫剧或喜剧，而是简单的综合。通过综合产生的知识是科技知识的一个分支，因此不是纯粹的人（依照 Heidegger，1996）。它当然是有意识的抵制——与文学的乌托邦对立。

今天它不再是冷战的场景，而是个人自己，他提供了组合游戏的表现场所或根据尼采（Nietzschc）的说法——是一个组合的机会，并鼓舞了乌托邦的生产。提出这个问题，充分意味着避免所有不成熟历史学的、人类中心主义的或进化的技术琐碎将之看作实现了所谓的“人类梦想”，而可作为人类拓展或设想、或可信进步的继续发展。在现代基因讨论中谈论道德之前，有必要提出历史的与预言的人类学问题，并进一步明确技术的逻辑与方法论地位。

参考文献

Abt Associates，Inc. 1965. *Counter-Insurgency Game Design Feasibility and Evaluation Study*.

Brewer，Garry D.，and Martin Shubik. 1979. *The War Game：A Critique of Millitary Problem Solving*. Cambridge，MA：Harvard University Press.

Davison，W. P. and J. J. Zasloff. 1966. *A Profile of Viet Cong Cadres*. Santa Monica：Rand RM4988-ISA/ARPA.

De Certeau，Michael，1991. *Das Schreiben der Geschichte*. Frankful-on-Main et al.：Campus.

Denton，Frank H. 1996. *Some Effects of Military Oerations on Viet*

Cong Attitudes. Santa Monica: Rand RM4966-ISA/ARPA.

Gordon , Morton. 1965. *International Theory in TEMPER Simulation.* Abt Associations, Inc.

Gustafsson , Lars. 1985. "Leibniz" Universalsprache als *Wissenschaftsutopie.* In Utopieforschung, ed. Wilhelm osskamp. Stutgart: Metzler/Frankfut-on-Main: Suhrkamp, 2: 266—278.

Hausrath, Alfred H. 1971. *Venture Simulation in War, Business and Politics.* New York: McGraw-Hill.

Heidegger, Martin. 1996. *Die Technik und die Kehre*, 9th ed. , Stuttgart: Neske.

Kahn, Herman. 1961. *On Thermonuclear War: Three Lectures and Several Suggestions.* Princeton University Press.

—. 1962. *Thinking about the Unthinkable.* New York: Horizon.

Kaplan, Fred. 1991. *The Wizards of Armageddon*, 2nd ed. , Stanford, CA: Stanford University Press.

Leibniz, Gottfried Wilhelm. 1986. *Die Theodizee. Von der Gute Gottes, der Freihert des Menschen und dem Ursprung des Ubels, Philosophische Schriften*, ed. Herbert Hering. Darmstadt: Wissenschaftliche Buchgesellschaft, Vol. 2, Part12.

Leinfellner, Werner. 1997. 'Eine kurze Geschichte der Spieltheorie'. In *Jenseits von Kunst*, ed. Peter Weibel. Vienna: Passagen-verlag, 478—481.

Pearca, Michael R. 1965. *Evolution of a Vietnamese Village, Part I: The Present, After Eigth Months of Pacification.* Santa Monica: Rand RM4552—ISA/ARPA.

Stocker, G. and C. Schopf, eds. 1998. *Information, Macht, Krieg.* Vienna and New York: Springer.

Summers, Harry G. 1981. *On Strategy: A Critical Analysis of the Vietnam War.* Carlisle, PA: Army War Barracks.

第九章
日常生活中的自然乌托邦主义——一个基本理论模型

乌尔里希·奥费尔曼

近年来,哀叹乌托邦的死亡与讨论乌托邦转向非理想化社会或反乌托邦,成为一种时髦。这个趋向与两个因素相联系:一方面,冷战结束后,冷战给知识分子的社会地位与实践带来了新的困难,他们是乌托邦思想的主要支持者;另一方面,国内出版结构发生了转化——知识分子的结构对应物——这主要是由电子媒体作用的凸显引起的。不管从知识分子的角度看这些哀叹是多么肤浅,它确实反映了思想意识与现代民主传统之间的关系发生了根本性变化,就像它在19世纪与20世纪最初的三分之二的时间存在的那样。不再那么关注发展和讨论乌托邦概念与计划,知识分子的讨论反而集中于整体上乌托邦的功能与其相对的重要性,不管它们的内容如何。我们的书就是当前这方面的例子。一方面,这说明了乌托邦主题的讨论已在日常生活的实践中已经被普通大众所接管,并且不再是高深文化讲道的专利。另一方面,这意味着学术方法论指引着公众讨论的进步,使简单的极性化的乌托邦概念过时了,并且用一种更加有区别的复合概念来预测可能的未来。如果是这样,所谓的乌托邦与意识形态的终结,就不能反映乌托邦思考的社会现实,但是却表达了知识分子在塑造乌托邦话语成分中地位的下降。

乌托邦思考的内容与结构

这给我们带来乌托邦思想内容与结构之间的一个基本而简单的区别。15世纪到20世纪,乌托邦思想与讨论只是生活本身的实践的一部分,并且是未定未来的公众与政治实践的社会执行的内在部分。它们基本上被保留在来自不同职业背景的特权知识分子闲散的公共讨论中。作为一个社会学家,我必须从话语的概念中区分乌托邦思想的结构、要求与目标,这已经成为社会学知识的中心问题，自从这个学科开始，社会学家与社会学就在乌托邦思想的生产中扮演着重要角色。的确，他们是社会现代化的隐身神学家，与关注乌托邦思想的经验性社会实践的冷酷的方法论分析家相比，更是乌托邦思想生产的参与者。乌托邦思想内容与结构区别的引入——与乌托邦理论与实践相平行的区别——使得质疑乌托邦思想终始之波的甄别意义成为可能。的确，乌托邦思想的内容随着历史改变而发生自然变化的纯粹期望变得不重要。

乌托邦思想的一个简单、基本的先决条件

什么是独立于历史与文化之外的乌托邦思想的普遍先决条件？乌托邦思想早就通过语言意义功能的组成开始了从自然到文化的转变。对一个现象(X)的判断(P)，就构成了超越当下的可能性世界。二元论以这种方式存在于认识的活动中，它本身是人类实践的组成部分。

二元论由两种类型的现实组成，它们之间是不能通约的：P 不能约开 X，X 也不能约开 P。一方面给定的现实进入我们的视野(客观现实独立于它的主观结构)，它就不可能拒绝 X。它攻击我们，无论它来自外部或内部世界，并且需要定义。如果不是，它将保持着无法忍受伤害的、不舒服的与挑衅的危机。另一方面，一个现实存在由决定性的判断 P 构成，通过它所有的现象 X 在已经确定的知识体中组合，因而把危机转化成日常的思考概念。

而且，判断 P 自身的特点由内部的二元性决定。它们由一个口头的象征(它在法语里叫做“所指”)，和由这个标记所指的一个概念或一个思想组成。判断的口头象征意义这个现实组成了现实本身。它不可能通约所有的现象 X，而只能由它们决定。P 超越了所有的能被 P 预测的 X 的可数例子：因而 P 包含着普遍真实性，它与现象的 X 的具体现实没有关系。X 代表存在的现在，而 P 代表可能的现实(让我们暂时先把语言的讨论放在一边，通过这些它们制造出当今三分之一的现实，不能通约其他三分之二)。

一个简单的争论就能显示自然科学的客体与经验研究的客体之间的类别差异，其可被称做意义构建的世界，如人类生活与文化实践的世界。但是自然科学的客体并不能判断其自身，必须被科学的认识主体所判断，如对于生活实践的经验研究、社会科学与文化研究，他们的客体必须由他们用自己的判断实践来作出

判断。换句话说，对于自然科学，知识的主体与主体的差别，和现实与认识主体判断的可能性之间的差别是平行的。相反，在针对人类生活实践的经验性研究中，客观的宇宙必须置于现实与可能性下对待，因为生活实践本身被所有当下的客体 X 的判断所思考。

生活实践的这种二元构成是乌托邦思想普遍性的简单基础。当然判断行为自身所循的逻辑不会被保留，用作确定所有真实的现象 X，但也在想象中延伸至 X 的实例，这在原则上是不受限的。因此，尽管乌托邦思想不会留给知识分子专家或留给特定的历史时期，而是代表了普遍的可能性，但它完全是另一个问题，无论这种可能性是否被明确地标记为一个特殊的过程。

由此延伸出的第二个争论可视为对这个观点的进一步支持。如上所指，引起认识意识注意的 X 不能被拒绝为存在。这是对的，只要不考虑是否以常规方式判断，并立即将之纳入已经存在的知识体，或需要一个迄今为止不知道的新判断。只要不能以常规的方法判断，由 X 引起的危机就存在于自身之中，并引发和需要作出决定。X 代表着皮尔士(Peirce)所说的“残忍的事实”危机。[①]

我们现在能区分危机的三种基本类型。首先，残忍的事实危机由现象 X 代表，我把其称为“外伤化危机”。危机普遍要求解决，一个迄今为止未知的决定指向着开放的未来，这样就需要经验的构成。这种危机组成的经验是自然的与自身的经验。

第二，对于社会科学与文化研究，一旦使用连续的分析方法，这是被规则统治的有意义的实践中连续结构需要的方法，一个类别的区分就会自我呈现：一方面在每一个被运算法则规定的连续点上会产生有意义的持续的开放可能性；另一方面，个人的实际选择单独决定了事情的结构，这种选择是个人、团体、大社区确定的具体生活的标准、格言与动机中的可能性的选择，是先前选择的累积性结果。绝大多数的选择是按照常规的方法执行的，并且其关键特点被常规所窒息。但常规不是天生如此，而是源自起初解决危机的方法。

从序列分析者的理论立足点来看，每一个序列位置组成一个危机。但是只有一小部分危机被主观觉察到，并且变得明显：那时常规如标准、习惯、希望等变

---

① 参见皮尔士的作品(1982～1999)，迄今已有 6 卷本出版，特别参见《新的分类表》(1868)第 2 卷，第 49～59 页。

成解决问题的习惯模式，不再适合一个具体的问题。当涉及日常生活的基本决定时，这就是主要情形。如果生活实践在一种自动的、可信的与个性化的方式中继续，它不能变成一种先天的惯例。那种决定危机在以下的情形中会典型地出现：我应该嫁给 A 吗？我应该再要一个孩子吗？我能忍受这种对待吗，尽管它有它自身的无法弥补的后果？在这种形式的危机中，我把它叫做一种决定危机，一般的理论或标准的问题解决模式如果不破坏生活实践本身，就不能得到应用。这种危机与宗教体验的构成相对应，因为在宗教体验中，我必须在生活实践中暴露自己并去证明与考验。

三分之一的危机，从其本身来看是矛盾的，位于从实际执行向自动的科学认识转变的边缘：危机由闲暇的矛盾的无目的的实践引起——闲暇危机。让我们假设：例如，一个人、一个小孩特别适应于这个，由于他或她本身的好奇，观察到一个具体的物体——可能是一个昆虫——作为一个目标，摆脱任何特定的兴趣。在观察行为当中，这个人继续变得更像发现昆虫的道具，这种小的出名的物体，它是令人惊讶的也是新的。因为它们是出乎意料的，这些道具组成一个危机，并且这个危机是真实经验的组成基础。

因而，这三种类型的危机与它们的对应物，四种不同类型的经验，代表着自然乌托邦思想的一个简单的框架。因为，它不能理性地争论，在这三种危机中它的决定显然是由一种乌托邦思想造成的。换句话说，它们要求思考想象的可能性，这是迄今为止既不知晓也不能依据经验来合理证明的，但是必须在开放的未来得到测试与实际确认。我把这个界定为自然乌托邦思想的结构。

现在将之作为一种不充分的乌托邦思想的定义加以拒绝是可能的，因为它的基本形式也包括危机解决的动量，这对于应视为乌托邦的整个社会的未来发展既不重要也不关键。但是这种争论只要求一个特定的内容与乌托邦思想关联性，不是它的基本结构，我已在这里列出了其基础。

内容说明与乌托邦思想的关联性

以下，我将描绘实际生活的三种主要功能纬度，它们对于乌托邦思想有普遍的意义。这些可被认为是一些外表，乌托邦思想在它们下面将永远不会结束，乌托邦思想的普遍物质来源也不会结束。

1. 与概念、价值和世界观的特定历史文化形成无关，立足于家族的、子女的或亲善关系基础上的每个人与每个具体的持久社区，都关注他未来的快乐，并试图最大化满足。这使需要不断努力来获取财富幸福，它总是含有或明或暗的想法，幸福和财富永远不会得到完全满足。在它到达顶点的那一刻，随之而来的耗尽已经是通向下一次快乐与幸福高潮的前提。

2. 在微小的意义上，资源的缺乏与满意的可能性构成了不平等与不公正的来源。一种解释将永远不会导致普遍的生活伦理，这种解释只是为了个别地解释与证明拥有不公正分配特权(有人奢侈富足)的社会条件，因为它暗含着对权利被剥夺者的恶意，并预设了拥有反对他们的神圣权力的恶意。一个普遍的包括正义概念的生活实践道德，只能来自它的反面：来自一个不幸与遭罪的人经历着一种痛苦的神意论的解释。如果一个神圣或理想的例子或权力，其本身必须能代表善意与仁慈，就必须被看成一种个人痛苦与贫穷的来源，然后一个理想的或更高的(约伯一样的)正义原则自动被有效地唤起。那只能是痛苦的神意论，而不是一种快乐或特权的神意论。最终这种正义的理想永远不能实现，并且社会现实也永远不能达到完满。

3. 特定幸福或财富理想的无限性与不定性，以及社会内正义的无限性与不确定性，导致在具体的历史可能性与实际行动的潜能面前，有一场关于这些理想的具体内容与具体领域以及实现的局限性之间永无休止的智力斗争。许多追求扩张、扩大这些潜能的实际努力取得成功，依赖于以最有争议的开放性与竞争性环境中的实际的与宪法的自由。在最佳的辩论逻辑中，这种开放性话语的理想是另一种乌托邦，它从来不能以理想的方式得以实现；获得这种公开讨论的努力，将永远不会结束。在引导这种关于幸福与正义的乌托邦内容的公开讨论中，知识分子是典型的专家和主角。这个公开讨论经常带有标准形式乌托邦技术工程的技术统治论的变量，是工程师与建筑师的典型场所。

乌托邦思想维度背后的动态驱动力

在前面，我根据生活实践的普遍功能问题的内容，讨论过乌托邦思想的维度。这儿我将简要地看一下它们背后的动态驱动力量。

1. 幸福的理想不仅需要一种普遍需求的生物驱动力量，而且需要对它们进行反观，以便释放满意的具体行动。这不仅预想现实状态下的期望，还必须通过有目的的行动加以贯彻，而且一个身体行为系统的整体组织是自我的天然位置，就像心理分析家教我们的，它预示着对自己身体的自我陶醉。这种自我陶醉式的自恋，扩大了童年期的初步自我性行为，这是自我实现的乌托邦欲望的稳定来源。

2. 在相反的方面，自我发展一开始就根植于社交互惠的结构中。这种个体发生的社会构成模式，甚至是利比多(性冲动)的发展，被弗洛依德与皮亚杰所忽略。所有社交实践的社会嵌入与个体发展仲裁着先于任何道德教育的正义的自然感觉。正是这种自然道德(通常翻译为“道德”或“道德生命”)，黑格尔[①]从道德术语中作了系统的区分，尽管它在英语翻译中很难区分。道德是社区的而并不是社会的种子，代表着正义的自然来源，只有通过成功地参加社交互动特别是加入同辈中的相互协作，道德才能在个体发展中深入内心结构。它是能力的基础，能原则性地解决有争议的利益冲突或正义与非正义的具体事例的相互冲突。它因而也是得出与事实相反的正义概念的最后权威，是乌托邦思想的一个主要来源。这种“自然的”来源一直是现成的，必须激活这个来源，而不是对与错的道德教化。

3. 语言获得的语用学自动给我们的意识记下了自由的、深思熟虑的逻辑现实理想所要求的交流实践充分性的感觉。它是我们如何考虑我们在这个世界上的位置并不断提出批评检验的无尽源泉。在即时的与判断的现实存在提出的二元论中，我已经提到乌托邦推理的主要认知条件。

与不能实现的理想相联系的辩证法

我在这里勾画出的三重理想化纬度，以其驱动力代表着乌托邦思想可能实现的条件。这儿不能认为实际生活的每一个事例都贯彻了乌托邦思想，也不能根据乌托邦思想原则获得现实生活的保证。特别是，乌托邦思想的两个系统性问题仍然存在：首先是幸福与正义之间、自我利益的合理性原则与公众福利和利益之间的内部紧张关系。这种紧张关系不能从内部解决，所以任何可能的解决

① 参见黑格尔，1970。

本身就是乌托邦。第二个问题是，这些理想化的矛盾，意味着一个人一定要努力实现这些理想，始终认识到完成它是不可能的。正是这个矛盾使乌托邦从理想化中诞生，乌托邦确实意味着超越想象现实的地方或状态。

也许会有人争论，如果它们被实际采纳或作为一种信念被追求，这种信念能按照有意的战略计划被完全贯彻，美好世界的乌托邦理想会变成与之相反的害怕与恐怖。20世纪这个问题经常被人提及。但是似乎很明显，从这个洞见中作出乌托邦思想终结的结论，并宣布它是必须的与合理的，以作为避免乌托邦思想的有意义实践，这种看法将继续是错误的，只有相反的价值。在这些手法中，使它变得明显的是乌托邦思想与理想化的辩证法。通过有意的战略行动假定乌托邦可以实现，正如其反面信条一样，是错误的。

但是上面提到的理想化似乎不能包括有力的内部动机或阻止这种误解。相反，以一种激进地甚至狂热地坚持天真信念的指向来看，它们是诱人的，劝人将之贯彻。那么我们如何容忍必定导致这些理想的辩证法，同时认识它们不可能完成呢？

每种生活实践必须面对一个问题，这个问题非常有效地思考着对这些辩证法的洞察，这就是证明自己与鉴定的结构问题。这个问题不能由自己关闭或结束，也不能避免。甚至在全部的世俗个体中，它也构成了宗教狂热的基础。[①] 它也来自早已经介绍过的当下给定现实与假设可能性的判断行为之间的二元论。这种二元论一方面为人类提供了生命有限的意识认知，另一方面反对打开乌托邦的不定性，例如，彼岸世界与此岸之间、另外的俗心与俗心之间、远处与近处之间。首先，当人们有意识地认识到这种种类的差别，人自己的生命时间变成稀缺的资源。不管任何关于其他俗心的信念，只有在俗心的范围内，我们才能保证鉴定的条件，允许我们的生命在另一个世界继续的条件，无论它的实质是什么。但是另一方面，在俗心中，证明与自我鉴定从来不会结束，如果你在世俗生命的范围内的任何一点确信你的鉴定，这种全能的骄傲会否认你所有的鉴定。然而鉴定在世俗中实际被执行着，最后的判断与鉴定成功的证据被保留在超越有限生命实践层面的结构感觉中的另外俗心中。所以鉴定问题，是每个生命实践构成性地面对的，在定义上是不能解决的，但仍然是本质问题。被宗教信条阐释得越

① 这个讨论由奥费尔曼(1995,27－102;2003,339－387)提出。

多(例如基督教原罪说教,或通过获得伦理的还俗),渴望解决的压力越大。人们一直寻找这种东西,我称之为“鉴定的迷思”。但是这些鉴定的深化,它们本身说明鉴定问题,只能减轻鉴定的负担,但是从来不能承诺一个最彻底的、最终的解决问题的办法。这种办法必然存在于个体生命死亡之后,无论他或她是否相信宗教世界。鉴定的迷思,无论是宗教的还是非宗教的,只能承诺解决的可能性,并说明对它的公正希望,但是自身不能提供最终的解决途径。

因而鉴定问题带着矛盾面对着生命实践,这个矛盾必定要导致相信鉴定的理想,同时被迫认识到答案永远不能给出。只有面对这个生命实践的结构问题,我们才能获得对矛盾的洞察,它构成着乌托邦思想。

同时,处理鉴定问题使解决其他系统问题变得可能:个人利益与公众福利的调解,乌托邦努力获得幸福与公正的调解。它表明为了支持公共福利而谴责自我利益的乌托邦概念本身是个假设,因为他们把个人利益掩盖在从事利他与公众福利的过高的道德说教中。努力获得个人利益是依赖于自我责任的必要基础。因此,合理地追求个人利益与合理地承担从事公共利益的责任,是现实合理性的两个方面,它们从来不能通过理想的方式调和。生活实践的这两个构成方面的调和的理想,将导致一个恐怖主义的乌托邦目标。

那么,这两极的紧张关系如何与乌托邦思想连接呢?一方面,两极之间的一种调停形式通过面对鉴定问题来获得解决。另一方面,鉴定的努力一定追求利己,我们看到鉴定的最后判断不可能指望在生命期间解决,因此必须屈从于超越世俗的普遍真实性标准。换句话说,如果不包括自我否定,与屈从于自我牺牲的普遍伦理原则,鉴定不能起作用,因为鉴定必然在为公共利益的服务与承诺中终结。

乌托邦思想的世俗化

我试图在日常生活实践中描述对于乌托邦思想的争论。不仅乌托邦思想扎根于这种实践,而且它本身是日常生活实践的必要基础。没有它,我们的生活将失去结构性的乐观,这种乐观使我们与开放未来的危机进行斗争。

我们必须区分日常生活实践的自然乌托邦思想和在公共领域主要由像主要演员一样的知识分子或职业的哲学家与神学家执行的官方的或制度化的关于乌

托邦内容的公共讨论。从这种主要处理生命的尊严与价值的普遍与抽象问题的讨论中，我们能进一步区分具体与整体的乌托邦和未来人类生命组织的计划。他们主要被工程师、建筑师与科学小说的作者所设想。如果现在对我们来说，一种公共乌托邦的这些形式消失了，或变得非常弱，这绝不意味着乌托邦思想的消失。它简单地说明今天乌托邦思想不再是专家的专有，像文艺复兴到20世纪80年代那样。在良好教育、全球信息令人吃惊地集中到民主制度与价值的基础上，日常生活中的普通人现在变成这种乌托邦思想的交流认识的场所，并且因此不再依赖官方的讨论。如果这是对的，政治的、管理的与职业的程序和计划将会衡量与判断，关于它们整体的价值和它们的解决问题的具体质量比较会较少。另一方面，在我们前面有被媒体引导的整体的主宰与讨论的出现。但与此同时，一个不同的解决问题的智力话语遍及以成人为主体的无名大众的日常生活实践，很容易被忽视。

当知识分子哀叹失去乌托邦的话语、生活总的来说在恶化时，他们可能更多的是埋怨失去了话语的主导地位，以及与此相连的知识不足，而不是知识力量的真正恶化。这种恶化的假定指示器——电子媒介、计算机、互联网等——可以很容易被看作是标记，与大众知识生活的文化质量总体增强的前提。批评话语文化权力的增长（古尔登）[①]，必须被看作是乌托邦思考中自由与闲暇的先决条件。

参考文献

Gouldner, A. W. 1979. *The Future of Intellectuals and Rise of the New Class*. New York: The Seabury Press.

Hegel, G. W. 1970. *Grundlinien der Philosophie des Recht*. vil. 7, Werke in 20 Bandem. Frankfurt-on-main: Suhrkamp.

Oevermann, Ulrich. 1995. 'Ein Modell der Struktur von Religiositat. Zugleich ein Strukturmodell von Lebenspraxis und von sozialer Zeit'. In *Biographie und Religion*. Wohlrab-sahr, M., ed. Frankfurt-on-Main: Campus.

—. 2003. 'Strukturelle Religiositat und ihre Auspragungen'. In *Atheis-*

① 参见Gouldner，1979。

mus und religiose Indifferenz. Gartner, Christel, Detlef Pollack and Monika Wohlrab-Sahr, eds. Opladen: Leske&Budrich, 339—387.

Peirce, Charles Sanders. 1982—1999. *A Chronological Edition*, eds. by Edward C. Moore et al. Bloomington: Indiana University Press.

第三部分

作为乌托邦实验室的博物馆

第十章
事物的纠缠:乌托邦及其意义

唐纳德·普雷齐奥西

我想给你们展示两幅有名的图景,它们都是全球化时代博物馆乌托邦的象征:在塔特现代博物馆(Tate Modern Museum)的公开展览中,路易·布尔茹瓦(Louise Bourgeois)的巨大艺术作品《蜘蛛》,饥饿地迫近来访的微小人类崇拜者,可能自身就很说明问题。但是另一个就需要一点解释。

它是洛杉矶史格博博物馆(Skirball Museum)的展览场景。它是一个为儿童设计的互动展览,试图提高孩子们对犹太文物的认识。它的理想目标群是来自地方宗教学校的孩子,尽管实践证明展览受到了不同背景的孩子们的欢迎。正如你们所见,这个展览被设计为一种缩微的考古挖掘,用铁铲、桶与泥铲,重新在沙中找到(模仿的)犹太文物,它们被放在外框整齐的便于隐藏的盒子中。

它是一个设计得很好的教育展览,深受孩子的欢迎。他们愉快地享受着"挖掘"隐藏物品的过程。如果把这种天真的发现乐趣放在一边,事实上又会呈现出什么呢?一旦所有隐藏的宝物被挖出并收集起来,除表明宗教与伦理认同的重要特点外,还留下什么呢?

事实上,除了沙子,什么也没留下。它引导孩子们去理解这些文物存在于一个单调的历史环境中:这段历史只包含着所埋着的单一宗派主义身份的痕迹——实际上身份是从没有伦理的沙盒中重建的;就像早期锡安主义殖民者过去常常宣称的那样,将一块"没有人"的土地给予没有土地的人。孩子们被引导着去想象一种独特的道德身份,等同于那些被挖出的两千多年前人造品所联系的与象征的身份,而且认为这种身份经历时间之后依然完整,没有冲淡与改变。总之,这里没有历史,只有倒空了的、抽象的时间,其使得古代与现在被天衣无缝地缝在了一起。

它的简单性与力量是令人吃惊的:过去与现在并列在扭曲的空间里,共同存在,共同终结。文物获得了再生,绝对复活了,不仅在物质效果上,而且,当然首先是，在制造沙中文物的那些人心中复活了，暗示非常明显。

尽管有许多层面的深刻批评，但它绝不是独一无二的，事实上我们在这里看到的东西，象征着各处博物馆学的、艺术史的、考古学与人类学实践的某些关键特点。我这样说是根据我多年前当学生时的直接经验，我从事过希腊、雅典的考古挖掘。在那儿，重建现在与遥远过去联系的潜在乌托邦议程，真确地去除并毁掉了数个世纪的奥斯曼伊斯兰历史，结果现代希腊与古希腊文似乎变得很接近，因而似乎是连续的。

我的这篇文章，结尾处将思考约翰·索恩(John Soane)在19世纪头十年的尝试，他当初设计博物馆，用意在于将来能用遗迹说明发生过什么。文章的开头就是我刚刚提出的东西:另一个乌托邦博物馆的另一种考古幻想。不过与索恩相反，我的用意不在于启蒙，只在于说明种族灭绝的宗派主义。为了开始理解什么有助于我们对自己巨大的乌托邦实践的机械装置产生免疫力，或者什么可能使这些装置很大程度上不为所见，我的文章认为，我们需要仔细考察这些取得巨大成功的机构埋葬了什么，如1851年伦敦的水晶宫——我认为它是19世纪最重要、最有力的人造乌托邦，并且需要思考乌托邦的幻想如何被水晶宫的后代终结，它的后代包括大多数后来的博物馆组织。我们同样需要仔细考察19世纪的历史主义、博物馆主义与艺术历史主义，我们现在依然被它们催眠着。

我们将现代博物馆自身称为艺术，称它的科学为艺术史或博物馆学，称它的理论为美学。在两个世纪的实践深处，存在着一系列的节点与难题。我将在开篇解开这个节点。但实际上解开这个节点——我希望文章能一瞥这项任务的极端困难与实际的不可能性——同时也拆散了维系我们时代世界狂想的叙述。

狂想是他们通过案例研究探索艺术史和博物馆学历史过程中对关键对立物和难题的回应，狂想的目的是服务于艺术的现代发明，正如其“历史”或“理论”一样，所有方式我的很多文章已经讨论过。我一直所做的就是有效地设置一个展览会，以便展示或说明，在博物馆学与艺术历史(或者用我讨论过的短语艺术历史主义)的起源、成长、进化与现代性决定中，它过去很有危险，现在依然如此。

我所需要做的是打开一种变形的视角，我们在这儿观察时一直如此，留给你一系列建议。这些建议涉及现代博物馆的孪生学科、不得要领的实践的历史构成。

就像我在开始时暗示的，如果“我们看似从我们卷入的人工世界里分开，就像我们从长入的身体里分离”，换句话说，如果“在我们追寻物体时，物体追寻我们，以维持或集中追寻我们自身”，这是因为我们不能与幻想之外的世界分离，它维系着我们的特点与共性。

作为个体而生活意味着处于一种被基本特性的冲突限制的状态，尤其是在一种紧张的状态中。在这种状态中，各种变量统一的、连贯的、绑定的、坚固的、持续同一的、不变的自我，和支离破碎的、不连贯的、分散的、冲突的、流动的、迁移的与异质的自我，这二者间存在着紧张关系。本文的中心论题是，艺术史与博物馆学是不能想象的与不宜动手术的，的确，基本上不可理解，除了信念系统之外——这是一个乌托邦的契约——它坚持认为，作为同一的自我狂想不是狂想。

关于时间、历史、记忆与个性本质的基本信念，它们是潜在的，并且使艺术史的与博物馆学的实践成为可能，我们知道它们自身依赖于特殊的对话或辩证关系，这种关系是想象中存在于作为社会主体的我们与我们自己建成的客观世界之间的。这些假定包含有艺术的或人造的世界，不仅回应我们的个体或集体身份（即主体地位），而且维系、体现并合法化我们的个体或集体身份。我们的主体地位无论如何固定、流动、多样与矛盾，都是想象出来的。这些假设反过来建立在世俗的神学之上，是神学完美主义的正面，认为世界只有作为神圣技师的人工作品才有意义。

1812 年，伦敦的建筑师约翰·索恩写了一份 64 页的手稿，题为《通向我在林肯酒店住房历史的天然暗示》。索恩假设了想象中的未来文物收藏者的角色，并发现他的伦敦住所博物馆毁坏了，收藏者提出了关于结构最初功能的各种假设，因为已经没有艺术家住在这里的痕迹。直到 1837 年去世，索恩继续重建并重新塑造他的房子，用他想象的文物收藏者的话来说，房子是古代碎片的一个大集合，必须把它们当作古代艺术的知识与进步放在那里。索恩不同凡响的文章从未来毁灭的有利角度编造了其博物馆的一段“历史”。接下来的 25 年中，索恩重建了这栋建筑，按照它未来被毁灭后暗示的过去形象来建设。

他如何做这项工作呢？建筑被毁灭的状态很难预测：那是一个纯属偶然的结果。毁灭的方式既不能估计，也不能控制，更不易于描述。索恩将不得不以一种未来能通过阅读进行重建的方式来“设计”碎片。作为它的设计者，他必须把博物馆限定在另一种欲望与设计中——在这个事例中，是自然的幻想。这可能是个什么样的设计问题？一个设计者或建筑者如何估计一种毁坏的形态学？在这样的计划中，能根据艺术家的意图做什么？在何种意义上我们能说它们先于想象的物质结果？所有这些非同一般的设想假定了一种什么样的历史？

如果他的博物馆本身是一个美术作品，那么作为一件作品，用德里达(Derrida)的话来说，“当它们是艺术家的精美作品时，必须像自然行为的结果”。这个建筑应该显得自成一体。但是，索恩的计划甚至走得更远，因为未来状况下毁灭的碎片必须清晰，以至于能让任何未来的文物收藏家正确地重建建筑的原始功能与艺术家的原始意图。总之，这个建筑不仅应以一些预见得到的方式“腐朽”，而且必须把线索或指示编码，以便在将来毁灭后重建，未来的碎片将含有原创艺术家的意图与愿望。为使线索安全，必须在每个想象的碎片中编码，只有这样才能在博物馆毁灭后保留下来。所有这些，听起来像人类基因计划的一个新浪漫主义的版本。

索恩说出他的计划时，职业化的现代学科考古学与艺术史刚刚建立，他的计划有趣地唤起那时照相领域的一些最初尝试，使用新媒介的艺术家们制造了一个难题，相片把照相者自身描绘成一具尸体。要使整个事业既能面对现在的博物馆观众时获得成功，又能在面对未来的文物收藏者时获得成功，索恩的艺术家必须在想象上接近神的情况。在这个含蓄地坚持艺术家的创造性与神的创造性类似的隐喻中，艺术家不是简单地模仿神的创造结果——自然，他是模仿自然的做法——她如何工作。索恩的模仿劳动必须模仿限定的时间本身的活动——它既超越了时间，同时也不可逃逸地成为时间的产品。

就像上帝的存在、本质与旨意被认为在或通过上帝假定的结果中是清晰的——神圣的技师的作品，它实际上是自然之书——所以艺术家索恩的意图与存在也必须是清晰的，在重建阅读的两步过程中，它本身可能类似于收集碎片本身的重建阅读：它们的重新收集。索恩给他未来的观众留下可接触到的有关他创造性行为的征兆——痕迹与遗迹，他的意图能由此得到清晰的、无可争议的重建。通过这种方式，他引起了人们注意。

现在这种艺术家的许多惊人方式表明，他们有非常复杂的而且难以捉摸的个性。首先，与所有向公众开放的博物馆的实际建立者相反，他们的半身像、塑像与捐赠的铭文常立在门口或入口处，约翰·索恩在其博物馆中的形象是含糊不清的、支离破碎的、默默无闻的，像是博物馆其他藏品中一个没有贴标签的半身像。他还在他的伦敦博物馆与他在伊令(Ealing)的早期住所中设立了修道室。在约翰·索恩的著作中，他经常间接提到虚构的僧侣(“教士乔万尼”、教父约翰)，经常像一个幽灵游荡在建筑废墟上。在一系列书信与笔记中，他提到了1815～1816年伦敦房子里修道室的设立，他总是不断出没、重新装饰与重建这部分建筑，对庙宇的鬼灵表现出强烈的认同感。在1835出版的《建筑师约翰·索恩的住所描述》中，他描写了虚构的乔万尼在中世纪的坟墓与典型碎片，靠近他设计与建造的中央供热系统机器，坟墓本身部分地是他妻子宠物狗的假墓。

整个博物馆环绕成一圈，中间是巨大的、三层高的、顶部明亮的穹顶，穹顶东面胸墙上有一个索恩自己的半身像，1829年建成并放在这里。尽管弗朗西斯·钱特里爵士(Francis Chantrey)说这个半身像为“皇家艺术学院约翰·索恩先生”，实际上这个半身像从来没有这类标签。在他的书中，索恩记录了钱特里的评论：钱特里说他自己不再能说出他是否制造了约翰·索恩或恺撒的半身像。头发与衣服像古罗马肖像画法的普通原型，因而在风格上与穹顶区的其他半身雕像以及浮雕(不论是真实的、虚假的或模仿的)是兼容的。所有这些半身像的风头被梵蒂冈克莱门蒂诺博物馆(Clementino)中阿波罗绘画馆(Apollo Belvedere)的人体大小的雕像所遮盖，这些雕像是1811年给索恩的。索恩匿名的古典式自我雕像正对着阿波罗，在一个他自己设计的底座上，与其背后古代战车上镶嵌的神灵形象的18世纪仿品融为一体。

因而索恩在其博物馆里的形象是模糊的。他处身于关于建筑的著作中，既先于现在的状态(假借中世纪神父约翰，经常出没于修道室)，又后于建筑的衰败——这里的主角是想象中的未来文物收藏者。这种艺术家式的上帝只存在于缺席或闭塞当中，对于现在的参观者而言，只是一个雕刻的物体，在古代僧侣与尚未出生的文物收藏家的假面戏中迁移。另一种迁移是一种元评论，他自己的形象没有立在门口以直面参观者，而是相对无名地成为作为穹顶的一个部分，戏剧性地被绘画馆的艺术形象所遮挡，现在被广泛认为是古代美男的典型，而且是一个教自己如何在部分与整体的理想比例中认识美丽的典范。

中心是，在索恩死去不久之后，阿波罗的一部分被无花果叶子遮盖。在阿波罗部分与索恩的头部之间，存在着一个非同一般的关系，这是教规的实体。因为阿波罗部分是其躯干的关键，所以索恩的头部表现了来自望景楼的地点，从这个地点能够看到表面上随意摆放的整个博物馆的结构系统：这是索恩最为天才的地方。胜于他站在博物馆的门口，像一个保卫财产的人。他选择了一个使所有的事物都清晰可见的地点。

索恩的塑像在时间上也是重要的。雅克·拉康(Jacque Lacan)的解释可能是最好的描述:他不是简单地"明确过去他是什么"(建筑师约翰·索恩,1837年1月20日去世),或只是"说明现在的完美"(教士乔万尼、约翰神父,他的中世纪的自我变型,在修道室中沉思废墟与死亡,在修道室桌上顺便摆一个阿波罗望景楼的缩图),也说明了"未来以前的他将是什么,变化过程中的他是什么"——博物馆自身废墟与碎片的未来收藏家。同时,约翰·索恩不仅是面对穹顶中阿波罗望景楼中变形的自我,而且是博物馆参观者的变形的自我——我们每个人——他把我们放在他的位置,我们从这儿可以学着观察:这是现代市民主体的天才地点。

索恩因此穿越了时空,成为博物馆的框架,同时也是这种框架的产品。他既是制作者,也是博物馆的构成物;既是故事的叙述者,也是主角;既在故事的内部,也在故事的外部;既是舞台景观,也是演员。作为主角,他是一个轮廓清晰的想象,一个天才地点的精神描述,这是我们这些未来的参观者将处身的地方。他一生被构建成一个博物馆藏品设计与构建的原则幻影。在另一种层面上,索恩把自己设计为理想的市民主体,设计为职业艺术史家的原型,从生命的明显杂乱无章中谱写出乐曲(应当说明,这里暗示了艺术历史学家一直是现代民族国家好公民的模范,本文中除了提及外,无法用更多篇幅来阐述)。

或许人们会被诱惑说,索恩在他的博物馆里既是一个主体又是一个客体。倘若不是这样,正是由于问题的二元性。博物馆由许多物品组成,它们以清晰的方式陈列,在于创造一个人文的现代环境,以便充作艺术家的榜样,设计原则能被现在的参观者理解与欣赏,能被学习艺术、设计、建筑的学生模仿。索恩一生的作品,明显致力于从早期工业革命所引起的大规模破坏中挽救现代人文环境,工业革命彻底打乱了欧洲与美洲传统时空的每一个方面。博物馆陈列细目的典型性质与索恩展示的典型、清晰的性质发生了共鸣。

他把这些并列摆放的碎片界定为他的"研究",用以当作思想的碎片或难题,不仅激起参观者或学生的兴趣,而且唤起了、挑战了或引发了一种理解:在术语的两种意义上判断事物。索恩的博物馆像一个记忆的机器或现代选集——是格言、智慧碎片的荟萃,通过美学示例生产了道德知识(使用两个术语,对索恩来说实际上是彼此的一个镜像)。目的在于通过展示碎片为建筑、绘画和雕塑提供古代的先例，在此基础上促进人文环境的发展；换句话说，记住丢失的东西或不在意统一性。为使得整个大厦能折射出大量的未来碎片，他把目标瞄准在使未来建筑碎片的功能与现在服务于内藏物品的那些建筑功能等同起来。

当然，具有讽刺意味的是，尽管这是清晰的，却不能允许博物馆损坏——事实上，它被有条件地捐给国家，并在 1833 年得到议会的立法确认，条件是一直保持着当时的状况。博物馆现在依旧如那时的情况，尽管有诸如战争（自从修补以来，在第二次世界大战的伦敦空袭中有一些小的损伤）、电气化、为研究这时期建筑史档案资料配备了一些设施等变迁，这些也成为索恩的书、绘画与印刷品图书馆的一部分。

看了索恩的博物馆，我们将明确知道，我们今天认识的博物馆不同于索恩创造的博物馆，而且知道它们在舞台技巧与演出方法方面非常不同。

专业哲学家、纽约的艺术作家阿瑟·丹托（Arthur Danto）曾经在《国家》杂志上一篇评论 1997 年惠特尼·比恩内尔（Whitney Biennale）的文章结论中写道："你或许不喜欢这种艺术，但是它可能比我们喜欢的其他艺术更接近我们时代的内心。"他然后补充道："不知道我们正在看什么，正如不知道我们是谁的艺术对应。"

人能够通过说不知道我们正在看什么，不知道我们处于何时，来调整我们对风格与价值、道德与美学之间同构物的渴望。我们生活于一个被共同的民族国家所限定的世界中，其首要任务是规定个人与他们的目标世界之间有约定的、可预见的联系。在我们的世界，你将变得渴望相信你是你的材料，以至于你将变得更加渴望，变成无论是对他人还是对自己而言都是更好的材料，你的持续进化真理就是这样——你将变成的样子正是这个变化过程的样子。在现代性中的罪过是不忠实于"你自己的风格"，或"与周围的嗡嗡声不同步"，我们星球上的每一个孩童不用去读普鲁斯特都能知道得很清楚。

1993 年《纽约时报》上有一篇名为《在法兰西，问题是你如何穿越 T"s"》的文章。它关注的是一个前巴黎家具公司销售经理的事例，他失业 6 个月后，决定让"专家"分析他的笔迹。在尝试过几次找工作后，他开始担心他的笔迹有点"令人怀疑"。这篇文章接着谈论法国公司在有限的职位领域、特别是管理职位招聘时，越来越多地使用笔迹测试。正如一个公司的代表所说："你可能突然发现一个你将要雇用为会计的人有不正直的倾向。"这篇文章继续说，一个人的个性特点，可能在笔迹中的圈、斜线、页边的空白与花饰中得到体现。这篇文章还说，法国几乎所有的招聘广告都要求手写的笔迹。就像一位雇主所说，如果一个申请工作的人交了一份机打的申请书，会造成极坏的印象。对于这种整体现象的评论，一份巴黎报纸(*Le Nouvel Observateur*)的结论是：“美国人使用数字……我们喜欢印象。我们喜欢优雅、情绪、近似值、本能。我们可能不适应这个现代世界。”

但事实上，这种信念认为，个人与他的产品之间的联系既接近又有区别，构成你工作的想法是你真实、简洁与诚实的形象，这正是两个世纪来，我们把自己铸入其中的现代性的核心。就像福柯著名的提示所说，这些联系可能超出了制作人的意识，是他人所为，他们甚至不能说清楚这些联系。现代性中的身份与个性，与外部弥补的制约秩序紧密联系在一起。这些弥补中，中心与关键技术是欧洲启蒙运动中令人震惊的发明，即心理符号的与唯名论的构想，艺术史家称它为“艺术”。

这种弥补的信念——我们不需要在这里过多地详述有关它们的喧闹的变体特点——是博物馆学、艺术史、艺术批评与鉴赏等现代职业的根本，更不用说在19世纪法国教士让—希波吕忒·米琼(Jean-Hippolyte Michon)的工作中获得身份的笔迹学，米琼实际上创造了笔迹学的术语，它是指一种通过笔迹研究确定个人特性的系统方法。这种现代“科学”更早的先例出现在17世纪意大利学者巴尔迪(Camillo Baldi)的论文中，他可能是最早清楚地说出不仅一个作家的身份与他的写作风格之间有对应关系，而且更重要是一个人的笔迹与他的道德特点有联系的人。笔迹科学在18世纪得到进一步发展，特别是在瑞士人相学者卡斯帕·拉瓦特(Caspar Lavater)的工作中，他在那个世纪末进一步得出结论：笔迹、语言与姿势之间的确有着密切的能展示出来的相同关系。总之，用我们今天更普通的话来说，每一个人或民族、每一个国家或种族、每一个阶级或性别，可以被视为揭示了不同的风格：这个性质渗透到一个人或民族中的每个方面。

拉瓦特被认为是启蒙哲学家、历史学家、语言学者、收藏家与鉴赏家的同行，他们一道塑造了艺术历史、考古学与博物馆学的系统基础，就像今天看到的那样。维克曼(Winckelman)是18世纪最有影响的艺术史与考古学的鼻祖，他认为，古典希腊艺术的辉煌是古希腊饮食、气候、道德特性、人类社会文化与人体美的一个直接结果，他的观点在所有那些人的杰作中都可以清晰地读到。在维克曼看来，一个塑像的美是古希腊人自身形体魅力的形位变体。

对于后来的艺术史家与批评者而言，科学的任务是使可见物品可读——具有赤裸的与充分的可读性，仿佛在散漫的光线下，仍能看出物体与制造者、与生产和接受它们的时间地点有着人相的甚至笔迹相的关系。过去二百年中，不少艺术史与批评遵循着这种基本假设。在想象单个主体的独特性与私人内部真理时，现代学科机构认为通过公开化的入侵，可以最真实地知晓独特性，因而独特性是可以分类、对比和控制的。

西方基督教的某些教派中，忏悔的世俗形位变体在现代可以通过创造新的光学技术和透视技术，通过在个人、环境与社区中创造拓扑关系与年代顺序关系的新形态来加以实现，目的在于回应并激活个体内部真理的性能，用以表达与体现个性。博物馆就是这样一种技术，在某些方面是知识生产的最典型手段。

今天的博物馆是现代电子机构网络的一部分，目的明显为了阐明或解释关于个人、民族、国家、性别、阶级、种族、物种、时间与空间的重要真理——总之，是关于那些在制作或事实化过程很明显的事情——种族的、性别的、民族的、道德的、周期的人工制品，它们是现代主义的想象。两个世纪来，在大规模的民族主义、帝国主义与全球资本主义化的事业中，这些幻觉一直是权力与控制的主要工具。

就事实而言，制度的历史有效地结束了，并且博物馆本身最终也被冻结，于1851 年 10 月 15 日下午 4 点 30 分，无法超越地进化为现代状态。一个半世纪以来，博物馆中与展览实践中没有出现任何实质性的新东西：除了最近承认博物馆学的发展可能是循环的或摆动的而不是单线的外，认识到自我描述的后现代主义不过是现代性自身的骗局（20 年前我们热情地渴望变成那样。后现代主义现在仍然死气沉沉地活着，虚张声势地半衰于大多垂死的艺术杂志里，例如《十月》、《艺术论坛》、《艺术问题》）。

博物馆学、艺术史、艺术批评、审美哲学、艺术鉴赏、艺术评论与艺术创作是民族主义与全球化剧场中的表演派别。帮助现代国家共同体界定与规定市民主体与客观世界之间的受约束的和可预见的联系，这是它们的共同项目。这种心理学与相面术之间的偶然联系，本质上连接着一种必要，即把单个的市民消费者描绘和表达为一个标志性地点，意义与目的便立足其上。市民消费者因此是这个经验世界的产品与可能性生产：每个人都是一个地方的守护神，这实际是现代性要旨的幻想,就像约翰·索恩认识的。

一些人认为,社会条件的变化要求博物馆的性质必须发生变化。而另一些人同样有说服力地认为,博物馆机构不应该立刻或直接联系外部环境,应该在社会中充当一种更保守的或档案般的中性角色。不过这些立场事实上是一个硬币的两面,因为双方都认定博物馆是人工品的代表,应该将之看作特定世界的、历史的或民族的可靠微观世界来加以组织。事实上博物馆的真正价值是任何艺术家的精致作品的价值,如艺术史本身、博物馆学的合作艺术,阿比·华宝(Aby Warburg)试图展示这一点。

博物馆具象特性的潜藏假定,是关于客体本身的更重要的观念,同时也是关于我们作为人类主体与客体世界关系的更重要的观念。整个现代,这些围绕着艺术问题本身具体化了。艺术的艺术—历史概念与难以抑制的欲望相联系,它设想艺术为一个普遍的、泛人类的现象,为人类象征化的重要模式——这个想法(有人可能说,纯笔迹学的),即每一个不同的人有或必须有他的艺术,这个想法实际上指艺术是一种普遍的语言,在每个人的作品中证实(并易懂),并且这里应该有这种语言的理论(美学)和使可见者变得可读解的科学——博物馆学、艺术史与批评。

让我们如此简单、极度虔诚的信念感到为难的是,有时我们生活在这样一个时代,那时的任何东西都可以被列为博物馆的内容,那时的任何东西都可以被当作博物馆。试图理解它是什么样的世界,可能有助于我们理解为什么"学科的危机"从来没有获得解决,而是相反,只能继续引发更多的问题,例如多重文化主义或视觉文化研究。

如果事实上任何事情在意图与功能上是博物馆学的,那么我们当然需要找到处理与讨论习俗的方式——并且同样是关于视觉文化的历史——方式与大多数我们已接受的观念不同。对历史写作与心理分析之间相互矛盾的补充进行调查,可能是一个开始,结构化记忆的那两种典型的现代性模式,在一段时间之前被已故的塞图(Michel de Certeau)辛辣地说为彼此之间无法摆脱的补充。但还有其他富于结果的方式。

当我说现代博物馆的历史进化事实上在1851年10月15日终结了时,我的意思是,从那时起我们所看到的是一个没有结尾的摆动——但另一个是无限循环——我现在称之为博物馆实践的两个变形状态或层面。一个是艺术的殿堂，它是自身的神殿，目的在于“医治”（规范）个人，并通过学习与思考把他们变成新的民族国家的市民主体。另一个是展览会或博览会，物体的神殿，神圣的物神，目的是把市民主体转化为渴望的消费者，引导个人用资本主义奇特的幻想语言想象他们的生活，设想自身或其他人在术语的每一种可能意义上都是商品。这些并不对立，而是彼此的图像变形。我的意思是，从一个位置或角度看，这二者之间的关系是，与共生的其他物的联系通常是隐藏的或看不见的，每一个超越了其他的外围视角，每一个被压制的灵魂存在其他的机械中。为了使通常被隐蔽的东西变得可见，人们就必须站在不同的位置或立场上，“格格不入”地看待事物，也就是说，采取与习惯做法相反的方法。我把这个图像变形概念看作一个理解基本现代关系拓扑学的比喻，这种关系将一些看似各不相干的现象连接或协同起来，如博物馆、画廊、银行、百货商店、妓院、家庭、旅游、档案、继承的工业、艺术创作、殖民主义……

水晶宫是否为19世纪最重要的建筑，这一点存有争议。这个“所有国家的产品与艺术品的世界性展览会”于1851年5月1日开馆，同年10月15号下午4点半由维多利亚女王宣布闭馆。资本主义的、东方主义的、唯美主义的、拜物主义的与男权中心主义的企业令人吃惊地并有力地聚集在这里。对于所有参观者而言，这是第一次在同一个框架下、同一地点，看到它们被以适当的方式安置在一个天衣无缝的矩阵中。这一历史性的六个月展览，是这个世纪中期短暂而炫目的闪光，它揭示了一个无法预料、离奇的景观，像黑夜中火炬的快速闪耀或从望景楼上的一瞥。像王尔德·本杰明（Walter Benjamin）1937年评论那年的巴黎博览会一样，它是真正的风景，资本主义的拓扑，“是毁灭性的睡梦，是落在19世纪欧洲的梦魇”。水晶宫同样无比清晰地揭示了大欧洲帝国的唯美主义与东方主义的合建，教化了他人，同时也包括欧洲自己的过去。

在这个可以无限扩大的非凡建筑中，地球上所有国家产品实际上在有临时屏幕的大帐篷里陈列，帐篷固定在支柱上，这些柱子的直径不超20厘米。这个建筑事实上是约瑟夫·帕克斯顿（Joseph Paxton）想象、设计与建造的大温室，是一个空的、没有风格的格子或矩阵，一个抽象分类系统的三维模型，能吸纳、展览、并列与比较任何事物。实际上，这个建筑是一个令人吃惊的耀眼的难题，其中之一我在本章开始就间接提到,是艺术这种自我实践的核心。它分担了我那儿提到的否定,是主客体之间关系的幻想。关于这个我想再多说几句。

我们实际上从来没有离开这个建筑。我们已经从这个超群的耀眼之梦中醒来。我们心中继续萦绕着它。我们徘徊于梦想工作的拓扑学的与修辞色彩的展览会系统中——从那时起,在无数的制度化的与散漫的幻影中,我们建造着自己,并改造着我们的星球。水晶宫给我们提供了非常清晰的与全面的现代性无意识的表达,勾勒出玻璃、铁、人与产品的画谜,一个"劳动的幻想世界",就像那时一首关于它的150页的杰出长诗所说的那样。只有互联网给我们提供了一个更广泛的迷宫似的有效的集中营概念。我们称为互联网的超现代集中营(我们自己的现代炼狱)的调查是另一个现象,等着它自己的但丁。

水晶宫的巨大成功和其持续性抹去了什么?肢解了什么?让我们忘记了什么?通过思考这些,我们可以开始得出结论。我们忘记的第一件事是,作为个人或社会转型工具的现代博物馆的发明,是一个特别的共济会的思想,我们现在能表达得更清楚。实际上18世纪晚期与19世纪初期,美国与欧洲新博物馆的每个单独的建立者与指导者都是共济会会员,并且塑造空间的经验是性格形成的关键手段,这个观念从开始就是共济会博物馆学的中心任务。博物馆是新式友爱的共济会式的实现,友爱不依赖于政治、宗教或亲属联盟而存在:它是市民身份。他们为人们认识与实现作为国家与社区公民的自身提供了途径。

索恩的博物馆在今天是独一无二的,因为它真实存在,保存了共济会项目的一些特点,这是索恩与建立了卢浮宫、阿什摩林(Ashmolean)、蒙塔古宅邸(Montague House)时期英国博物馆的共济会成员所共有的(卢浮宫显示了很强的政治色彩,目的在于将君主制的臣民转化为共和国的公民)。阿什摩林是欧洲第一个公共博物馆,它是英国第一批出名的共济会成员伯纳德·阿什摩尔(Bernard Ashmole)所建。蒙塔古宅邸是1847～1951年古典主义者精巧制品的先驱。在德国,柏林的申克尔老博物馆的设计与组织,依照了相同的原则。

所有这些共济会的建筑中,只有索恩的博物馆保留了其他博物馆已经失掉的特点(虽然它们还存在)。美国最早的博物馆——费城的皮勒(Peale)博物馆,当时设在新政府的楼上,现在已经不存在了。"自由的"或"投机的"共济会,与作为理论实践的实用石匠技术相反——共济会实际上是实践的理论,其基础是希望重建古代所罗门神庙的现代性幻影，据说该庙是腓力斯人（例如巴勒斯坦人）、滨海城市蒂尔（Tyre）的建筑师海勒姆（Hiram）为内陆的以色列王国设计的，据说神庙的每一个微小细节上都囊括了所有的知识。我不想讽刺，耶路撒冷的神庙最初是巴勒斯坦人所建。

在 1851 年夏天的伦敦，你可以看到博物馆的两种最纯的形式。索恩博物馆自 1837 年索恩去世一直保持着它的最后形式，而水晶宫（14 年后，博物馆学的真实历史实际上很短）是最后的发展状态、最后的综合性论文或者展览实践的总结，这些实践开始于这个世纪的早些时候，小规模地或零碎地存在于伦敦或巴黎的拱廊中，这儿聚集着来自世界各地的人与他们的产品，客观的或主观的。代替拱廊附近随处可见的娼妓是随处可见的维多利亚女王的形象，她每隔一天到水晶宫（阿尔伯特王子的计划）一次，刺激着成千的人，她的目光催化了他们群体的欲望（5 个月中有 600 万参观者）。参观维多利亚的观注物，整个世界学会了如何渴望与渴望什么。今天我们仍然被维多利亚的专注所吸引。

在各自的习俗中比较维多利亚的注视与索恩的灵魂，就开始理解了博物馆历史的变形本质，也理解了艺术史理论、方法与实践发展史的变形本质。如果说今天艺术史有时似乎是黑格尔与水晶宫结合的偶然后代，那么它的助产婆是维多利亚女王，她实际上就是。

水晶宫的炫目效果将索恩的项目历史性地抛到了阴影中，因为参观者已习惯将他的博物馆看作奇怪的、杂乱的、特殊的私人博物馆。但这不是充满好奇心的小屋，而是一个现代的批判工具，它自身的技巧是它的主观事物。索恩是共济会主要会员，因而有义务为社区或公共服务献身。他把博物馆当作一种世俗的共济会组织，为他的参观者提供了一套来自于共济会实践的技术，目的是为了创造性地与实质性地想象出一个人性的现代世界——这个世界将复兴失去的社会与艺术思想，其已被早期的工业革命，即资本主义撕碎了。它不是描绘或阐述艺术或建筑的历史，在这个方面，索恩的建筑是一个批判，而不是一个代表性的人工作品。

有一种感觉，约翰·索恩的计划与七十多年后爱因斯坦的计划能够相互阐释。和爱因斯坦所做的一样，索恩使构建理解他作品中心的框架活动变得明显。在博物馆，他使艺术家与建筑师整体如何设想的实际劳动变得显而易见，他使框架是如何建立的以及它们如何随观察者观察角度的不断变化而变化变得更好理解。就像后来爱因斯坦在物理学所做的那样,索恩使这种认知相对性的观念变得明显了,避免了相对主义和极端个人主义。

从更为熟知的意义上看,索恩的博物馆既不是一个"历史"博物馆,也不是"私人的收藏"。索恩博物馆是社会变化和转型的手段。人们参观这个博物馆,不是进入了一个仓库,而是进入了一个机器。与水晶宫中那些主观或客观的商品不同,也不像源于现代艺术史领域或者博物馆学中的事物,它们是从水晶宫商品那里传下来的(这种意义上产生的机制被很大程度地固定了),索恩博物馆里的事物没有固定的或最后的意义;用语言学或符号学类比,它们更多是音素学的而不是词素学的,更多的是间接的或不同意义的而不是直接意义的。它们的重要性在于,具有使参观者把它们组合成具有直接意义单元的潜在能力,索恩称之为"所有艺术的联盟"。因而它们在普通意义上(现代艺术史的或博物馆学的)不是严格的事物,并且从历史相对主义的角度看,其很少具有"历史的"意义。

作为历史性的人工品,这个博物馆今天确实是一个幻觉秩序的社会奇迹,永远在这个和那个协议之间摇摆,协议联系了看似萦绕着它们的主体和客体,看似代表了它们的主体与客体:是一个双重复合的想象。150年来,人工品或艺术品自身具有一个相似的变形特点,在现代拜物教硬币的两面轮替——审美艺术品或日常用品,这是两个自身的对面幻影。我们关注的事物——艺术品——也在被解读为历史文献和被解读为具有永恒魔力的纯艺术之间摇摆,在作为一类事物的样品(其重要性是位于时空中的功能)与作为独特的、神秘的、不能削减的审美实体之间摇摆。今天的一个挑战的确是,去理解除了日常用品市场或相同的政治角逐场所,什么东西维持着这种变形的体系。但是有效地接受这个挑战,就会引起主观和客观世界的实质性的重新定向,这过去一直是并且现在仍然是超出了艺术史或视觉的、物质的文化研究的范围。这是另一篇论文的内容。

在其社会认识论的使命中理解索恩博物馆,或许说明了博物馆的普通编年史(它宣告了展示形式的进化,即从早期特殊的或不系统的形式到今天更加合理的、系统的并且从历史上讲是准确的或百科全书式的实践)不是简单的还原,而是完全错误的，它本身是某种博物馆主义（并且是艺术历史主义）的一件人工作品，作为民族或帝国政治与资本主义化的不可缺少的工具，它在19世纪后半期获得了成功。把博物馆的发展设想成单线条的、进步的方式，是博物馆学自身的前卫与相对主义的永恒幻想，混淆了艺术现代主义与现代性。

博物馆（与它们辅助性的认识论的技术，如历史或艺术史）继承了古代欧洲用事物去思考、去处理，并用事物去编织与实际化现实的传统，在我们现代性里，它们如此羞怯与令人信服地呈现出来，就像简单的再现。总之，博物馆是现代性的典型技巧，并且是所有我们曾渴望的自身可能形象的积极的、深思的、有力的工具。当我们用博物馆象征我们来欺骗自己时，是开始理解我们看到了什么的时候了。

索恩的博物馆清晰显示了一种理解模式，可被视为积极的与建设性的，而不是被动的与消耗性的，一个世界很快被水晶宫的巨大成功与其多样的后代所淹没。将二者批判性地搁在一起，是把我们从现代历史主义的致命习惯中解救出来、从其目的论的或黑格尔式的幻想中解救出来的第一步。

水晶宫（通过它模式化的与职业的后裔，不断地萦绕着我们）的参观者学会了在每个物体中准确地阅读每一个人、民族、种族、国家、时期或地点的"真正"特点。它把个人适当固定为有特定意义的主体，给他们提供主观性，结果以强力的但闭塞矛盾的权力与关系，将他们置于想象的社会结构中。水晶宫教会这个世界将拜物主义、唯美主义、东方主义、资本主义与父权制天衣无缝地缝合为不可毁灭的织物。一个民族、国家或时期因此令人信服地与它的产品合成到一起，这些产品变成了个人区别与民族区别的象征或幻景。民族与个人之间的区别可以通过风格特点得到令人信服的象征——你是你的原材料，你是你制造的——艺术史（或过一种现代生活），就像照相。

艺术史的艺术在民族国家时代是什么样？水晶宫作出了绝对鲜明的准确阐释。如果我们还能想到任何有效的选择，是因为它们存在于时间之外，当时间不经过的时候，它继续着时间，稍微回想一下本杰明（Benjamin），这就是，存在于一个从我们现代性中心的主客二元论中看不见的一个地方。水晶宫是我们今天所有艺术史与博物馆学的无意识，离开长时间萦绕在我们脑海的水晶宫世界，将使我们在它们的历史与文化可能性中的实践成为必要。它将使最小限度的重建问题成为必要，艺术史与博物馆学是它公认的答案。我已经表明，在水晶宫商品拜物教与它的后代例如学术化的艺术史下面，可以看到一件事，这就是索恩博物馆所代表的更早的、相关的、相互作用的与批评的主客体关系形式。索恩博物馆是近代早期和启蒙前被遗忘的艺术实践的继承人。批判的历史编纂学意味着与历史主义本身的手段相妥协：不仅理解我们如何工作，而且理解我们真正做什么。我们只有处在那个位置上，才能开始理解艺术史与它的意义。

第十一章
艺术、博物馆与乌托邦:关于认识论构建点的五个主题

迈克尔·费尔

事实—真实—想象

如果像激进的构成主义(constructivists)者那样,将事实(actuality)定义为基本脱离我们影响的状况,那么真实(reality)则可被定义为用我们的感觉可以捕捉、大脑可以处理,并形成具有或多或少连续性构建的状况。然而,在这些构建成为我们行动的基础时,他们就似乎变成了事实或者具有第二性,尤其是他们具体化为要素、构成、组织或者理论构建时,更是如此。第二性不同于第一性,不仅因为第二性需要第一性作为它的先决条件,并通过我们形成的,而且因为第二性是相对的:由于我们在实际中有不同的经验,我们的大脑单独处理这些经验,所以我们以不同的方式经历和处理事实,结果我们或多或少地构建了不同的真实。

尽管真实不能存在,但是真实的构建和另一种基于事实和想象的构建形式有明显的不同,因为真实或被剥夺了结果的可能性,或看似如此构建以至于从中得不出有效的行动。可是基于实际、事实和想象的真实与想象的构建并不对立,实际上仅是我们处理经验的碎片特性的方式。真实的构建只能在构想的帮助下完成;基于这些构想,事实的实际经验得到界定,并且成为相应构建的物料。但是另一些经验被看成是对这种构建没有影响,并被排除在外。如果真实的构建因此只是以事实的想象部分为代价,那么想象就代表着一种超越真实的潜能,或成为它的一种选择——这是可能的或也许可能,真实是或不可能是这样。

真实与想象因而不是像一个硬币的两面那样彼此联系,但是互相间确实有辩证关系:通过激发想象(真实的构建正是立足于其中),发展着的想象代表了一种揭示真实构建条件的可能性。

乌托邦的意识与博物馆的意识

作为惯例，博物馆把它们的物体看作是一个真实，不同于物体本身是一个组成部分的那种真实。这个前提被博物馆分享着，与乌托邦一样被理解为一个构建，托马斯·尼佩代(Thomas Nipperdey)把它说成是“可能世界的一种文学理论的设计，它有意超越了争论中的事实的界限与可能性，并且瞄准的是一个根本不同的高度完善的世界”(尼佩代，1962：357－376)。这在历史上一直存在着争论，如果与乌托邦相反，规范的博物馆不能准确地处理阿尔弗雷德·多伦(Alfred Doren)的希望时间或希望空间，而是特定地方特定生活的真实事情，这两者在从事于非当下的真实构建时，仍然是可比的。如果说在乌托邦意识里，理想形象的产生位于一种与现实的辩证关系中，那么规范的博物馆意识以同样的方式生产了过去时代、沉没的文化或遥远世界的映象，它在某种程度上呈现出一种意义，超越了博物馆本身定位出的条件。乌托邦意识与博物馆意识因而是不同形式的想象；它们彼此的不同，不是在结构意义上的不同，而主要在于它们各自与真实相联系的构建中的展望或回顾的特点。

作为第二顺序观察的乌托邦

乌托邦思想过去是、现在也是一种形式和一种想法，这与我们现在称为系统理论的假设相一致。采用系统理论的术语，我喜欢把乌托邦想象看作是一种第二顺序观察的特殊形式：一个现存世界盼望的或推测的第二顺序观察。第二顺序盼望或推测的观察不可能是一个纯学术的观察，但从定义上来看是一种思考媒介的形式：既是被观察物的反映，又是被观察物不符合观察者所渴望的事实的反映。我冒险地使这种动态自己发展，并且给它提供了一个形式与内容；这可能是适时的乌托邦思考的基础。

我们经验的碎片性特征，与我们大脑将这些经验系统化一个某种程度上有意义概念的倾向，这二者之间的辩证关系决定了乌托邦思想。乌托邦概念要求一定程度的不同于现存世界的具体与一致，或者用系统理论的术语，必须建立或描绘一个规则系统，在这个基础上，一个自我复制的系统能被建立与被感觉到。

但这个系统被定义得越具体、越细致，在这些细节上它越容易受到批评，甚至是作为整体遭到拒绝。对于我来说，唯一能够避免这种困境的方法就是，把乌托邦系统不仅定义为一个操作，在其帮助下可以观察存在的真实，同时要把它看作能够思考内部倾向的系统。

艺术与乌托邦

映象与客体的生产是系统理论的一个典型操作，可被理解为关于真实如何从事实中产生的一种过程模式。作为经验的媒介与其客观化的形式，映象总是一个世界的景象：试图从经验流中获得事实映象的具体尝试。摄影术可以被视为这样的例子，在这里操作发展成简单的、易于使用的技术。

但是只有在艺术作品中，这个过程才是自身有意识的体现，换句话说，是一个思考的构建，它允许在世界图景中揭示世界认识的条件。在映象结构与映象本身之间的不同中，在映象（画布、绘画与它的处理）无意义的物质构成与只出现在观测者理解中的有意义的映象之间的不同中，这种特殊的结构是现在的与可得的体验。其理解预先假定观测者有积极的重现能力，只有当这个映象本身为他或她自己的能力提供了一个基础时，再现能力才能是可期待的。但是总体上说，技术映象生产的产品不是这样的，因为不能在观测中被复制，只能在一种特定的状态下被当作第二性接受。

在以上定义的意义上，揭示真实构建条件的映象不可能有真实的特点，如果被看作行动的例子或指示，就是一种误解。而且这种映象总有想象的特点。我们把这些映象看作来自事实的、物质的与处理的真实构建，看作超越生产条件的构建，并进而允许它们的制作方法被认识，这使它们变成实质性的乌托邦。

作为乌托邦地点的博物馆

像一百五十年前的美术一样，博物馆现在失去了它们的现实实际功能。技术性映象的增多，以及最近大众媒介与互联网的快速发展，使电子媒介成为信息社会中家庭标准设备的一部分，这个过程将继续下去。图书馆、档案馆、博物馆作为知识的主要来源，将越来越不重要；相反，像货币的黄金储备那样，它们仅能代表从它们中抽出的流动知识的物质参考值。在我看来,这种发展似乎是未来博物馆角色范式转换的客观条件。

如果说古典历史指向的博物馆一直是一个场所,至少是理论上可比较不同世界构建与世界映象的地方,那么直到现在,几乎还看不出它们的构建条件能被系统地研究。在媒介社会中,博物馆思想的进一步发展与旧制度的复活,在这里有特别的机会:不再把它们看作仅是知识的储藏地,而是看作知识的生产条件可以体验的地点,并看作致力于真实构建的地方,在大众媒介中没有位置,或在它们的条件下不能生产。但这意味着博物馆不得不放弃客观性的虚构,并必须在特殊个性化中认识它们的机会;它们中包含着对事物的特殊处理,并与它们一起建设自己的真实。换句话说,博物馆只有放弃它们的现实资料功能,并变成制造想象的地方,无论以怎样的方式侵入和超越假定物与实际物,从长远来看,它们总能有机会抓住观众的兴趣。

参考文献

Nipperdey, Thomas. 1962. 'Die Funktion der Utopie im politischen Denken der Neuzeit'. *Archiv fur kulturgeschichte* 44: 357—378.

第十二章
当代早期阶段的艺术、科学与乌托邦

沃尔夫冈·布朗加特

导　论

在作为一种文本类型的乌托邦,与作为一种通常意义上的思维模式的乌托邦主义——它试图超越既定的、可感知的经验世界——之间作出区分,是有意义的。借助考察以类型学的研究视角所反映出来的事物的特定形式、结构和相关内容上的各种特征,乌托邦可以被认定为一种文本类型。比如,对经验世界的反对或否定,并不足以单独作为乌托邦的一种明确的特征。乌托邦社会应当在理论哲学的层面上起到何种作用,依旧是取决于它所采用的文学策略。这对于任何文化表达或行动都无疑是适用的:它将要成为什么样子,它如何被理解,都取决于其具体的、外在的"审美"实现。在这个意义上,如果这些研究不愿绕开文化表达的关键问题,文化研究必须总是被理解成一种文化审美(参见 Braungart 1999a)。这就同时等于在说,将乌托邦文学、哲学的乌托邦表象、乌托邦建筑等等混为一谈是不可能被大家接受的。这些符号和现象的各自体系间的语征差别是不容被忽视的。对我来说,从本质上将文学、艺术和音乐视为乌托邦,完全是一种错误,就如同我们惯常对艺术作一种经验意义上的理解一样。无论如何,唯有一种哲学意义上的审美,能有望作一种乌托邦式的理解;而即便这样,这种审美表达的具体而独特的形式,及其所衍生的行动经验,也不会得到公正的评价。

文学和艺术确是通过质疑现实而超越现实,故而,它们提出问题并进行批判。不但如此,文学和艺术还总是帮助人们获得一种赋予事物以秩序和结构的体验。作为意义的象征性结构,文学和艺术又往往想在有序化的文化体系内有所表白,而它们自身也被吸纳进了这个体系中。正是在这个意义上,文学和艺术亦能够"抚慰"人、"激励"人;牢记这一点,绝非是小题大做(参见 Braungart,

1996，1996b，2001）。

当然，依照上述所论，我们并不是说，与文学乌托邦相关的东西都不应当从任何有条理的文本语境中被发掘出来。文学乌托邦，也可以被理解成一种交往行为[参见本书由沃斯坎普（Vosskamp）所论述的内容]，它与层出不穷的问题相关：如果不是这样，文学乌托邦就还是无法被人参透，而且也将不存在其内在的逻辑及其与人的可沟通性。①

下面的论述与当代早期的混乱环境有关。文学乌托邦诞生于这种环境，同时，这些文学乌托邦的构想也作用并反应于此环境——一个由艺术、科学和乌托邦统构而成的复合体。为此，我们必须首先扩展一下我们的主题。

一

这段关于莱昂纳多·达·芬奇的逸事1550年出自乔达奥·瓦萨里（Giorgio Vasari）的笔下：

> 总之，让我们重温莱昂纳多的作品：有一次，莱昂纳多赶上法国国王来到米兰，他受命弄出一些与众不同的好玩意，于是，莱昂纳多造出了一头狮子。这家伙每走出几步就张开它的胸膛，袒露出里面的一丛百合花。……莱昂纳多随吉里亚诺公爵（Duke Giuliano de'Medici）出席利奥教皇（Pope Leo）的加冕典礼，后者在自然哲学，尤其在炼金术方面颇有所为。在罗马，莱昂纳多用一种特制的黏土团做试验，并且以动物的造型制造出一些轻巧的波浪状的东西，他一边走一边向这些小玩意里吹气，而等到那里面所有的空气都跑光的时候，这些小玩意就飞离了地面。比尔维迪亚（Belvedere）的园丁发现了一只外观非常奇特的蜥蜴，在它的背上，莱昂纳多用一种水银混合物，给它粘上了用其同类表皮制成的翅膀。当蜥蜴走起来的时候，这些翅膀还一颤一颤的。接着，在给它装上眼睛、前角和胡须以后，他驯服了自己

① 近几十年来，在众多的关于乌托邦的研究成果中，可供参引的仅如下列：Wilhelm Vosskamp，1982a；Saage，1991，1995。关于当代乌托邦的研究，首先需要参考的成果有：Stockinger，1981；Kuon，1986；Lüsse，1998；Rahmsdorf，1999；Braungart，1989。

创造的这只怪兽。他把它放在盒子里,拿给朋友们看,结果把大家吓得魂不附体。还有一次,莱昂纳多曾经把一只小牛的肠体,完全从它的腹内的脂肪中剥离出来,他干得是那么彻底和漂亮,以至于单用一只手掌就能握住这些剥离下来的肠体。接着,他还把一段肠体接到另外一间屋子里的风箱上,风箱充满气的时候,就占据了它们所在的屋子,并且把屋子里的东西都挤到了墙角。这样,他就能够使这个半透明的、充满气体的玩意,只要先占有一小点儿地方,便能扩充到一个很大的空间里。莱昂纳多把它比作精灵。他还搞了数以百计的类似的恶作剧。

在悠久的人类共有的文化遗产当中,莱昂纳多已被公认为是一个全能的天才:他不仅是一个天才的制图师和画家,而且是一个相当有造诣的工艺师和自然科学家。然而,在这样定位莱昂纳多的同时,我们还是无法参透隐藏在莱昂纳多现象背后的科学和文化史问题。在他的这些逸事中,什么东西最值得我们关注呢?

首先,莱昂纳多这样的艺术家,同时也是一个手工艺大师和工程师。他在复制自然物方面是那样令人叹服,以至于他的确是成功地欺骗了那些看过他作品的人。他因此是一个社会性的综合型的艺术工程师。为了充实他的艺术,他需要这种社会性的经历。作为艺术家,他之所以那样活跃,是因为他同时身为工程师;同样,作为工程师,他也深深受益于自己作为艺术家——“一个创造形式的人”的经历。借助这些特殊的能力,这位艺术—工程师使社会性的、由多种因素构成的复杂事物的特定面目得以展现出来,而没有他,这便不能实现。

其次,以一种相应的自觉意识,莱昂纳多赋予他的自然仿造物以一种深远的象征意义:众所周知,狮子被认为是兽中之王,寓意着强权、威势和力量。故而,它也是政治统治者的古老象征。在这里,小“狮子”(Leone)即指代新教皇利奥(Pope Leo),同时亦指代“大狮子”(亦即莱昂纳多 Leonardo),后者以其勇敢、进取、灵感之充沛以及手艺之精巧而造就了这头手工制成的小狮子。然而,当莱昂纳多的狮子敞开了它的胸膛(抑或张开它的嘴?),人们看到了一丛百合,它们是法国国王的象征,也是莱昂纳多同时要着力表现的内容。借助这些百合,莱昂纳多以一种非常间接的方式表明了他对法国国王的敬意,由此,他也使自己置身于与法国国王之间的表面化了的竞争中:谁更伟大?是国王,还是艺术家?

利奥十世(Leo X.),即洛伦佐圣主(Loreno the Magnificent)之子,1513~1521年身为教皇。如果从政治的角度看,他出任教皇是为了平衡法国与西班牙在意大利的利益。在这个方面,莱昂纳多的狮子便是一种交往性的政治行为:莱昂纳多自已即于1516年来到法国王宫。

最后,正如上文所述,莱昂纳多知道如何以一种能引发社会公众兴趣的方式来展现其绝技。这是一种社会的艺术,它被莱昂纳多彰显得淋漓尽致,同时也引发了公众的关注并寻求到了认同。

下述事件已经广为人知且越来越为我们所期待。在面向公众的大学里,一位化学老师必须反复强调的老话就是,他的工作会产生烟雾和刺鼻的气味。这门学科致力于寻求公众的认可并引发大众的兴趣,所以要想方设法地勾画出这样一副诱人的图景——人与他的感官是息息相通的,所以这样造势自会提请大家的注意。开始上一门新课,必须要筹划一个小事件作开场白,否则,没有人相信一个重要的事件已开始付诸实施。"只有恶棍才能使人满足",哥德(Goethe)的那些老生常谈也详述了现代学术的营销策略。这些策略也使学术自身公开化、合法化,尤其是在当今,因为这样做就能够引发公众的兴趣;而这已经是当代早期艺术和科学领域内的一个根本性问题。

随着莱昂纳多被惯例性地赋予一种个性——一个卓绝而全能的天才,有人尚未认清这样的事实,即莱昂纳多的例案,以一种可资参考的方式,澄清了何为当代早期的艺术与科学之间的典型关系。可以追溯到佛罗伦萨文艺复兴,继而兴盛于欧洲,并由此延续直到17世纪的技术浪潮、自然科学兴起和艺术革新,应当归功于自然科学和数学知识之间的会通、技术工程艺术与传统手工技艺之间的交融——这种传统手工技艺靠个人之间口耳相传,视觉艺术即在其列。这些技艺尚未脱离艺术手工业而自立:在18世纪晚期,随着艺术家普遍性地加入独立的、自然而然形成的生产合作组织,这种艺术手工业的发展曾达到鼎盛(参见Schmidt,1985)。当代早期阶段的技术—自然科学浪潮革新,只有在不同门类的科学、艺术和手工艺之间实现合作会通的前提下,才能开始实现(可参见Böhme等,1977)。在莱昂纳多的案例中,这种学科技艺间的会通,甚至表现为集于一个人的身上。也就是说,会向小牛肠体里鼓气的人(像莱昂纳多所为),也熟悉屠宰的手工业务;对他来说,这正是需要认真对待的日常生活事务。

进入18世纪以来,在艺术领域模仿自然的信条产生了效力,直至19世纪,这一信条仍发挥着一定的作用。对于那些不太懂艺术的人而言，直到今天，认同和(自我)认可的观念仍然是重要的；我认为，我们不应当将这些观念全然视为庸俗，并过于轻率地丢弃它们。

莱昂纳多制造的动物能够活动。因此，生命是可以模拟的，是充满活力的——这不仅是生命的外在特征，更是生命与生俱来的内在天性。在这个意义上，莱昂纳多甚至超越了自然，因为他成功地欺骗了万物的灵长——人这一自然界最伟大的杰作。在古代艺术的传奇历程中，莱昂纳多的作品已然成为一个经典范例。因为莱昂纳多所仿制的自然物，已被附加了社会象征意义。他完全是出于自身目的来挑选自然对象，并彻底地改造它，为其赋予新的意义。因此，这种欺骗也同时是人类为世间万物创造意义之历史进程的一部分[①]；恰如本文开头所指出的那样，这一创造意义的进程，经常是形式主义审美活动的一个侧面。

与此同时，我们也不应当忽视那个懂炼金术的利奥教皇(Pope Leo)，他应该是一个哲学家和炼丹师——瓦萨里在手稿中曾偶然提到过这一点。既然莱昂纳多所处的艺术与科学界的领域要广泛得多，那么炼金术在当代早期就不能仅仅是一门秘而不宣的科学，实际上，它是一门实验科学，这恰恰是因为它不受狭义的自然物理观念的束缚。这种科学为系统多样的实验科学方法的创立开拓了空间。伊萨克·牛顿(Isaac Newton)的主业，就是一种与炼金术有关的自然科学；对于后世物理学和天文学的进步产生了重要影响的牛顿著作，正源自牛顿的科学思想观点，而非其炼金术研究的副产品。[②]

二

莱昂纳多实际上是一个杰出的艺术家工程师，同时，我们也不得不承认，他还是一个能够使艺术—手工技艺、自然科学和技术知识之间形成高度会通

① 关于创造意义之历史进程的根本问题，参见约翰·吕森(Jörn Rüsen)在比利菲尔德大学跨学科研究中心(the Centre for Interdisciplinary Research of the University of Bielefeld)的研究项目。

② 近30年来，巫术、炼金术和占星术越来越引发学界的关注，它们应当在当代早期艺术和科学领域享有自身的地位。威廉·库尔曼(Wilhelm Kühlmann，1999)以丰富的、新发现的文献材料对此专题进行了精当的考察。亚历山大·鲁伯(Alexander Roob，1996)以令人信服的案例，阐述了造像术的威力和炼金术令人惊奇的潜能；他所搜集的图片资料堪称一流。

的典型人物。纽伦堡的金匠和装饰雕刻家文策尔·雅姆尼策(Wenzel Jamnitzer,1508—1585)以及法国制陶师贝尔纳德·帕雷西(Bernard Palissy,1510—1590),在他们所处的那个时代,是举世公认的艺术家,上流贵族和城市中的名流显贵都争相邀请他们。16世纪时,这两位名士重新发现,早在古代,以自然界为蓝本的人工仿造物即已存在。他们的作品陈列于欧洲最豪华的艺术博物馆中,如地处布拉格的鲁道夫二世博物馆(Emperor Rudolf Ⅱ in Prague)。即使在这二位看来,艺术的最高境界,也应当是创造出具有"真正生命"意义的作品。

除了艺术作品之外,帕雷西(Palissy)还从事地理学与地质学研究,并有相关著作出版。这表明,以自然事物为蓝本的创造,与其说是对自然的模仿,对事物可直接获取的外在形式的生硬固化,毋宁说是从事一种探究自然并同化自然的切实性的活动。艺术和科学史的研究表明了帕雷西的艺术作品,是何等地与他的实验自然科学成果高度相关,这甚至可以直观地展现在我们面前。帕雷西最引人关注的且他本人干劲儿最大的工作,是创立一种真正的实验性的自然科学,它的基础是一系列可操作且可被检验的系统化实验(参见Kris,1926)。[①]

最后一个例子,是视觉艺术领域的三位名家:马里亚·西比利亚·梅里安(Maria Sybilla Merian,1647—1717)、乔治(Georg,1542—1600)和雅各布·赫夫纳格尔(Jacob Hoefnagel,1575—约1630)。他们的作品在半个世纪以前即已受到高度关注,通过创作彩色图画和铜版画,他们以一种精确的手法再现了各种人物。这里所展现的艺术,表明了作者对自然现象相当精确的观察。从赫夫纳格尔和梅里安的作品来看(比如,在他们所从事的当代早期静态人物绘画领域),艺术本身已成为一种探讨、解析与再现自然的形式。无论是谁想像梅里安一样画一只蝴蝶,他都必须相当精确地观察蝴蝶。这种绘画方式意味着解析并揭示自然的结构。这实际上是一个相当难解的艺术理论问题:感觉认知究竟应当是怎么一回事——从鲍姆加登(Baumgarten)始,这种感觉认知就不断地被认作是艺术创作的前提条件并使艺术创作成为可能。以梅里安的个案及17世纪静态人物艺术的总体情况而论,我们能够感受到一种临场性的形象冲击力,我们很难不受这种感觉的左右,也不能够用推理的方式来理解它(就每一件重要艺术作品而言,上述描述毫无疑问是真实可信的,但是需要提及的是,在当代早期历史的

① 另见拜克和贝鲁姆(Beck and Blume)完成于1985年的高水平的汇编资料。

背景下，对创作这些作品起到最关键作用的，是艺术与科学知识的会通)。

在《昆虫与蝴蝶》这一作品中，梅里安将那些描绘得非常逼真的动物，布局在一只蝴蝶的四周：这样，一部关于昆虫的“百科全书”就完成了。然而，这种布局的组织原则，仅仅构造了一种形式上的、组合起来的自然。它没有那种超越具象维度的深层次的象征—隐喻性含义。作为对自然的描绘与学习，这里所提到的艺术，也是一种艺术探究。

赫夫纳格尔的雕刻画，可以这样解释，即它是对事物之转瞬即逝的一种象征；然而，作为这幅作品的特色，关于作者观察自然现象之精确性的问题，并不能完全圆融于上述解释。

三

作为当代早期学科分化进程的结果，视觉艺术从手工艺术中独立出来，技术—工程学从手工制造业中独立出来，理论工作从应用科学中独立出来。正如自然科学以及后来的哲学和美学等学科一样，在这个学科分化的进程中，具有各自特征的诸多科学学科，也在教育体系内取得了自身的独立地位(参见 Stichweh，1984)。学科分化的过程持续到了 19 世纪，它人为地制造出了不同知识门类间的诸多原则差异，而在当今，我们正响应着一种被经常提倡的跨学科研究潮流，努力弥合各学科之间的分野。因为这种学科分化只是造就了其自身的科学文化，一定不要低估其推理性的和象征性的力量。

宫廷的扶植，为艺术、技术和科学的发展开辟了新的空间。具有一定经济实力的宫廷中礼仪性的公共空间，需要而且鼓励在“所有的艺术和科学领域”涌现出不朽的杰作。沃尔费布特的奥古斯特公爵(Duke August of Wolfenbüttel)与身在其布拉格宫廷中的鲁道夫二世(Emperor Rudolf Ⅱ)，尤其是奖掖艺术与科学创作方面的杰出代表，作为“政治家”，他们二人又身兼学者、全能的科学家和美学家；他们深谙自己所奖掖提倡的东西，而在今天，这些东西的用处却一点也不明显。

当代早期学术研究大展风采之地，不仅限于大学，而且还包括宫廷，那里所营造的氛围，使其成为当代早期的奇珍异宝汇聚地(即“Kunstkammer”)。那里有实验室、搜集自然物(naturalia)和人工制造品(artificialia)的地方、教学活动室、图书馆等一应俱全的设施。当代早期珍奇之物的汇聚地——珍奇馆，以百科全书化的方式被规划起来。规划遵循着微观人类世界与宏观宇宙世界相区分的分类原则或其他事先假定的标准。此举旨在创造这样一个空间体系，它由人类在艺术和工艺科学领域里取得的最有特色的、尤其是最引人注目的成就构成，从而为人们作进一步研究打下了基础（最新的研究成果包括 Bredekamp，1993①；Grote，1994；Minges，1998；Herzog Anton Ulrich Museum，2000）。

一般来说，一个珍奇馆包括一个图书馆、一个炼金术实验室，并且时常还配有一个天象台。人们假定世界以及所有的藏品的存在，都遵循着彼此相关的秩序。当代早期那些杰出的学者和艺术家[诸如开普勒（Kepler）的老师第谷·布拉厄（Tycho Brahé），他先是在丹麦的君士坦丁四世（King Christian Ⅳ of Denmark）的王宫里，后来又栖身鲁道夫二世（Emperor Rudolf Ⅱ）的宫廷中]都在珍奇馆内从事自己的工作，他们关于知识的系统化而有序存在的认识，是继那种普遍性的科学准则之后而指导学者们从事搜集材料并作学术研究的最重要的理论指南。直到 18 世纪，这种认识依然盛行不衰。然而，这种大而全的科学珍奇之物藏品馆，也成为了当代早期学科分化运动的牺牲品，其衰落解体的先兆在 17 世纪下半叶开始出现，当时，自然珍宝藏品已经与绘画藏品区分开来陈列。

当代早期的珍奇馆是一个跨学科的知识机构。它们的运作表明，一个特定的适宜的空间——经济发展与社会进步的前提保障，必须应有益于产生一种“合力”，这也正是我们当今这个时代所力争的目标。从这个意义上讲，旨在超越现实的真正的“乌托邦”，就隐藏在珍奇馆内。它们同时也成为现实了的乌托邦，恰如其过去就是现实的乌托邦一样。

在 17 和 18 世纪，新的实验科学逐步体制化，因此，它们在政治化了的社会秩序中寻求自己的位置。② 在这方面，起到核心作用的是遍布欧洲的科学研究机构，一般来说，这些研究机构皆受益于早期的珍奇馆。

但是，关于技术—工程学、手工业、艺术和人文性的口耳相传的科学之间相互会通的问题，已经在一种文本类型的乌托邦语境中探讨过了。这种类型迅速

---

① 这本小书介绍了学界关于珍奇馆的结构与历史研究的最新的且最重要的成果动态。

② 关于这个问题，请再一次参见鲁道夫·斯蒂韦尔（Rudolf Stichweh）1984 年的最重要的研究成果。

发展,并且随着1516年托马斯·莫尔的《乌托邦》(“乌托邦”由此得名)[①]的横空出世而历经曲折地遍布整个欧洲。这种类型的乌托邦在当代早期阶段的蓬勃发展告诉我们,显然确实需要一种话语模式来让我们拥有一个自由想象的领域,因此,在本文的结论中,应当简要回顾一下文化乌托邦问题。

四

近来的关于乌托邦的研究,尤其是威廉·沃斯坎普(Wilhelm Vosskamp)从诗学角度的考察(例如,可参见 Vosskamp,1982b),已经多次验证,在当代社会—历史与政治关系背景下,莫尔的乌托邦设想究竟有多大的可行性。莫尔的“乌托邦”,被时人看作是一个全面的、可行的改革主张——在16世纪以来的第一次德国社会转型过程中,最重要的全局性改革纲领曾一度无人问津。尽管如此,莫尔的主张,仍不是一种科学的和艺术的乌托邦。莫尔所描绘的,是16世纪初期英格兰地区的欧洲人文主义以及政治、社会和经济形式。莫尔通过其精神游戏表明,人文主义者在多大程度上能意识到他自身的潜在保守性,并由此试图以一种思想文化的、富于哲理性的举措,共同开创当代政治与社会的新局面。在当代早期阶段,莫尔所提出的问题一直是对人文学科的一个重大挑战(16世纪初叶的欧洲人文主义形势对于“乌托邦”思想的形成究竟具有多大意义,仍需深入探讨。这将依然是人文学科领域的问题)。

在16世纪,尤其是17世纪上半叶,民众要求拿出我们今天称之为更为可行的社会改革方案的呼声愈发强烈。这是一段非同一般的、重要的且具有借鉴意义的历史过程——我不能在此对之加以详述,它同早年的清教徒改革运动具有特别紧密的联系。最清楚地反映这一点的,是斯瓦比亚(Swabian)的改革理论家约翰·凡萨丁·安得里亚(Johann Valentin Andreae)出版于1619年的名著《基督城》(*Christianopolis*)。[②] 这本书事实上出版于康帕内拉的《太阳城》之前,但是毫无疑问,前者受到了后者的影响。因为完成于1602年的《太阳城》的手

① 即使在今天,温特(Michael Winter)1978年发表的著作也仍具有不可或缺的参考价值。另见本文注释1。直到现今,科学史的研究还总是特别偶然地遵循着乌托邦研究的范式。

② 参见 Montgomery,1973; Brecht,1977; van Dülmen,1978; Edighoffer,1982; Anon,1986; Gilly,1986。

稿，早在其1623年付梓之前即已在欧洲传播。除了上述两位作者的乌托邦构想之外，弗朗西斯·培根的《新大西洲》，也应当简要提一下。这三种“乌托邦”构想彼此紧密联系：在他们的“乌托邦”中，科学、艺术和教育起到了至高无上的作用，这在以往的文化乌托邦主义发展史上是前所未有的。除此之外，安得里亚与培根私交甚厚。前者无疑在炼金术运动中起到了核心作用（大家不愿意将之视为具有特别重要意义的举动，而我却不想这么做。）我们似乎能够认定培根熟知这场炼金术运动：他的《新大西洲》充满了炼金术士惯用的隐喻，尽管在我看来，我们不能断言存在一个现实的炼金术士的乌托邦。因为培根所言的大西洲居民的宗教式神话和神灵仪式，与自然研究没有任何实质性的联系，正如 *Domus salomonis* 中所讲到的那样。[①]

康帕内拉理想中的城市，采用神权制的政体。太阳城的最高统治者是“太阳王”(Sol)，他也是形而上学领域中的最高的圣神，他必须是一个全能的学者，因此，在他的身上，也体现出太阳城那种集宗教、艺术和科学特征于一体的本性：

> 太阳王必须要懂得所有人类的历史，熟知他们的习俗和行为，他们的宗教和法律……他也同时要懂得法律的制定和艺术与生产中的发明，知晓天上和地下的那些自然事物的来龙去脉。如果不懂得这些东西，他便无法成功地荣登太阳王的王位。与此同时，大家还期望他掌握所有手工技艺的知识……最重要的是，每一任太阳王都必须精通形而上学和神学，洞察关于所有艺术和科学的来源与基础问题的现象。(Campanella，1941：XIX，126)

太阳城由环环相套的7层巨大建筑合围而成，“从内到外，从上到下，所有的建筑都装饰着令人赏心悦目的画作”。“这些作品以一种非常奇妙的布局再现了所有的科学现象。”这是真正的包罗万象之物，它相应于一种百科全书式的教育规划：“每一个人都应接受全部艺术和手工艺的教育。”材料的搜集、研究和教育形成了一个整体。陈列在环形建筑上的画作不仅仅是在再现整个世界，它们同时也是人们赋予这个世界以秩序的一种方式，即为环形建筑中的藏品以及乌托

① 关于这个问题，我与弗朗西斯·A·耶特(Francis A. Yates，1975)的意见不同，他提供的证据表明，培根一定熟知这场炼金术运动。另见 Paolo Rossi，1968。

邦实验室中的实验品命名：①

> 在第二道环形围墙的内壁……人们看到所有珍贵而又为人熟悉的石头、矿物质和金属都被画成了图画，这些东西的碎片也都作为样品在此陈列，每件样品还配以两句诗作注解。(Campanella，1941：XIX，121)

康帕内拉在这里所描绘的，就是一个巨大的艺术博物院和图像陈列馆，在这里，藏品的搜集、研究和教育都并行不悖。艺术，是人与自然交流的重要的、必不可少的手段；通过这种方式，宏观世界得以在太阳城内以一种微观的方式获得再现。康帕内拉是依据柏拉图—毕达哥拉斯式的理念来规划和组建他的艺术博物院的；乌托邦同时也是系统。作为保存人类记忆的图像陈列馆，那里面所反映出的知识的丰富性、统一性以及以此种观念为指导而进行的研究和教育活动，皆基于一种哲学—神学观念。在位于乌托邦建筑群中心的圣塔中，集中展示了这种观念。因此，这些博物院和陈列馆阐释了整个宇宙：这种机构集天文学—占星学教育机构、修道与宗教圣地和气象学研究中心于一体。(Campanella，1941：119)

作为另一个乌托邦建筑群安得里亚的基督城，也是一个藏品搜集与研究的机构，一个规模巨大的炼金术—自然科学实验室。安得里亚同样强调藏品收集与研究活动的统一：每一件藏品都与另一件藏品密切相关，它们彼此相依或彼此相斥。每一件藏品的收集和研究，都需要有更广泛的和更高层次的条件保障；安得里亚反复强调的一点是，藏品应当无限量地搜集并进行相关研究。比方说，药物学实际上向时人展示了一个真正的"整个自然的框架。所有的自然元素，精美的艺术，所有的可资人类利用的天然品，都集中在那里"(Andreae，1972：114)。在"博物馆"内，"人们能够看到全部的自然史……这些历史被惟妙惟肖地勾画在墙壁上"(Andreae，1972：118)。同时，在无限宽敞的藏品馆内，"自然界奉献给人类的那些最稀有的、最珍奇的、最不寻常的创造物都在那里珍藏"(Andreae，

---

① 我的相关描述，基于慕尼黑的学者、阿尔不莱切五世公爵艺术博物馆总监奎西伯格(Samuel von Quiccheberg)的主要藏品及其关于博物馆的资料，参见奎西伯格(Samuel von Quiccheberg，1565)。关于这一问题，另见：布朗加特，1989：106ff；Bredekamp，1993：33ff.

1972：118）。另外，博物馆还全面搜集了天文学和数学工具。

在这里，我必须停止这种列举并把问题集中到一个方面：这座艺术博物馆也是安得里亚设想的乌托邦城的真正核心部分。艺术和自然于此达到了共生的境界。“艺术作品”——也即自然界的珍宝——在价值上等同于图画藏品，后者的艺术灵感正源于自然。保存着全部人文知识的图书馆，也在基督城的建筑群中。对于自然科学方面的当代研究——正如安得里亚所提出的相关概念，人们不能够也不愿意将其与人文知识分道扬镳。

但是，同时也需要指出，在安得里亚的作品中，科学革命的动力也被隐喻化地处理了：基督城，正如其名称所示，是一座基督城、一座圣城、一座新的天堂般的耶路撒冷，这座基督城必须是靠每一个基督徒来建成：“如果你把我虚弱的身体当成了城池，那么你就不是离现实很远。”（Andreae，1972：32）这是安得里亚写给基督徒读者的该书序言末尾的一句话。安得里亚借用古老的《圣经》中的表述，将城市比喻成躯体，并使之与关于人类世界与宏观宇宙的中世纪式的概念相联系。令当代早期实验科学大有用武之地的实验室和艺术藏品馆，也一样采用了将城池比拟成躯体的理念。这样，在安得里亚那里，实现乌托邦个人化的第一步就可谓是完成了。按康帕内拉的说法，如果当代早期艺术研究的动力被赋予神学性（也可以说成是天主教性）的色彩，那么，在安得里亚的思想体系中，这一过程是早期新教徒的虔诚力量来完成的。在他看来，“艺术和科学……只有沐浴在纯粹的宗教的光芒下，才能重新焕发出它们古老的生机”（Andreae，1972：24）。康帕内拉和安得里亚通过隐喻——以文本的形式及由隐喻所描绘的乌托邦城的构想——创造出了一个有序的、整体的进程，与此同时，也开辟了（从某种程度上说，也是保护了）科学和艺术事业发展进步的空间。[①]

然而，关于当代早期艺术与科学事业发展的动力，在弗朗西斯·培根的《新大西洲》中，却有着完全不同的表述：“人类社会最完美的状态，是其充溢着理性知识以及人们对事物存在的那种无法言传的意念，同时，人类帝国疆界扩展，在那里，一切具有实现可能性的事物皆成为现实。”（Bacon，1963：Vol. 3，156）作为一种文本，培根所建构的乌托邦，可以解析为对乌托邦城宗教性神话的生动描

① 对于该问题，1994 年，我已经借用安得里亚的乌托邦设想这一案例而进行了分析，那里面还包含了诸多文学与隐喻理论。

绘，以及对一系列学术研究领域的列举——在这些领域中，培根所认定的主管科学的神父们在乌托邦城中心地带从事着各种研究。在这里，宗教不再具有关于事物一般性存在的任何实质的根本性质；它仅仅是一种仪式的上演，一个程式化的工具。作为一种理想化的、以几何形制规划构建的乌托邦设想，同样是不再能企及的。乌托邦的文本和建筑规划仍然支离破碎；当代早期自然科学研究的动力，不容许自己受控于任何超文本的结构。在此，我曾经提到的关于当代早期艺术珍藏馆以及知识分化的内容，再次显现出重要意义；同样也是作为知识分化过程的一部分，自17世纪下半叶起，文化乌托邦主义开始坚定地朝着小说的方向发展（参见：Stockinger，1981；Kuon，1986）。[①] 比如，我们可以看到，丹尼斯的小说在当时迅速风靡欧洲。[②] 随着乌托邦变成了一种小说，人们开始关注新的东西：以小说中那些道听途说的故事为蓝本，乌托邦被不断地建构成一种文学文本。故而，乌托邦主义注意到了人们精神观念的这种转变以及人们的理性意识在17和18世纪的觉醒，相应地，一个转折性的时刻来临了。随着现在我们所称的主观历史，空间性的乌托邦城被赋予了一种历史进程性。莱因哈特·科泽勒克（Reinhart Koselleck，1982）以乌托邦的发展史恰当地描述了这个进程，然而在我看来，这种描述仍不适合将1770年梅西耶的未来主义的小说作为起点。

如果我现在简洁地将论述的问题转到我们现在这个时代，我还是不希望被误解。我们能够研究的当代早期艺术博物馆和当代早期乌托邦的历史，在相当大的程度上朝着线性前进的、叙述化的小说的方向发展，它通过源自于我们生命的经历而建构起来，并且不能简单地应用于我们现时代的生活。与此同时，当代早期阶段的艺术博物馆和乌托邦的历史表明，倡导有序性和整体化的知识模式，在当代（早期）科学无限发展和活跃的压力下，是如何分化消解的。然而，新的实验科学却不能够自立。作为知识体制化的一种代价，这些知识门类单单贡献了他们具有神学性、哲学性和世界眼光的价值中立判断及其在经济上的效用。[③]

但是，鉴于当代跨学科研究发展的形势——在这里本文不拟详述，在我看来，毫无疑问，我们现在也需要在另一种立场上来反观一下，我们实际上需要多

① 关于这个问题的一个简明介绍，另见 Gnüg，1983。

② 关于该作在德国被广泛而深入地接受的情况，参见该书的第一个德文译本（Veiras，1990）。

③ 一个最极端的例子，布朗加特在1987年曾经探讨过。

大的加速度，需要多大的进步，如果社会加速进步、学科分化和知识分解的进程真的不是与我们毫不相干。知识分化的过程，真是能够以一种仅仅可以满足我们利益所需的方式来加以推动和利用吗？能够以一种什么样的方式来整合不断增长的知识呢？"科学与艺术博物馆"，无论是文学还是形而上学意义上的，都发挥了其核心作用了吗？这意味着，需要将传统、文化遗产的系统遗存以及并非仅仅是教育的社会教化都整合起来。何种"乌托邦"——或者更准确地说是何种未来设想对我们具有意义？对我们来说，这样一个需要作出回答的问题，不会被其他的诸如互联网或市场（即经济竞争）等任何问题所替代。对我们而言，我们的主观意识没有受到蒙蔽。关于我们大脑如何工作的知识，以及我们通过计算机技术对其加以模拟的能力，会随着我们的需要而尽可能地增长；而这种增长对我们具有何种意义的问题，即回答我们是否能够敏锐而理智地感受到我们自身个体生命的存在，却总是留待或者说是指定我们必须作出回答。因此，政治和社会的一项责任，就是为创造那样一个能使我们反思自身真实需要的"异乡之地"成为可能，精心地照管和呵护它，促进它的发展并使之发挥作用。支持此种"乌托邦"，此种可供我们另选的处所和制度，我们当竭尽全力。

参考文献

Andreae, Johann Valentin. 1972. *Christianopolis* (1619). Original text quoted from D. S. Georgi (1741), intro. and ed. Richard van Dülmen. Stuttgart: Calwer Verlagsanstalt.

Anon. 1986. *Johann Valentin Andreae* 1586—1654. Bad Liebenzell: publisher unknown.

Bacon, Francis. 1963. *The Works of Francis Bacon: Facsimile Reprint*, 14 vols. Stuttgart: Frommann-holzboog (first published in London: Spedding. Ellis and Heath, 1857—1874).

Beck, H. and D. Blume, eds. 1985. *Natur und Antike in der Renaissance*. Frankfurt-on-Main: Museum Liebig-Haus.

Böhme, Gernot, Wolfgang van den Daele and Wolfgang Krohn, eds. 1977. *Experimentelle Philosophie. Ursprünge autonomer Wissenschaft-*

sentwicklung. F rankfurt-on-Main: Suhrkamp.

Braungart, Georg and Wolfgang Braungart. 1987. 'Misslingende Utopie. Die neuen Wissenschaften auf der Suche nach fürstlicher Patronage. Zu Johann Daniel Majors "See-fahrth nach der Neuen Welt" (1670)'. In *Res Publica Litteraria. Die institutionen der gelehrsamkeit in der frühen Neuzeit* (Wolfenbütteler Arbeiten zur Barockforschung, vol. 14), ed. Conrad Wiedemann, Wiesbaden: Otto Harrassowitz, part II, 367—386.

Braungart, Wolfgang. 1989. *Die Kunst der Utopie. Vom Späthumanismus zur frühen Aufklärung*. Stuttgart: Metzler.

—. 1994. 'Spielräume der Allegorie. Johann Valentin Andreaes Christianopolis'. *Compar(a)ison*, 2: 167—196.

—. 1996. *Ritual und Literatur* (Konzepte der Sprach-und Literaturwissenschaft, vol. 53). Tübingen: Niemeyer.

—. 1999a. 'Vom Sinn der Literatur und ihrer Wissenschaft'. In *Allgemeine Literaturwissenschaft, Grundfragen einer besonderen Disziplin* (Wuppertaler Schriften, Vol. 1, Allgemeine Literaturwissenschaft), ed. Rüdiger Zymner. Berlin: Schmidt, 93—105.

—. 1999b. '"Komm'ins offene, Freund! " Zum Verhältnis von Ritual und Literatur, Lebensweltlicher Verbindlichkeit und textueller Offenheit. Am Beispiel von Hölderlins Elegie "Der gang auf's Land. An Landauer"'. In *Die Formel und das Unverwechselbare*, ed. Iris Denneler. Frankfurt-on-Main: Peter Land, 96—114.

—. 2001. '"Wo wollen wir bleiben?" Lyrik als Kulturhermeneutik: Zu Friedrich Hölderlins fragment *Der Adler*'. Kulturpoetik, No. 1: 56—74.

Brecht, Martin, ed. 1977. *Johann Valentin Andreae. Weg und Programm eines Reformers zwischen Reformation und Moderne, Theologen und theologie an der Universität Tübingen*. Tübingen: Attempto.

Bredekamp, Horst. 1993. *Antikensehnsucht und Maschinenglauben. Die Geschichte der Kunstkammer und die Zukunft der Kunstgeschichte* (Kleine Kulturwissenschaftliche Bibliothek, vol. 41). Berlin: Wagenbach.

Brüschweiler-Mooser, Verena Lili. 1973. *Ausgewählte Künstleranekdoten. Eine Quellenuntersuchung*. Dissertation, University of Zurich.

Campanella, Tommaso. 1941. *La Città del Sole: testo Italiano e Testo Latino*, ed. Norberto Bobbio. Turin: Giulio Einaudi.

Edighoffer, Roland. 1982. *Rose-Croix et Société Idéal Selon Johann Valentin Andreae*, Vol. 1. Neuilly-sur-Seine: Arma Artis.

Gilly, Carlos, ed. 1986. *Johann Valentin Andreae* 1586—1654. Amsterdam: Bibliotheca philosophica hermetica.

Gnüg, Hiltrud. 1983. *Der utopische Roman* (Artemis Introductions, Vol. 6). Munich and Zurich: Artemis.

Grote, Andreas, ed. 1994. *Macrocosmos in Microcosmo. Die Welt in der Stube. Zur Geschichte des Sammelns* 1450 *bis* 1800. Opladen: Westdeutscher Verlag.

Herzog Anton Ulrich Museum, ed. 2000. Weltenharmonie. *Die Kunstkammer und die Ordnung des Wissens*. Braunschweig: Herzog Anton Ulrich Museum.

Honke, Gudrun. 1982. 'Die rezeption der Utopia im frühen 16. Jahrhundert'. In *Utopieforschung. Interdisziplinäre Studien zur neuzeitlichen Utopie*, ed. Wihelm Vosskamp. Stuttgart: Metzler, Vol. 2, 168—182.

Koselleck, Reinhart. 1982. 'Die Verzeitlichung der Utopie'. In *Utopieforschung. Interdisziplinäre Studien zur neuzeitlichen Utopie*, ed. Wilhelm Vosskamp. Stuttgart: Metzler, Vol. 3, 1—14.

Kris, Ernst. 1926. 'Die Stil Rustique. Die Verwendung des Naturabgusses bei Wenzel Jamnitzer und Bernard Palissy'. *Jahrbuch der Kunsthistotischun Sammlung in Wien*, NS 1: 137—208.

—. and Otto Kurz. 1979. *Legend, Myth, and Magic in the Image of the Artist*. New Haven and London: Yale University Press.

Kühlmann, Wilhelm. 1999. 'Der "hermetismus" als literarische Formation. Grundzüge seiner Rezeption in Deutschland'. *Scientia Poetica. Jahrbuch für Geschichte der Literatur und der Wissenschaften*, 3: 145—157.

Kuon, peter. 1986. 'Utopischer Entwurf und fiktionale Vermittlung. Studien zu Gattungswandel der literarischen Utopie zwischen Humanismus und Frühaufklärung'. *Studia Romanica* 66. Heidellberg: Winter.

Lüsse, beate Gabriele. 1998. 'Formen der humanistischen Utopie. Vorstellungen vom idealen Staat im englischen und kontinentalen Schrifttum des Humanismus 1516—1669'. *Beiträge zur Englischen und Amerikanischen Literatur* 19. Paderborn: Schöningh.

Minges, Klaus. 1998. 'Das Sammlungswesen der frühen neuzeit. Kriterien der Ordnung und Spezialisierung'. *Museen. Geschichte und Gegenwart* 3. Münster: LIT.

Montgomery, John Warwick. 1973. *Cross and Crucible: Johann Valentin Andreae* (1586—1654), *Phoenix of the Theologians*, 2 vols. The Hague: Nijhoff.

Müller, Klaus E., and Jörn Rüsen, eds. 1997. *Historische Sinnbildung. Problemstellungen, Zeitkonzepte, Wahrnehmungshorizonte, Darstellungsstrategien.* Reinbek bei hamburg: Rowohlt.

Rahmsdorf, Sabine. 1999. 'Stadt und Architektur in der literarischen Utopie der frühen Neuzeit'. *Beiträge zur neueren Literaturgeschichte*, 3rd se ries: 168, Heidelberg: Winter.

Roob, Alexander. 1996. *Das hermetische Museum. Alchemie und Mystik*. Cologne: Taschen.

Rossi, Paolo. 1968. *Francis Bacon: From Magic to Science*. London: Routledge and Kegan Paul.

Sagge, Richard. 1991. *Politische Utopien der Neuzeit*. Darmstadt: Wissenschaftliche Buchgesellschaft.

—. 1995. *Vermessungen des Nirgendwo: Begriffe, Wirkungsgeschichte und Lernprozesse der neuzeitlichen Utopien*. Darmstadt: Wissenschaftliche Buchgesellschaft.

Schmidt, Jochen. 1985. *Die Geschichte des geniegedankens in der deutschen Literatur, Philosophie und Politik* 1750—1945, 2 vols. Darmstadt:

Wissenschaftliche Buchgesellschaft.

Stichweh, Rudolf. 1984. *Zur Entstehung des modernen Systems wissenschaftlicher Disziplinen. Physik in Deutschland* 1740—1890. Frankfurt-on-Main: Suhrkamp.

Stockinger, Ludwig. 1981. 'Ficta Respublica. Gattungsgeschichtliche untersuchungen zu utopischen Erzählungen in der deutschen Literatur des frühen 18. Jahrhunderts'. *Hermaea* NS 45. Tübingen: Niemeyer.

Van Dülmen, Richard. 1978. 'Die utopie einer christlichen Gesellschaft. Johann Valentin Andreae (1586—1654)'. *Kultur und Gesellschaft*, Vol. 21. Stuttgart: Frommann-Holzboog.

Vasari, Giorgio. 1871. *Le Vite de'piu eccelenti Pittori, Scultori et Architettori, scrite da Giorgio Vasari, Pittore Aretino*, Vol. Ⅳ. Florence: Sansoni.

—. 1965/71. *Lives of the Artists*, trans. George Bull. Harmondsworth: Penguin.

Veiras, Denis. 1990. *Eine historie der Neugefundenen Völcker SEVARAMBES genannt* (1689), eds. Wolfgang Braungart and Jutta Golawski-Braungart (Deutsche neudrucke/Reihe Barock, Vol. 39). Tübingen: Niemeyer.

von Quiccheberg, Samuel. 1565. *Inscriptiones vel tituli theatri amplissimi, complectentis rerum universitas singularis materias et imagines eximas...* Monachium (i. e. Munich): Berg.

Vosskamp, Wilhelm. ed. 1982a. *Utopieforschung. Interdisziplinäre Studien zur neuzeitlichen Utopie*, 3 vols. Stuttgart: Metzler.

—. 1982b. "Thomas Morus"Utopia: Zur Konstituierung eines gattungsgeschichtlichen Prototype,. In *Utopieforschung. Interdisziplinäre Studien zur neuzeitlichen Utopie*, Stuttgart: Metzler, Vol. 2, 183—196.

Winter, Michael. 1978. *Compendium Utopiarum. Typologie und Bibliographie literarischer Utopien, Vol.* 1. *Von der Antike bis zur deutschen frühaufklärung*. Stuttgart: Metzler.

Yates, Frances A. 1966. *The Art of Memory*. London: Routledge.

—. 1969. *Theatre of the World*. London: Routledge and Kegan Paul.

—. 1975. *Aufklärung im Zeichen der Rosenkreuzer*. Stuttgart: Edition Alpha.

第十三章
乌托邦

雷切尔·韦斯

拉萨尔对巴枯宁说：你为什么不投炸弹？

巴枯宁：那永远也说不清。

——埃蒙德·威尔逊致芬兰局“卡尔·马克思：一场无产阶级运动”

历史不重复自身，但它重复自己的节奏。

——马克·吐温

我在看不见的情况下写作。我来了。我想吻你的手，然后离开……这是我第一次在黑暗中写作。这种情境能激发我敏感的思想。我只感受到一点，就是我不知如何离开这个地方……我继续对你讲话，不知我是否确实写出了这些字句。即使没有任何东西的地方，我也看到了“我爱你”这三个字。

——狄德罗致索菲·沃兰(Sophie Volland)的信

20世纪末，世界大部分地区都经历了梦想的破灭——欧洲共产主义的瓦解，令人们感到失望(它证明民主和繁荣都不是必然的，被重新建构起来的民族主义也不能解决实际问题)；无论是世俗国家，还是神权制国家，其革命都经历了全面失败；“民主”的衰退在美国导致了公众的政治麻木，在秘鲁催生了政变的创始者；网络延伸到了大型购物中心，却并未用于言论的自由交流，它漠然伫立而并未扩展到社会各前沿领域。伴随这些事件而来的极大空虚，弥漫于这样一种总体氛围之中，即持续不断并理直气壮地否认真理、合法性、权威、正义和公益等思想。这是当今的任何一种乌托邦思想所赖以存在的具有矛盾性的总体背景。

在20世纪，人们不停地将乌托邦想象成各种模样：对共产主义的幻想，对革命的渴望，对绝对民主、凭借技术而实现的广泛联系和解放的梦想。其外在表现形式也多种多样:从国家社会主义的具有特定主题的音乐创作,到对未来主义猛烈攻讦;从达达主义到超现实主义的梦想乌托邦。借助于这些幻想者自己所必然提出来的与乌托邦相对的极恶世界幽灵的观念,他们以一种真正的辩证方式,充分地表达了上述乌托邦观念。显而易见的是,只要这些幻想存在,关于乌托邦的上述观念,就特别有可能会自食苦果,导致以社会控制抑或和谐的名义而造成的对个人自由、尊严的侵犯以及生产上的混乱。到了20世纪末,从那些虽已付诸实践但几乎残存无几的乌托邦信条中,衍生出来一个新的情况,不是有人在假定历史的终结、乌托邦的终结,而是有人在愤怒地声称,这些关于乌托邦的想法是可笑、残酷和愚蠢的。

乌托邦的确终结了,但奇怪的是,那种未曾完全彰显的人们对乌托邦的想象,却并未终结,而是仍深藏于我们内心中的某一个地方。对我们来说,乌托邦更多的是一种复制品,一种经历了某些洗礼而淤积下来的堆积物,就像做梦摔跤后所形成的僵硬的脖子一样。欧洲共产主义衰落不久后,路易斯·马丁(Louis Martin)在逝世前将一篇文章命名为"乌托邦的边界"。他写道:它所指的"既是确定和限定乌托邦的边界",也是乌托邦的想象所创造出来的边界,如果那确实是对乌托邦的想象的话。对马丁来说,乌托邦不是画像、图像或肖像之类的事物,而是种"虚构实践"。它能够"封闭一个场所并开启一个新的空间"(Martin,1993)。

乌托邦在艺术上的张力可谓源渊流长,从一种直观的形式开始,它可以一直回溯到唯心论、未来学和对乌托邦想象的批判。乌托邦的表现遵循了柯拜纳·莫克(Kobena Mercer)所谓的一种"代替逻辑……使当前成为现实中缺乏的主题"(Mercer,1991)。有一种连字符型的词汇,如圆周/半球、广场/立方体、花园等,这些词汇所具有的核心性的、极为简化的象征性,能够调动起乌托邦那种隐含性的、概括性的内涵,借助于这种类型的词汇,艺术意义上的乌托邦的历史,已部分地解决了这种表现为"尚未"性的难题。由莫尔的著作启发而成的第一幅画,以人脑的形制描绘了乌托邦。另一方面,一些按照某种模式建构起来的几乎完全现实的政体,表明人们极为渴望按一种乌托邦计划行事。正如傅立叶为空想共产主义制定的计划,或大革命时期法国国会的改组方案那样。

理想城市的启蒙乌托邦、美洲发现的乐园式的殖民乌托邦,这一切都增加了乌托邦探寻者的数目,其中的每个人都准确反映了自身所处背景和时代的困境及愿望。作为一种对极端情况的反应，乌托邦经常可以追溯到政府镇压、自然灾害和战争伤亡。在第一次世界大战后这个西方艺术中的伟大的乌托邦时期，不同先锋派的变革决心表达了十分富有情感的乌托邦建议。这表现为从达达主义对无政府主义者的攻击，到对形式逻辑的信任；从蒙德里安(Mondrian)，到构成主义的作品中对现实的系统重构。电影是乌托邦的前沿性表现媒介，同样的是超现实主义者对具有公开反抗性的诗歌幻想的极端化(他们并不是没有受到弗洛伊德和马克思的社会阶层分化观念的影响)，还有法国布里多尼人的梦想乌托邦。

描绘乌托邦的形式，恰似"努力以汤为佐料喝汤"，其难度正如《批判艺术全集》(*Critical Art Ensemble*)(1994)所说，以普通语言来发展玄妙语言。在只有当前语言的情况下，对乌托邦的论述如何提及超越当前的事物？乌托邦所热望的这种真正的相异处又如何表述出来？如同被托马斯·莫尔施行浸礼一样，乌托邦既没有位置，又占个好位置(与完美的时间和完美的意识状态相联系)。如马丁所记载，它因此是"一个荒谬甚至轻率的地名。因为作为一个术语，它否定了它正在命名的那个地方"。乌托邦的想象激发了一个不可避免的矛盾：一方面，为了成就现实而不仅仅是视之为悬在虚空中的耀眼的梦想，它的形式必须个性鲜明、详细具体；但另一方面，乌托邦所表现出来的固定性，又与其含蓄、不确定、梦幻性的特征需求相矛盾。如果乌托邦的乌有之地，确能够引发人们欲将其绘成切实的图景的冲动，那么为它绘制图景的迫切要求似乎是不可抗拒的。而且，乌托邦拒斥了人们将其具象化的种种尝试，人们只能以意识形态、极权主义和平庸化等形式，对乌托邦的开放系统进行封闭性的处理。至少在这些形式中，乌托邦看来是不太好具体化的。

如果将乌托邦在艺术上的张力追溯得更远一点——这通常是一种回溯性的历史，似乎清楚的是，乌托邦的当前形式起源于20世纪60年代所积聚的乌托邦的能量。那是一个富于革命热情和情感迸发的年代，当时殖民地世界以解放斗争的形式积聚了力量和活力。艺术的发展在很大程度上不满足于仅仅构建乌托邦的形象，而是期待能够具有某种"形式的可塑性"——正如迈克尔·哈德特(Michael Hardt，2000)和安东尼奥·奈格里(Antonio Negri，2000年)指出的，在那些斗争中，艺术的发展应当在某种程度上参与乌托邦的实践过程，哪怕是不完全的和模拟的方式也好。乌托邦的观念对欧洲和美国的视觉艺术产生了极大影响，其繁荣与发展皆依赖于下述背景，那就是抵制战后的自满情绪、新消费者文化的平庸和情感上的空虚、帝国主义侵略和政治与文化上的霸权制度。这样的态度表明，人们希望借助激进民主制思想、异想天开的想法和诙谐幽默的手段，来重新控制公共空间并树立其可信形象。“新人类”思想伴生于那些“新社会”思想。通过表达自我和解放个性而实现主体革命的想法，借助于社团和集体的力量而得以扩展充实。艺术上的概念和表象方法论等前景预设，使艺术手段成为实现上述心理学目标的更有效的媒介。至少对某些人来说，对乌托邦理想的追寻，就是对广义上的艺术的追寻。在艺术实践中，我们拥有重新定义“感同身受”的体验、有效地颠覆一种既定秩序和创造一个自由领域的自由和能力。这种从起初的隐喻模式到一种更具推理性的模式的转变——后者旨在创造一种建构乌托邦国家的基本模式或暂时性的手段——使乌托邦的表现手法不再流于传统意义上的由预言、描述和结束所构成的有限的循环途径：它首先是一种充溢着情感的、具有开放的建设性的和地方性的艺术，一种具有深刻震撼力的艺术，它也意味着受压迫者的解放、技术的解放、思想的解放和一种革命的力量。

* * *

利吉亚·克拉克(Lygia Clark)所著的《与我同呼吸》(1966 年)，是作为艺术形式的肉体性的心理分析发展过程的组成部分。在这部著作的主要部分中，物体不再是其自身，而是被利用和控制的事物。之所以如此，正是为了借助物体和控制者之间的关系，来调动起人们那种强化起来的感觉，特别是要激活那种在更广义上的个人自由意义而言的个人经历。这部著作预示着，人类的感觉不是个人性的而是社会性的产物，我们借此理解并与世界发生联系。克拉克的方案是在巴西专政的背景下发展起来的，因而具有合理性的和明确的政治意义。这部分受邀观众用橡胶管卷成一个个圆圈，并将其放在耳朵旁，听进出管子两端间空隙的空气的声音，从字面上讲，这是一种呼吸的艺术。

再来看攸科·欧讷(Yoko Ono)的《白色国际象棋》(*White Chess Set*)(1966)。在书中，两套棋子和棋盘上的所有方格都被涂成白色。由于棋手不能分辨哪些棋子是自己的，比赛很快就不能进行了。“在比赛进行中，棋手不知道棋子的线索；这在理想情况下导致对彼此关注的事情的互相理解，并在同情而非敌对的基础上形成了一种新的关系。那么也就在小范围内实现了和平。”

康斯坦·尼奥文海斯(Constant Nieuwenhuys)与情境画家一起工作,从事“地域心理学研究”,他以下列形式详细阐述了自己长期以来(1956～1974)对《新巴比伦》(*New Babylon*)一书的观点:摄影草图、小册子、演讲、电影、宣言、绘画、新闻影片(城市听起来会像什么的)和声音材料。在先锋派对现代性的极端实用主义进行批判的背景下,康斯坦逐渐将新巴比伦清晰地表述为似乎很可信的断言。他的理论创造了一种新型的社会空间,它意味着凭靠一种可能实现的想象而产生的实际影响,会进入日常活动的空间。对于与方向感迷失相关的心理学的兴趣,是康斯坦关注的核心问题,它促使我们按照自己的经验盖一些建筑,例如将街角弄成圆形,以发现阳光在其正面所做的令人惊奇的运动。运动、惊讶、喜悦,对行动而非对功能的关注,表明康斯坦的建筑风格中充满着与解放相关的想象。重要的是,新巴比伦城的形象(在康斯坦的高度关切下)总是旨在以一种特殊的拍摄角度和十分投入的展示技巧,来给观众以居住在幻想空间中的感觉。

情境画家特别感兴趣的是这样的信念:城市本身所具有的大都市条件,能够成为发起和加速社会变化的一个手段。从盖·蒂鲍德(Guy Debord)早期的巴黎地域心理学地图到情境画家 1958 年 5 月间的国际活动(包括可能假冒的行动,将巴黎歌剧演出时所利用的服装用于街头展示);到 1962 年,情境画家已决定放弃艺术和其他种类的自主的文化实践而追求直接进入社会领域,先锋派则要实现现实生活中的真正变化。

米克洛斯·厄迪利(Miklos Erdély)的《无人看护的货币》(*Unguarded Money*)(1956,1976),讲述了 1956 年 10 月布达佩斯革命初期的一次团结行动(20 年后,一件具有纪念意义的艺术品正式公开)。在这个过程中,为烈士家庭筹钱的敞开的盒子放在街道上。没人看护它们,也没有任何东西被盗。厄迪利以他的行动在恐怖的氛围中提出了乌托邦的设想。

帕利·尼尔森(Palle Nielsen)的《一个定性社会的模型》(*Model for a Qualitative*),摩德那·姆希特描绘了这样的场景:一个操场占据了博物馆的整个空间,与尼尔森做了几年的社区工作类似。在博物馆中,操场上的下述设置创造了一个乌托邦的自由区域,也体现出了行动和创造性的集合:滑梯、沙盒、丛林健身房、艺术品供应处、戏剧服装(皇家剧院捐赠)、面具(100 个戴高乐的,100 个毛泽东的,100 个林登·约翰逊的)、一个声响系统(包括一堆孩子们可以、也确实能够播放的唱片)。这是尼尔森对其所见到的在政治活动中缺少幻想这一现象所作出的反应。

下一个例子是自由爵士乐团,其成员有:奥奈特·考勒曼(Ornette Coleman)、阿什·席颇(Archie Shepp)、山·拉(Sun Ra)、芝加哥艺术团和明戈斯(Mingus)。他们那种经过解放了的音乐风格,是通过解放音乐形式而使人的主观世界发生革命性巨变的一种方式(演出团和音乐的)。无等级结构模仿了这样的信念,即不同的社会观念需要不同的和谐观念。山·拉所创作的"银河间的人"和内容狂妄的作品,及另一个世界的耀眼的幻梦,是围绕非洲未来派意识形态和社团的具体计划而建立的(拉正在为这个目的积极探究从美国政府部门获得1万英亩土地的可能性)。

再看阿纳·鲁帕斯(Ana Lupas)所著的《湿润装置》(*Humid Installation*)(1970)。借助一种每天都在重复的公众行动中,鲁帕斯与罗马尼亚麻古村(Village Margau, Romania)的妇女合作,将她们所有的亚麻布都展开铺在特兰西瓦尼亚(Transylvanian)的山坡上。妇女的这些仪式化行动象征着和平(白颜色),而且这种合作的家庭基础提供了另一种可供选择的集体模式,与此同时也重新诗意地塑造了她们家乡的景色。

高敦·麦达·克拉克(Gordon Matta-Clark)著有《樱桃树》(*Cherry Tree*)(1971)和《食物》(*Food*)(1971～1973),这两个写作方案首先唤起然后又颠覆了艺术与乌托邦相联系的思想。麦达·克拉克首先在他画廊墙角种了一棵树,这棵树三个月后死了,成为生长或生命不可能的环境的牺牲品。在树苗死后,麦达·克拉克首先种了一床蘑菇,最后使那个地方成为纪念那棵树的一座墓碑。《食物》是麦达·克拉克与其他人开的"在家工作一族饭店"(SoHo),它不仅是充满了地方自治主义气息的买卖,也是为集体和艺术所激发的一种"社会空间"。《食物》表面上像《樱桃树》一样是一种救赎的乌托邦计划,使反乌托邦的现实更接近其救赎的核心;在为饭店所做的早期广告中,麦达·克拉克在魔板上通过"克利奥拉斯饭店"(Criollas Resaurant)的标记潦草写下饭店的名字。克利奥拉斯饭店从前是为工人服务的,这预示着艺术家们在其贵族化的邻居们中已发生了转变。

巴纳玛汉克(Panamarenko)所设想的"飞行器"("flying machines"自从1967年以来就一直在设想)一直被认为是"能工作的",尽管它们可能完全或在某些时期失败；它们曾经是似是而非的、相似的，也是反工程、反作用的极端形式。轻视技术进步却热衷于发明思想，机器偏离了已经知晓的、指向了“几乎不可能的”和“仅仅有可能的”。这些机器可能“工作”的意义，针对的是空的地点，而非电子设备的细节；它们使潜能处在待开发状态，并使之不断地被完善，永远“处在进步中”。若从冷战的背景出发去理解，巴纳玛汉克的思想似乎是对人类军事化前景的攻击和对另一种选择的态度，是关于人类飞行的乌托邦梦想所作的神话性的喜剧诗。

冬·波吉(Don Burgy)在《充溢着思想的空间》(*Space Completion Ideas*)(1969)中，提出以不可能性事物作结局的空间想象序列。例如，一个由三个圆所组成的序列，加上“纸洞”、“圆面”、“圆周”的标题，让读者在序列上填第四个空位置。在使逻辑空缺的过程中，这个工作使读者处于吃惊、困惑的状态。

最后一个例子是达玛斯·森兆柏(Tamás Szenjoby)所著的《布拉格电台》(*Prague Radio*)(1968)。森兆柏是20世纪60年代东欧寻求复兴公共空间完整性的艺术家之一。他们通过创造一种具有内部抵制的私人空间，来复兴被封闭和蚕食的公共空间。当他们的便携式电台被没收后，捷克人的回应方式是用纸掩盖收音机，并将它们带到有电台的地方。森兆柏纪念公共抵制的联合行动，通过使用硫黄而向公众宣传炼金术的信仰，从而将挑战行动提升到了超验水平。

* * *

乌托邦的内部冲突随着时间的流逝变得愈益尖锐，如此指定的社会或政治安排的成败，使我们现在醒悟、厌倦、提防重建乌托邦的努力。虽然描绘乌托邦的相似策略现在看来可能不令人信服，但对乌托邦的思考仍在继续。我想知道乌托邦思想的准确意义，还想知道(正如我所提出的)在何种意义上讲，这意味着乌托邦所产生的反响是发源于大部分当前的艺术创作。

1968年[①]的能量和活动是近来乌托邦艺术创作的一个重要源泉。此时的乌

① 我正以大略的方式进行分期，1968年和1989年作为关键点。它们主要被看作象征的，无论如何也是这些年政治文化联合体的速记。即使如此，这些日期不想暗示单纯的或一元的意识形态背景：“1968年”当然指的是布拉格和巴黎，“1989年”指的是柏林墙。

托邦似乎在与彼时的乌托邦对话,在其中能够发现它实现自己将来形态的潜力与未能实现的不足之处。这是一种围绕强烈混合感情的复杂的返回行动;如果过去的时刻最终被判断为极度迷惑的,它仍然是当前缺乏真实性和目的性的有效提示者。这种返回蕴涵着矛盾的感情,一方面努力地避免迷惑,另一方面坚持以可能被迷惑的方式思考。这是它的根本思路。

我们的乌托邦想象在现在与未来间的巡回运动,来回调动着早期乌托邦的能量,确定乌托邦的当前状态未能及时实现其将来状况与两者间的矛盾之处。这是一种即将实现自身目的的状态。在将当前与未来的乌托邦进行对比的尝试失败后,这方面的建议现在表现得含蓄了,坚持认为这是在偏离能够产生深刻见解的主题。

最近的乌托邦理想以一种关于方位的思想或意义表明了其深刻的张力。关于现代的很多描述,都强调政治和情感的发散性特点。这体现在:一种反体系的同时也是开放的和受控制的根茎状网络中;基于非直接对抗而是间接或迂回的避让之上,这是对权力和服从的拒绝;迈克尔·哈德特(Michael Hardt)和安东尼奥·奈格里(2000)继承现代性的"方位"确认现在的帝国令人奇怪的不像过去那样占有广大的空间这一点。如果后者用不属于它本身的东西,通过一种辩证运动来定义它自身(凭借中心/外围,第一/第三世界等这样相互交织的二元系统),那么无位置是一致的,是普遍存在的;如果现代性的"方位"以物质性来表明其特征的话,那么"无方位"则是流动的,既无处不在又到处都无有。

乌托邦的空间化现在高度依附于全球化的环境,在其中,稍纵即逝的情况普遍存在。较早的政治乌托邦的版图和支持者不再能象征性地定位了,也不能从意识形态、空间和时间方面"描绘"了。如果康斯坦的地域心理学在由难理解的事物所构成的知识迷宫中得到最好的体现,在迷宫中迷失方向感是被积极追求的话,那么乌托邦则是今天在电脑空间中被发现的一个混乱的领域。这种"无方位"是全球资本没有充分发挥起影响领域,但注意到它与乌托邦的"无方位"的相似性也是有趣的。带着多重的且具有冲突性的暗示,无方位现在对乌托邦理想来说已变得至关重要了。这些乌托邦理想以内涵丰富的和具有启发式的语言,对这种情况作出了回应。

随着网络成为全球共享形式的资源,这个乌托邦理想构成了对下列事物的刺激:文化干扰、媒体破坏行动、报刊愚弄、网络拦截、与强酸性物质的象征性游击战、传染而非颠覆性的小而机智且具有腐蚀性的感叹词(方舟有根本的目标吗?方舟一直在寻找超越公共关系的解决办法,即方舟网站[①])。早期乌托邦中那些不胜者的英勇姿态,成为无方位的乌托邦论述中的漏洞;堂皇和富有激情的允诺言辞变得愚蠢而陈旧。努力形成规模不是通过运动、努力而形成的整体化,而是从地方性特征变化到网络特征之一。他们主张的乌托邦是想象的仍充满中介的,但存在着对战略而非策略的偏好。对乌托邦理想的小规模反抗、骚乱和偏差,构成了对革命的超越。它是一种极具伤害力的乌托邦,总体上依然不乏模仿性且蕴涵着丰富的情感。

此外,这些乌托邦理想表现了当前乌托邦所具有的潜力和所面临的迫切性等主要情况。事实上,可能更加有益的是使乌托邦的意思与潜在思想这个术语的意义相近,它暗示的字面意义不是最深刻的。这样的乌托邦是"黎明的修辞形象",它是可见的与不可见的桥梁,通向"超越空间"的边界。对马丁来说,乌托邦是一种镶边(纺织品的边沿,尽管在衣服上没有用,但它将其聚拢在一起),是一种既是方法又是间隙的"限制"。在提供了两个确定领域连接通路的意义上,它是方法;在作为两个边缘间的空间的意义上,它是间隙。这个间隙既不是一边又不是另一边,而是"中性的"空间、可能性的空间、乌托邦的空间。

"无方位"在这个意义上是枢纽:有鲜明限制性,是自然发生的,是乌托邦想象能够展开的领域——这种想象就是为这样的场合而发明的手段。很多人已经描绘了这类地方:尼采的"徘徊"思想、情境画家的"起源"、利奥塔的"漂流器"、哈吉姆·贝(Hakim Bey)的"临时自治区域",都是通过行动来获得的地域心理学经历,为了加强经验的核心内容与获得经验的手段,这个行动想以某种方式使经验处于悬而未决的状态。贝说:

> 放下一张自然地理地图,在那上面放一张政治变化的地图;也可以在那上面放一张网络地图,尤其是强调秘密信息流和其潜在背景的反网络地图。最后,在上面放上创造性想象、美学和价值的地图。这些因素综合而成的景观,就会显得逼真了。而且意想不到的巨大能量、光束、秘密通道以及由此而带来的惊奇,使这个景观生气勃勃。

① 方舟网站,http://www.rtmark.com。

如果历史地分析，乌托邦的理想倾向于，将起义者的反抗冲动和针对变革所提出的夸大了效用的方案结合起来。与它极其相似的事物是，渐进的方案更加有用：失败乌托邦的继承者、批判的技术性怀疑乌托邦主义者、热情的技术性怀疑乌托邦主义者、抒情诗人，这些人都喜欢不可能的事物、让人动情的不可能的事物。

山姆·杜朗(Sam Durant)认为：20世纪60年代的乌托邦理想，现在被神化到十分可信的地步(1968年5月的巴黎大街)。性急的悲剧英雄(已过世的史密斯逊(Smithson)、巴斯·艾德(Bas Ader)、麦达·克拉克(Matta-Clark)、海思(Hesse)，在山姆·杜朗的著作中被批判性地复活了，这体现在他所写的《20世纪60/70年代的部分死者：反思乌托邦并揭示糟糕的现实》(*Partially Buried 1960s/70s: Utopia Reflected, Dystopia Revealed*)(1998)和《相反的熵(吉姆·希尔特的后退)》[*Entropy in Reverse* (*Gimme Shelter Backwards*)]。对于出生太晚而未能以任何形式经历20世纪60年代的杜朗来说，乌托邦坍塌为糟透的处境，并未激发对两者中任何一个的偏爱。同时，微弱地酝酿当代文化，使更加真实的时间幻影——对幽灵的幻想依旧持续着。20世纪60年代的极端实践对杜朗(Durant)这样的年轻艺术家来说，是可选择的遗产，其背景是强烈的心理影响，还有这些艺术家之间在艺术风格上既(以思想病的形式)对立又接近的矛盾与影响。

《纪念碑的宣传》(*Monumental Propaganda*)，是柯玛(Komar)和麦勒米德(Melamid)1993年鼓动的计划，他提出了如何处理散落在俄罗斯的社会主义的纪念碑的看法，建议“既不崇拜也不毁灭”，他们寻求能够“通过艺术手段来将其转变成历史教训的创造性结合”。在为“无产阶级和农业纪念碑”提建议时，阿特·斯比格尔曼(Art Spiegelman)特别关注一座雕有两个跨步人物的方形纪念碑，主张砍去支撑他们迈出前脚的那一部分雕像，因为他们正迈向虚无。斯比格尔曼的态度似乎是完全讽刺的，因为这等于砍去任何可以挽回的希望。但清楚的是，那个作品仅以照片的形式存在，在谴责或支持可能性/不可能性思想的问题上并没有持徘徊态度。在现实生活中，人一定会落下来，但在艺术作品的空间中，他们不会掉下来。这座雕像的剩余部分，又意味着什么呢？

在20世纪80年代末，古巴对那些不必居住在这个岛上的人来说，几乎是一个乌托邦；像卡洛斯·盖莱柯阿(Carlos Garaicoa)这样的艺术家意识到了其他人的幻想，并将其重新塑造为对他们自己的讽刺性评论。他那些被撕碎的、记录哈瓦那过去辉煌时光的照片，是对哈瓦那思念的巨大讽刺。城市往日的辉煌，殖民占领的残迹，在(乌托邦)革命到来和崩溃之间的社会主义梦想徘徊往复期间，是完整的。哪一个过去更值得留恋：是殖民主义，还是革命？由行动和失败所组成的二元系统被时间冲刷掉后，当前存在着什么？是作为输出物的乌托邦。

厄里·泰格(Uri Tzaig)在宇宙广场组织了犹太人和阿拉伯人之间没有胜负的足球比赛——使用两个足球、两个裁判、两个讲解员——然后交替用他们对比赛的评论作副标题来编辑他们的录像带，使用明显没有联系的宗教音乐。在厄里·泰格的《60分钟快映》(1997)这部片子中，他祖国的拉宾(Rabin)遇刺的电影胶片的放映，占据了报道这场没有胜负的比赛节目的大部分；比赛所寻求的乌托邦式政治平衡，受到政治希望破灭现实的极大打击。

拉希姆·克利斯蒂夫(Rassim Kristev)在为另一个被破坏了的保加利亚的乌托邦计划而工作——那些落魄者甚至将这个乌托邦视为上帝的特许之地，其居民不再信任公共空间。当"变革"最终发生时，过去的沉重负担就不算什么了。尽管仍存在着关于欧洲抑或繁荣的梦想，克利斯蒂夫(Kristev)在他的国家大部分处在忍饥挨饿状态的时候，花了两年时间依靠自己的经验和"维他命"为它建立了政权和纪律[修正/拉希姆 (Corrections/Rassim)，1996～1998]。在他那个时代，乌托邦究竟意味着什么？这份工作结束了，尽管如此，它却成了克利斯蒂夫(Kristev)生活的主要部分。

再看看格哈德·雷希特(Gerhard Richter)所作的《1977年10月18日》(*October* 18，1977)(1988)。作者以模糊、昏暗的图景，表现了拜阿德·迈因霍夫(Baader Meinhof)团队的生死，以及人们那被激发起来的紧张和不稳定的情绪，其中既包括赋予团队以革命地位的政治理想，也包括暴力死难者的绝望和失败的情绪。其中的组画记录了一个人们常见的场景，拜阿德监狱单人间的那令人生畏的架子，以及在同一间狱室地面上横卧着的那四仰八叉的尸体。这些画作充满着几乎令人无法忍受的沉静、单色调和几近于无法释读的深度——后者意味着表现这样的主题实际是不可能的。

马特·格劳恩宁(Mat Groening)搜集了梅里耶(Meliés)以前的漫画科幻小说，并在《未来世界的展示》(*Futurama*)中表现了他对公元3000年的幻想。在其作品所构建的世界中,20世纪的每一个关于将来的设想都变成了现实——一种梦幻化的现实,但事实证明这些东西是为人所十分厌烦的。当格劳恩宁所构想的人物去寻找归宿时,他们拒绝了艾斯舍(MC Escher)所构想的多元化住宅:"我们为什么为一个我们没有利用的角度付出代价?"

卡祖黑克·哈希亚(Kazuhiko Hachiya)的作品是《隔绝联系机器》(*Inter Dis Communication Machine*)(1993～1995),通过佩带一套电子视频装置,观察者使自己仅能够通过彼此的眼睛来观察对方。仅凭这些"借来的"感知所起到的作用,观察者不可避免地对其通过同伴的眼睛所看到的自己感到由衷的惊讶。

欧文·沃姆(Erwin Wurm)创作了《一分钟雕塑》(*One Minute Sculptures*)[视频:阿戴尔菲雕塑(*Adelphi Sculptures*),1999]。其中,一个男人用双手将自己提离地面,有人将一只竖直的钢笔放在他的脚尖部,他用身体推靠墙的椅子;一个男人在他的指尖和墙之间,保持他手上的五个长杆的平衡;三个桔子叠加摞放在地面上;一个西红柿放在厕所刷子尖上;一个妇女头上顶着一个茶壶大步行走,有人将三棵压碎的泡菜放在了她的脚趾间。

借助于文本表达,所有这些短暂的动作或事件(他们只能持续一分钟)在时间上得以延长了;凭借这种保存,不可能的事情变成了可能。视频展现了准备、排演、不成功的尝试和成功的时刻。与视频不同,照片的记录就不那么有趣;照片无法展现事物发展过程的意义,它只能是通过记录人的蠢行而制造一种不舒服的感觉:这使得观众成为偷窥狂。在展示会的开幕式上,沃姆准备了支架和一张张的图片,人们可以亲自做照片上的动作。沃姆让做动作的人"保持那个姿势一分钟,同时什么也不想"。

艾丹·墨特兆格鲁(Aydan Murtezaoglu)的操作照片(未命名,1999年)显示艺术家坐在一个长椅子上(望着博斯普鲁斯海峡);地平线无法说明地倾斜着,她倾斜到一边并使自己与之排列到一起。图像的双重处理是:一方面是令人作呕的,如果你加入并也如此倾斜,你是令人作呕的;另一方面,这件事像小孩子的魔术游戏,翘起她的头,她能纠正一个弯曲的世界。

在《开放的公共图书馆行动》(1991～1994)中,克莱格(Clegg)和古特曼(Gutmann)用未经准备的图书填充书架,它们被放在德国城市边缘地区的公共场所。邀请人们"拿有限数量的书,并在限定时间内使用。捐赠图书是受欢迎的"。艺术家开始的"社会雕塑"——集体的,自由的,自我约束的,直接民主的——正在模仿可能性本身。高度编码的知识制度化(公共图书馆)被重铸,剥去了外部力量关系所强加的习惯束缚。作为重塑艺术家的理想表达,这种乌托邦情况遇到了不同的反应:一些团体自己延伸这个计划,而在其他地方,图书馆被故意毁坏和被盗。所有这些反应构成了这项工作的本质。

鲁舍扎尔·鲍亚杰夫(Luchezar Boyadjiev)对置身其中的糟透了的国际艺术界作出反应,提出“参与居住计划的艺术家(们)”(2000)作为对在法国网球场宣誓发生地举办的“欧洲不同的另一半”展览的贡献。

在这个计划中,我想反对陈词滥调,将巴尔干一小部分人和艺术背景与复杂性输出给巴黎这个很多艺术家向往的城市、这个怀有大部分世界文化和历史的城市、这个艺术家“梦想在其中举办展览”的城市。我所做的是邀请受科索沃战争强烈影响的四名艺术家(分别来自斯科普里、普里斯蒂纳、贝尔格莱德和第拉纳)在博物馆与我们共同居住、工作一个月,与来自不明背景的观众共同工作。[①]

新的集体,特别是那些围绕技术前景和设备而表述出来的集体,进行乌托邦想象的积极性不高。土地计划将财产变成对所有人公开使用的“土地”。任何人都能参观土地计划,留在那里并做他们想做的事。土地计划用个人对土地的所有权来反抗自己,使财产自由流动,创造一种新社会状况。

马克·派尔耶翰(Marko Peljhan)的马克洛实验室马克二号,容纳聪明的艺术家和科学家团体,按照自己的方式在南极运行十年(南极是世界上唯一不被任何人拥有的陆地,不是“私人财产”)。马克洛实验室是利用“反射器、复制和储存媒体流、收音机信号和卫星联系,构成有关我们当代世界的不可见的地理学”。正像俄罗斯建构主义者设计的飞碟,马克洛实验室探究网络时代的乌托邦断言,进入这个领域的复杂关系中。观众能在接受和工作间转换、演员和观众的角色间转换,使工作的地点成为完全不确定的。“如果一个地方能够被认定为有联系的、历史的、关注同一性的,那么不能被认定为有联系的、历史的、关注同一性的地方,就是无位置。位置和无位置相当像对立的两极:前者从未被完全清除,后者也从未完全实现。”

在艾德瓦多·卡卡(Eduardo Kac)的《心灵传输给一个未知的国度》(1998)

① 参见鲁舍扎尔·鲍亚杰夫(Luchezar Boyadjiev)“参与居住计划的艺术家(们)”,给雷切尔·韦斯的电子邮件,2000年2月28日。

中，一粒种子放在走廊的一个有盖培养皿中，将其发芽过程记录到世界性网站中，用空中数字相机传送照片并提供植物增长所需的阳光。同样，这是个主观性在网络环境中可能变成怎样的工作模式。

乌托邦叙述从一次(通常是海上)旅行开始，被一场毁灭信号塔和标记碑的灾难(暴风雨)打断——这是开启未知的、不可定位空间的极好方法。作为对乌托邦表述的最后形式，嘉斯敦·豪勒(Carsten Holler)的《自我镇静》(1998)只是人们脱离博物馆的巨大通道。豪勒说，信仰的改变使“自身的负担得以减轻”[伯恩鲍姆(Birnbaum)，1999]。

* * *

表面上，这是一个乌托邦理想稀有的时期：对无意义乌托邦的记忆仍是新鲜的，乌托邦需要其支持者的真诚信仰，现在看来似乎是个时代错误。理想化的表达几乎没有什么价值，乌托邦的浪漫愿望，对不可能事物的倾斜，拙劣地适应着后历史、后人性是意识形态的自我毁灭和极端怀疑的时刻。

乌托邦想象现在是我们矛盾的中心，它本身甚至是矛盾之一；我们处于似乎坚决否定乌托邦飞行，同时又深深为其所吸引的时刻。乌托邦思想现在与(政治的、道德的)公开宣布的确定事物和乌托邦描述(更不用提实现)的教条倾向相摩擦。为了恢复它，产生了正反并存的矛盾感情，意义不稳定的非决定性鼓励了对乌托邦思想的重新编码。如果乌托邦是种先见之明，它现在几乎是一个出发点，一种借以实现转型可能性的结构。

将乌托邦与基本要反对的事物联系起来似乎是似是而非的、对人类生活核心的、天生爆发性质的表达。在这本读物中，乌托邦似乎是种反抗机制。共存的、同延的不可能性，与其急迫性和必要性之间的不和谐，使这种反抗机制的诗歌表现形式成为必要。而且，乌托邦似乎处于其历史上的特殊时刻。它断然不同于有关“好的事物”的生动描写、描绘、公式、规则、原理。它以不同方式得到表达，从其倾向到依赖理想化的回报图像。只要乌托邦现在能被说成作为一种间隙结构的类型学，它就是更加成型的：马丁(Martin)的镶边。它更多地是一个空间，更少的是一个位置，后者是一个正在形成的空间，前者是关于运动的。当然，这不是此刻独有的特征(马丁在1984年已经按此种方式论述)，但作为乌托邦想象的显著标记，它引人注意。乌托邦作为一种目的论设计或随笔的构建，在其累积的遗产的压力下垮掉，它现在像修剪灌木的机器那样运转，持续地将“可知的”事物修剪（重塑）成不可知的事物。

乌托邦想象一直一方面与表现出来或制定出来的确定性斗争，另一方面反对相对于虚无的空想。这些斗争都来自这里所提到的著作。我们的乌托邦理想对腐败和再生间的联系感兴趣。它们既促进又破坏其所继承下来的乌托邦理想，努力使乌托邦想象介入当前的现实，而没有忘记这样介入的影响是历史的。

只要它成为一种象征行为，乌托邦最终已经是一种对美学的净化，以其简单的行动，否定复杂性和混淆等说不上可憎的事物，这不可避免地伴随着大众转型的计划。关于乌托邦，我们真的不再天真了，但随着失去构想一个浪费的乌托邦的信心，似乎有一种基于对艺术的伦理坚持的反应，浸透着我们已经知道的“乌托邦”灾难。乌托邦不是一种对抗幻灭的手段；对乌托邦的兴趣在于注意到我们事实上确实在对抗幻灭，注意到我们一次次地返回到一种善的（可理解的、伦理的）生活问题上。这是一场从没完成的斗争，也是一场从没被放弃的斗争。乌托邦想象源于对这种坚持的某种程度的意识。它是一种让我们决定去追求的想象，然而可能加强我们对乌托邦持久的向往与冲动。

参考文献

Augé, Marc. 1995. *Non-Places*. London: Verso.

Bey, Hakim. 1985. *Temporary Autinomous Zone*. New York: Autonomedia.

Birnbaum, Daniel. 1999. A Thousand Words. *Artforum*, March.

Critical Art Ensemble. 1994. 'Utopian Plagiarism, Hypertextuality, and Electronic Cultural Production.' In *The Electronic Disturbance*. New York: Autonomedia.

Gervereau, Laurent. 2000. 'Symbolic Collapse: Utopia Challenged by Its Representation'. In *Utopia: The Search for the Ideal Society in the Western World*. New York: New York Public Library/Oxford University Press.

Hardt, Michael and Antonio Negri. 2000. *Empire*. Cambridge, MA: Harvard University Press.

Komar, Vitaly and Aleksander Melamid. 1994. 'What Is to Be Done with Monumental Propaganda?' In *Monumental Propaganda*. New York: Independent Curators.

Martin, Louis. 1993. 'The Frontiers of Utopia'. In *Utopia and the Millennium*, eds. Krishan Kumar and Stephen Bann. London: Reaktion Books.

Mercer, Kobena. 1991. 'Skin Head Sex Thing. Racial Difference and the Homoerotic Imaginary'. In *How Do I Look? Bad Object Choices*. Seattle: Bay Press.

Peljhan, Marko. 1997. Magazine *of the Museum of Modern Art*. Ljubljana 1.

第四部分

作为文化交流媒介的乌托邦

第十四章

乌托邦：世俗理念与中国传统

张隆溪

在讨论乌托邦一部重要的近著里，法国学者罗兰·夏埃尔在开篇论文里说："在最严格的意义上说来，乌托邦是在16世纪初产生的。"他强调托马斯·莫尔著作的历史意义，宣称说"乌托邦的历史必然从托马斯·莫尔开始"①。然而在同一部书的另一篇文章里，莱曼·萨金特对乌托邦的理解却又宽泛得多，并在全部历史中去追溯乌托邦主题的发展线索。他承认，"似乎并非每一种文化都在知道托马斯·莫尔的《乌托邦》之前，就已经发展出经由人力建立的乌托邦"，但是他又认为，"这样的乌托邦的确存在于中国、印度和各种佛教和伊斯兰教文化之中"②。究竟乌托邦是16世纪欧洲的发明，还是范围更广阔、早在不同文化传统中就已经存在的东西——这就是我在此章所关注的问题。如果在最基本的层次上说来，乌托邦观念意味着憧憬超乎现实的另一个更美好的社会，那么乌托邦就已经表示对现状某种程度的不满以及对现状的批判，因此，乌托邦的憧憬同时又是对社会现实的评论，是表现社会变革意愿的一种讽喻。这种变革的意愿似乎深深植根于人类生存的状况之中，因为在任何社会里，都没有人会不愿意生活得更好，即便不是积极进取，也至少希望以我们有限的资源和能力，取得最大限度的成功。因此，乌托邦的意愿无所不在，正如英国作家王尔德以他特有的风趣而典雅的语言所说那样："不包括乌托邦在内的世界地图不值一瞥，因为它忽略了人类不断去造访那个国家。而人类一旦抵达那里，放眼望去，看见一个更为美好的国家，便又扬帆驶去。进步就是乌托邦的不断实现。"③

---

① Roland Shaer, 'Utopia, Space, Time, History,' trans. Nadia Benabid, in *Utopia: The Search for the Ideal Society in the Western World*, eds. Roland Shaer, Gregory Claeys, and Lyman Tower Sargent (New York: The New York Public Library, 2000), p. 3.

② Lyman Tower Sargent, "Utopian Traditions: Themes and Variations," 同上书，第8页。

③ Oscar Wilde, "The Soul of Man Under Socialism," in *Plays, Prose Writings and Poems*, ed. Anthony Fothergill. London: J. M. Dent, 1996, p. 28.

乌托邦的意愿不仅在空间上普遍存在，而且在时间上也持续不断，因为美好社会的前景总是在前头，总是位于我们前面那不断退缩的未来的尽头，在一个新的千年纪的尽头。从《圣经》中的伊甸园到柏拉图的《理想国》，再到一系列文学形式的乌托邦，在西方哲学、文学和政治理论中，一直有一个想象最美好社会的丰富传统。然而乌托邦是否在概念和语言上，都可以翻译呢？乌托邦是否有跨越文化差异的可译性呢？乌托邦的憧憬是否也出现在东方，例如在中国哲学和文学中，也有所展现呢？追求另一个更美好社会的意愿，在中国的典籍中是否也有所表现呢？如果我们目前的学术环境不是那么强调文化的独特，强调概念术语的不可翻译，这类问题本来是没有必要提出来的。不过在我们试图回答这些问题之前，让我们首先考察一下西方的乌托邦。王尔德所见人类不断造访，又不断扬帆离去那个国家，究竟在哪里呢？它是在什么条件下出现，其形状相貌又如何呢？我们必须首先追寻乌托邦，找出其最显著的特征，然后才可能有一定把握去论证，其核心观念是否能超越语言和文化传统的特别界限。

一、乌托邦与世俗化

露丝·列维塔考察了乌托邦研究中各种定义和方法之后总结说："乌托邦表达而且探索人们心中所向往的。"她认为，"乌托邦关键的因素不是希望，而是意愿——有更好生存方式的意愿"①。列维塔检讨了许多有关乌托邦的著作，认为这些著作依据内容、形式和功用所下的定义，都往往过于狭隘，而她给的宽泛定义则力求能适合各种不同的乌托邦。她企图设立一个包容性的宽泛定义，似乎能避免狭隘，令人觉得宽慰，然而她的乌托邦观念也并非没有其局限，因为她极不愿意把她的观念建立在诸如人性这类概念的基础之上，生怕这类概念有被人指责为"本质主义"或"普世主义"的嫌疑。列维塔于是强调概念的构成性。虽然"更好生存方式的意愿"听起来好像是普世主义的，但乌托邦"却是一个社会构成的概念，其来源并不是通过社会中介实现的一种'自然'冲动"。她认为，"在某一社会的需求与这个社会可能达到而且分配到的满足之间，有整个社会人为建构

---

① Ruth Levitas, *The Concept of Utopia*. New York: Philip Allan, 1990, p. 191.

起来的距离，而乌托邦则是对此距离由社会人为建构起来的回应”[①]。可是没有预设人性或人类心理当中某些基本的冲动，社会建构这一概念或比喻就显得空泛而没有根基。人们不禁要问：为什么在那么多不同文化和社会里，都会有如此普遍的“更好生存方式的意愿”呢？无论是乌托邦还是别的什么社会建构，其基础又是什么呢？其实，人性的观念和建构的观念完全不必互相排斥，因为乌托邦即“更好生存方式的意愿”这一观念，正是以人性某些基本特点的概念为基础建构起来的。

在讨论乌托邦既全面又发人深省的一部著作里，克利斯安·库马尔把乌托邦观念首先与文艺复兴时代人性意义的改变联系在一起。西方讨论人性，一个基本的文本依据就是《圣经·创世纪》里人犯罪而丧失乐园的故事。正如伊琳·佩格尔斯所说，犹太人和大多数早期基督徒都把亚当违背神旨和由此产生的可怕后果，理解为一个有关选择和人类自由的故事。犹太人和早期的基督徒固然承认，亚当犯罪给人类带来痛苦和死亡，但“他们又都认为，亚当让他后代的每个人对善恶作出自己的选择。大多数基督徒都会认为，亚当故事之用意正在于警告每一个听到这个故事的人，不要滥用神赐予的自由选择的能力”[②]。当基督教不再是一个遭受迫害的秘密教派，而成为罗马帝国国教时，基督教的社会和历史处境就完全不同于以前，也正是在这样的背景之下，圣奥古斯丁根本改变了对创世纪故事较早的解释，提出了他对人性的分析，而这一分析“无论好坏，都成为往后西方历代基督徒的传统观念，并对他们的心理和政治思想发生重大影响”[③]。奥古斯丁和他影响之下的中世纪教会都把人性视为根本上是恶，由于受到亚当偷食禁果所犯原罪的影响，人性无可改变地堕落。如果说保持早期基督教看法的约翰·克利索斯托姆(John Chrysostom)强调人的自由选择和个人的责任，认为亚当的例子是为人提出警告，让每个人都要为自己的行为负责，奥古斯丁则认为亚当不是一个个人，而是集体的人，是全人类的象征。他说：“在第一个人身上已有全部的人性存在，当他们的交配受到上帝判决时，那人性就由女人传给后代；所传下来的不是最初创造出来的人，而是犯了罪并受到惩罚的人，而这就是

① Ruth Levitas, *The Concept of Utopia* (New York: Philip Allan, 1990), pp. 181－182。

② Elaine Pagels, *Adam, Eve, and the Serpent* (New York: Vintage Books, 1988), p. 108.

③ Elaine Pagels, *Adam, Eve, and the Serpent* (New York: Vintage Books, 1988), ⅩⅧ页。

罪恶与死亡之来源。”[①]佩格尔斯认为，奥古斯丁对创世纪故事的解读把一个有关自由选择的故事，变成了一个有关人类奴役的故事，因为奥古斯丁坚持说：“每个人不仅在出生的一刻，而且从怀孕的一刻起，就已处在奴役之中了。”[②]按照奥古斯丁的看法，受原罪污染的人性就像“腐烂的根”，所以由这样的根不可能生长出任何自由来。[③] 以这种观点看来，人类不可能自救，而只能把得救的希望寄托在基督身上；人类不可能在人间建立理想社会，而只能寄希望于神的恩惠，期待灵魂在死后进入天堂。奥古斯丁所谓上帝之城与世俗的人之城正相反，所以他说：“这两座城由两种爱形成：世俗之城基于自爱，甚而蔑视上帝；天上之城则基于对上帝之爱，甚而蔑视自我。简言之，前者以自我为荣耀，后者则以主为荣耀。一个在人当中寻求光荣，而另一个最大的光荣就是上帝，是良心的见证。”[④]由此可见，奥古斯丁所谓上帝之城是精神而非物质的，其最终的实现只能在天国而非人间。

正是在这一点上，中世纪教会的意识形态与乌托邦恰好相反，因为乌托邦是人在现世、在人间建造的理想社会，而不是关于灵魂与天国的幻想。克利斯安·库马说得好，“宗教与乌托邦之间有原则上根本的矛盾”，因为“宗教典型地具有来世的关怀，而乌托邦的兴趣则在现世”[⑤]。当然，《圣经》中有伊甸园的故事，但我们已经看到，按奥古斯丁的解释，这个故事的意义乃在于告诉我们罪恶和死亡的根源。正如阿兰·图伦所说，“只有当社会抛弃了乐园的意象时，乌托邦的历史才开始。乌托邦是世俗化的产物之一”[⑥]。无论如何，由于人的原罪，《圣经》里的乐园早已丧失了，以宗教的观点看来，设想人可以不靠上帝神力而在人间创造一个乐园，无异是对神不敬，是罪恶的自傲。库马尔认为，奥古斯丁的《上帝之城》正是要警告世人：“不要过于关注世俗之城的俗务，以至远离了在天国的上帝

---

① Saint Augustine, *The City of God*, trans. Marcus Dods (New York: The Modern Library, 1993), XIII.3, p.414.

② Elaine Pagels, *Adam, Eve, and the Serpent*, (New York: Vintage Books, 1988) p.109.

③ St. Augustine, *The City of God*, XIII.14, p.423.

④ 同上，XIII.28，477页。

⑤ Krishan Kumar, *Utopia and Anti-Utopia in Modern Times* (Oxford: Basil Blackwell, 1987), p.10.

⑥ Alan Touraine, "Society as *Utopia*," *trans. Susan Emanuel*, in *Utopia: The Search for the Ideal Society in the Western World* (New York: The New York Public Library, 2000), p.29.

之城。”如果现世只是苦难和罪恶的渊薮，人类都是罪人，那么乌托邦的理想除了显露人类自不量力的虚妄之外，还能有什么意义呢？而这“似乎正是奥古斯丁在正统神学当中最具影响时，基督教中世纪对乌托邦思想的普遍态度。对尘世的轻蔑（contemptus mundi）极不利于乌托邦式的设想，因此在乌托邦思想史上，中世纪是一个明显贫乏的时期”①。由此可见，在库马尔看来，乌托邦观念的核心在其根本的世俗性和反宗教性。

基督教教义中固然也含有乌托邦因素，如关于乐园的丰富幻想，关于人可以通过修行而完善的信念，以及千年纪思想等等。这类思想在基督教产生之前，在犹太教信仰中早已存在。犹太教本有末日启示（apocalypse）的观念和关于救世主的预言，这些观念在基督教信仰中得到进一步发展，在《新约・启示录》中更以神秘的形式获得有力的表现。在犹太人信仰中，预言者们所说的是在人类时间结束时，在末世时刻的启示观中，救世主将会来临，而基督徒则相信耶稣就是救世主，他已经来临而且死去，而耶稣的第二次来临将会把所有善良的灵魂交给在天堂的上帝手中。《启示录》描绘基督击败恶魔之后，将与复活的圣徒治理人世一千年，然后有第二次的复活与第二次的审判，得救的灵魂将在神赐的和平与安宁中永生。圣徒约翰说：“我又看见一个新天新地……我又看见圣城新耶路撒冷，由上帝那里从天而降，预备好了，就如新妇装饰整齐，等候丈夫。”那时上帝会到人间来与人同住，“上帝要擦去他们一切的眼泪，不再有死亡，也不再有悲哀、哭号、疼痛，因为以前的事都过去了”②。千年纪充满对摆脱尘世痛苦之完美状态的期待，因而类似于乌托邦的理想。虽然千年纪不是基督教教义正统，但很多世纪以来，这一观念在基督徒当中影响深远。中世纪有不少以千年纪思想为基础的社会运动和组织，其成员相信基督的第二次降临就在目前，千年纪即将开始。他们争取像圣者那样生活，因而往往成为独立的群体，不受世俗法令和习惯约束，成为带强烈宗教性和理想色彩的组织，所以在中世纪和近代初期，各种不同类型的千年纪教派都对奥古斯丁的正统，形成极为严重的挑战。正如库马尔所说，千年纪“唤起了‘人间天堂’的希望，唤起了‘新人间’的幻想，其乐园式的完美既可追溯到人类堕落之前的乐园，也能预示来世之天上的乐园”。于是在千年

---

① Kumar, *Utopia and Anti-Utopia in Modern Times*, p. 11.

② 《新约全书・启示录》第 21 章第 1～4 节。

纪之中,“宗教与乌托邦互相叠合在一起。一般情形下宗教比照来世完美之承诺而不看重现世,因而也不看重乌托邦,但这种态度在此有重大的改变”①。所以千年纪虽是宗教观念,但其对“新天新地”和“人间天堂”的期待,又为乌托邦的出现作出了贡献。

然而乌托邦毕竟不同于千年纪。据库马尔的说法,乌托邦是在特定的历史条件下产生的纯属现代的观念。乌托邦的核心是根本的世俗化,而且是针对中世纪和奥古斯丁原罪观念来界定的世俗化;而其前提条件则是人性善或至少是人性可以达于至善的观念。换言之,文艺复兴时代的人文主义是产生乌托邦的一个先决条件。“乌托邦”这个概念得名于托马斯·莫尔在1516年发表的名著,而在撰写《乌托邦》之前数年,莫尔曾对奥古斯丁《上帝之城》发表过一系列演讲,如果说《上帝之城》是奥古斯丁从宗教立场出发设想的最美好生活的观念,那么莫尔的《乌托邦》则可以看成是对这一宗教观念的回应。杰拉德·魏格麦尔论证说,莫尔使用奥古斯丁的《上帝之城》,主要是以之作为对比:“乌托邦才‘不仅是最好,而且是唯一真正够得上理想社会之名的政治秩序’;《上帝之城》否认真正公正的社会可以在人间的任何时间任何地方存在。”②可是在莫尔看来,乌托邦恰恰就是存在于现世人间的美好社会,因而和奥古斯丁作为超越现世之精神存在的上帝之城直接相反。尽管莫尔本人是虔诚的基督教徒,而且在其死后四百年被天主教教会尊为圣徒,但如库马尔所说,“在《乌托邦》一书中,显然是人文主义多于宗教热忱。在如僧侣生活这类独特的基督教影响之外和之上,最强烈表现出来的是莫尔对柏拉图的崇敬和他对罗马讽刺文学的喜爱”③。莫尔描述的乌托邦人不是基督徒,而且对不同宗教信仰都抱相当开放宽容的态度。

莫尔的《乌托邦》发表之后不过一年,就有马丁·路德把向罗马教会挑战的“九十五条论纲”,钉在威腾堡大教堂的门上,并由此引发天主教教会和新教改革之间一段激烈的宗教冲突。剧烈的争执和宗教战争使欧洲分裂,但也导致激进的世俗化,使人们不再依据基督教教义,不再通过教会的调解,来寻求解决社会问题的办法。诚如库马尔所说,中世纪宗教世界观的衰落是“乌托邦得以产生的

---

① Kumar, *Utopia and Anti-Utopia in Modern Times*, p. 17.

② Gerard Wegemer, “The City of God in Thomas More's Utopia,” Renascence 44 (Winter 1992): 118.

③ Kumar, *Utopia and Anti-Utopia in Modern Times*, p. 22.

必要条件”[①]。当时还有另一个历史事件，对莫尔《乌托邦》的写作形式发生了极大影响，那就是因地理大发现而特别流行的文体，即风靡一时的游记文学。无论是真实还是想象当中遥远国度的习俗制度，从来就是幻想的材料，使人去构筑更美好生活的幻梦。库马尔指出，这些游记故事都是“乌托邦的原始材料——几乎就是乌托邦的雏形”[②]。因此，我们可以说，美洲新大陆的发现及其在欧洲激发出的无穷想象，为产生《乌托邦》提供了另一个条件。

库马尔把乌托邦的形式和内容都放在欧洲文艺复兴、宗教改革以及地理大发现等特殊的历史环境中来讨论，由此断定“乌托邦并没有普遍性。它只能出现在有古典和基督教传统的社会之中，也就是说，只能出现在西方。别的社会可能有相对丰富的有关乐园的传说，有关于公正平等的黄金时代的原始神话，有关于遍地酒肉的幻想，甚至有千年纪的信仰；但它们都没有乌托邦”[③]。有趣的是，库马尔认为中国可能是唯一的例外。他说：“在所有非西方文明中，中国的确最接近于发展出某种乌托邦的概念。”然而他根据法国学者歇斯诺一篇讨论中国可能有乌托邦的文章，最后得出结论认为，歇斯诺所强调的“大同”、“太平”等各种思想，“虽然有类似的乌托邦式的宗教和神话的‘史前史’，却都没有像在西方那样形成一个真正的乌托邦。在中国，也从来没有形成一个乌托邦文学的传统”[④]。在较近出版的《乌托邦主义》一书中，库马尔对此有进一步讨论，但不幸他仍然以歇斯诺 20 世纪 60 年代那篇文章为依据，因而很受局限，而歇斯诺文章的目的，和库马尔所关切的问题相去甚远。歇斯诺追溯“大同”、“太平”、“平均”、“均田”等传统的平均主义思想，其目的在于由此说明社会主义何以在中国会这么成功。他希望描述一个文化和历史的背景，在此之上，当代中国的政治局势就显得更容易理解。歇斯诺说，社会主义虽是西方的外来思想，但“它能够实行和实现人们世世代代抱有的混乱的梦想。在这个意义上，社会主义对于东方说来，并不像人们有时以为的那么‘外来’”[⑤]。他讨论的思想观念大多是道教和佛教的思想，也

---

① Kumar, *Utopia and Anti-Utopia in Modern Times*, p. 22.

② Kumar, *Utopia and Anti-Utopia in Modern Times*, p. 23.

③ Kumar, *Utopia and Anti-Utopia in Modern Times*, p. 19.

④ Kumar, *Utopia and Anti-Utopia in Modern Times*, p. 428 注㉙。

⑤ Jean Chesneaux, “Egalitarian and Utopian Traditions in the East,” Diogenes 62 (Summer 1968): 78.

提到少数几部文学作品，包括陶渊明的《桃花源记》和李汝珍的《镜花缘》，后者有对女儿国的描写，歇斯诺称之为一个“女权主义的乌托邦”[①]。

然而就讨论乌托邦而言，歇斯诺的文章并不能作全面的指引，因为那篇文章追寻中国传统中乌托邦思想的主要来源，走得并不够远，而且基本上忽略了儒家思想中的社会和政治哲学传统。因此，库马尔在其影响之下，也就不可能窥见中国乌托邦思想的全貌，反而得出一个并不可靠的结论，认为把所有中国乌托邦思想的成分合在一起，“仍然与真正的乌托邦主义相去甚远”。库马尔继续说，在中国传统里，乌托邦观念“几乎总是联系着和佛教的弥勒佛有关的救世观念和千年纪的期待”[②]。据库马尔的看法，在非西方文化里，宗教信仰使乌托邦很难存在。他认为，“在非西方社会里难以找到乌托邦的原因之一，是由于这些社会大多受到宗教思想体系的控制”[③]。我想要证明，这一描述恰好不能适用于中国传统。可是我要强调的并不是库马尔论证错误，或他的信息来源有误，因为他并非中国文化专家，中国是否存在乌托邦传统，也不是他论述的重点。远为重要的是库马尔关于乌托邦性质及其与世俗思想之紧密关系的精辟论述。在那一论述的基础之上，我们可以明显见出，恰好在中国存在着乌托邦思想。对库马尔说来，世俗化是乌托邦的必要条件，而他在东方没有看到那种条件。可是我们可以论证，在儒家思想影响之下，传统中国社会恰好是一个没有受任何宗教体系控制的社会，而且总的说来，中国文化传统具有明显的世俗性质。这里我们又碰到术语的可译性问题：究竟乌托邦是否可以跨越东西方文化差异而翻译呢？乌托邦的意愿是否在中国传统中也有所表现呢？

二、儒家思想中的乌托邦倾向

如果世俗化是乌托邦的前提条件，那么儒家影响下的中国传统就可以提供一个迥然不同于中世纪欧洲的世俗文化模式。《论语》中体现的孔子思想，关切的是现实的人生，而非来世或天堂。《论语·述而》载“子不语怪、力、乱、神”，最

---

① Jean Chesneaux, “Egalitarian and Utopian Traditions in the East,” Diogenes 62 (Summer 1968): 78. pp. 82－84.

② Kumar, *Utopianism* (Minneapolis: University of Minnesota Press, 1991), p. 34.

③ Kumar, *Utopianism* (Minneapolis: University of Minnesota Press, 1991), p. 35.

明确表露了孔子的理性态度。在涉及鬼神与信仰问题时，孔子的态度似乎是模棱两可的，因为《论语·八佾》记孔子论及祭祀时说："祭如在，祭神如神在。"《先进》篇也表现出孔子这种怀疑态度："季路问事鬼神。子曰：'未能事人，焉能事鬼？''敢问死。'曰：'未知生，焉知死？'"死亡本来是一切宗教所关切的中心问题之一，但孔子却认为不必深究，而应当首先考虑现实的生存问题。孔子这种入世而理性的态度，论者多已指出。如冯友兰《中国哲学史》论及孔子时代的宗教和哲学思想，就认为"孔子对于鬼神之存在，已持怀疑之态度"[①]。周予同认为，孔子一方面对鬼神表示怀疑甚至否定，另一方面又不废祭祀，实际上是利用宗教祭祀"以为自己道德哲学的辅助。所以孔子以及后代儒家的祭祖先、郊天地等举动，只是想由外部的仪式，引起内心的'反古复始''慎始追远'的敬意，以完成其个己与社会的伦理。所以孔子的祭祀论已脱了'有鬼论'的旧见，而入于宗教心理的应用"[②]。西方汉学家也大多注意到儒家这种入世的取向。如雷蒙·道生说，"孔子最为关切的是给人以道德的指引，而孔子认为最主要的美德乃是仁"。他继续说："如果他的目的是要在这个人世间恢复乐园，那就很少有宗教的余地。"[③]这里所谓"乐园"，当然不是指《圣经》里的伊甸园，而是指经孔子理想化的上古三代之太平盛世。《论语·述而》篇载孔子自谓"述而不作，信而好古"。《论语·八佾》又说："周监于二代，郁郁乎文哉。吾从周。"这种对上古三代的理想化以及对文王、周公的称颂赞美，的确在中国传统中形成一种怀古的倾向，在某种程度上，可以说类似西方伊甸园或往古黄金时代的幻想。然而中国这种往古的乐园并非由原罪而丧失，也没有基督教传统中那种宗教的含义。

对孔子说来，回到上古时代的完美不是通过信仰或神恩的干预，不是等待末世的启示或救世主的第二次来临，而是通过人在目前和现世的努力，依靠每个有道德的君子去恢复那失去了的黄金时代的文化。而恢复过去时代文化的最终目的，乃是为了在将来可以实现完美。因此，儒家设立的过去时代的例子，并不仅仅是往古的黄金时代，让人只能留恋缅怀，却永不可能重新达到。恰恰相反，理想的过去在社会生活中起相当重要的作用，它可以成为，而且确实常常成为衡量

---

① 冯友兰：《中国哲学史》，（香港）太平洋图书公司1956年版，第49页。

② 周予同：《孔子》，载朱维铮编《周予同经学史论著选集》，上海人民出版社1983年版，第385页。

③ Raymond Dawson, *Confucius*. Oxford: Oxford University Press, 1981, p. 44.

现在、批判现在的一个尺度。换言之，诉说古代的完美无可避免会成为一种社会讽喻，具有社会批判的功能。我们由此可以看出，何以孔子和学生们对话之间，常有一种急于经世致用的紧迫感。《论语·颜渊》载颜渊问仁，孔子回答说："克己复礼为仁。一日克己复礼，天下归仁焉。为仁由己，而由人乎哉？"这说明在孔子看来，回到古代乐园之路是通过个人自身的努力，不能靠别人，更不用说靠鬼神之助。这种依靠个人努力之积极而理性的态度，与宗教精神以及期待救世主来临的神秘理想，与千年纪所希求的乐园之再现，显然有本质的区别。值得注意的是，孔子主张"克己复礼"，目的并非回到往古，而是以现在的努力达于仁，以期成功于未来，最终还是着眼于现在。这就有别于西方关于乐园的幻想或对往古黄金时代的缅怀。当然，孔子常常提到天或天命，所以在他的思想中，并非没有宗教和超越的观念，但总的说来，儒家思想无疑对现世和人伦有更多的关怀。在儒家思想影响下，中国人大多对不同宗教信仰持宽容开放的态度，也没有哪一种宗教能在中国定于一尊，这在世界文化中，可以说是相当独特的现象。

库马尔总结古典乌托邦概念，认为它们"都是对激进的原罪理论发动的攻击。乌托邦永远是人只依靠他自然的能力，'纯粹借助于自然的光芒'，而所能达到的道德高度之衡量"[①]。这句话颇可以用来描述孔子所说"为仁由己"而不由人的君子，因为"由己"也就正是"纯粹借助于自然的光芒"。这里重要的是对人之本性、对其道德力量和可完善性的信念。而那一种信念在儒家传统中，恰好是一个牢固的观念。孔子说："性相近也，习相远也。"[②]在这里孔子并未明确肯定人性是善或是恶，但他确实肯定人性是可塑而可变的。总的说来，他所关切的不是人性本身，而是社会现实中的人生。所以《论语·公冶长》载他的学生子贡说："夫子之文章，可得而闻也。夫子之言性与天道，不可得而闻也。"然而传统的评注家们力求孔孟一致，便肯定孔子已经持性善之说。刘宝楠《论语正义》注《公冶长》此句，就认为："性善之议，孔子发之。而又言性相近者，言人性不同，皆近于善也。"同书注《论语·阳货》"性相近"句，甚至直接引孟子的话为依据以注孔子，认为："孟子之时，因告子诸人纷纷各立异说，故直以性善断之。孔子但言善相

① Kumar, *Utopia and Anti-Utopia in Modern Times*, p. 28.

② 《论语·阳货》。

近，意在于警人慎习，非因论性而发，故不必直断以善与。”[①]近人徐复观讨论先秦关于人性的意见，也持类似看法，认为孔子所说“性相近的‘性’，只能是善，而不能是恶的……孔子实际是在善的方面来说性相近”[②]。所有这些评注未必能成功论证孔子真的相信人性善，可是传统评注对中国人如何理解孔子的话，却有极大影响。

在儒家传统中，是孟子在辩论中明确提出著名的性善论。诚如刘宝楠所说，孟子的看法是在和告子诸人的异说辩论中产生的。据《孟子·告子上》，告子认为人性就像流水，“决诸东方则东流，决诸西方则西流。人性之无分于善不善也，犹水之无分于东西也”。可是孟子接过告子流水的比喻，把横向之比巧妙地换成竖向之比，指出水的本性总是向下，所以“人性之善也，犹水之就下也。人无有不善，水无有不下”。人世间当然有各种恶存在，但孟子坚持认为，那不是人性本身的问题，而是恶劣的社会环境造成的结果。正如使用机械手段可以使水违背其本性向上，恶劣的环境也可能把人推行各种罪恶。孟子认为，人心本能地具有四种善端，由此论证人性本善。《论语·公孙丑上》：“恻隐之心，仁之端也。羞恶之心，义之端也。辞让之心，礼之端也。是非之心，智之端也。人之有是四端也，犹其有四体也。”赵岐注：“端者，首也。”焦循《正义》更进一步引《说文》释“端”为：“物初生之题也。题亦头也。”[③]这就是说，孟子认为人性有善的开头或根源，若加以正确引导和培养，就可以使人成为完人。这与奥古斯丁认为被原罪污染的人性像已“腐烂的根”，正所谓南辕北辙。奥古斯丁认为，亚当的原罪影响一切人，所以人皆有罪，只有神特别恩宠的少数可望成为圣徒。孟子则认为，圣人与常人并无本质差别，“人皆可以为尧舜”[④]。由此可见，儒家和基督教对于人性持截然相反的看法。

对于乌托邦而言，重要的不是相信人性善或人可以逐渐完善，而是由此引出的社会理想和政治理论。孟子的政治思想以性善为基础，主张仁政。《梁惠王上》约略描述了仁政的结果是人人丰衣足食的小康理想。然而在战国时代，简单的小康理想也难以实现，孟子所见的现实，是“庖有肥肉，厩有肥马。民有饥色，

① 刘宝楠：《论语正义》，载《诸子集成》第一册，中华书局1954年版，第99、367页。

② 徐复观：《中国人性论史·先秦篇》，台湾商务印书馆1969年版，第89页。

③ 焦循：《孟子正义》，载《诸子集成》第一册，中华书局1954年版，第139页。

④ 《论语·告子下》。

野有饿莩。此率兽而食人也”。可见孟子所谓仁政并非现实,而只能提供一个理想的对照,以此来批评现状。所谓“率兽而食人”,不能不使人想起莫尔《乌托邦》里有名的“羊吃人”的比喻。《乌托邦》第一部并非理想社会的描述,而是假希斯洛蒂之口,对英国当时现状作尖锐的批判。那是英国毛纺织业刚刚开始发展的时代,大量耕地被圈起来作养羊的牧场,农民失去土地,成为流民和乞丐。他们饥渴难耐,不得温饱而被迫行窃时,又被酷刑绞死。莫尔以尖刻讽刺的笔法写道:羊本是最温驯的动物,只需一点草就可以喂饱,现在却到处横行,胃口越来越大,“听说已变成了吃人的怪物”①。所以在莫尔的《乌托邦》里,对现状的批判和对理想社会的描述相辅相成。乌托邦从一开始,就在提供理想社会蓝图的同时,更兼有社会批判的功能。

孟子的仁政只能是一种理想甚至幻想,其乌托邦性质也就不难想见。孔子希望将其伦理和政治理论化为现实的意愿,也同样是未能实现的理想。他有众多出色的弟子,经过儒家教养的严格训练,本应该为王者之师,在中国各地实行道德的完善和政治的和谐。这一希望和柏拉图所谓“哲学家为王”的观念,可以说相当接近,可是,正如柏拉图清楚意识到此一观念极不现实,孔子也深知其道难行。柏拉图自己承认,哲学家为王或者王者研习哲学这一想法,很可以“比为令人难解的吊诡大浪”,这种大浪“很可能在人们嘲弄取笑的浪潮之中,把我们冲到不知何处去”②。孔子的情形也颇相似,他周游列国,却未见其用。《论语·宪问》记载一位守城门的人描述孔子的话,就说他是“知其不可而为之者”。经过一再的失望和挫折,大概就是圣人也未免会失去耐性了,所以连孔老夫子也忍不住偶尔要抱怨几声。我们可以想象,孔子不能在他的时代实现道德理想和政治抱负,不断遭到各种困难和挫折,至少在某些特别令人气馁的时刻,也就难免产生一些不实际的幻想、难以实现的企望、对一个想象中国土的渴求,那应该是个陌生遥远的地方,在那里去实行孔子设想的理想社会,也许就显得不是那么完全不可能了。

那恰好就是《论语·公冶长》孔子那句牢骚话的意思——孔子说:“道不行,

---

① Sir Thomas More, *Utopia*, trans. Robert M. Adams. New York: W. W. Norton, 1975, p. 14.

② Plato, “Republic”, trans. Paul Shorey, in *The Collected Dialogues, including the Letters*, eds. Edith Hamilton and Huntington Cairns. Princeton: Princeton University Press, 1963, 5.473c, p. 712.

乘桴浮于海。”孔子本人并没有说明他浮海要去哪里，可是历来的注家却说得很清楚，都认定孔子想往渤海以东，要到“东夷”居住的朝鲜去。他们说：“东夷天性柔顺，异于三方之外”，所以孔子“欲乘桴浮而适东夷，以其国有仁贤之化，可以行道也”[①]。《子罕》篇又有“子欲居九夷”的话，刘宝楠《论语正义》就说这“与乘桴浮海，皆谓朝鲜。夫子不见用于中夏，乃欲行道于外域，则以其国有仁贤之化故也”[②]。评注家们力求使读者明白，孔子“浮于海”的愿望，绝非“遁世幽隐，但为世外之想”，而是要达到“仍为行道”的目的。虽然孔子想“乘桴浮于海”，而且“欲居九夷”，他最终向往的仍然是可以“行道”，如果不能行道于中国，也至少可以“行道于外域”。这些评论当然都是些推测之辞，然而是相当有意思的推测。在孔子时代，朝鲜无疑是具有神秘色彩和异国情调的“外域”，就像莫尔设想的乌托邦，或培根(Francis Bacon)描绘的新大西岛 (New Atlantis)，可以任人驰骋想象。那里的居民虽是原始的蛮夷，却天性纯洁，只要加以适当的教化和影响，他们或许就能实现哲人的社会理想。莫尔描绘乌托邦来历时，就说乌托邦国王“把其地粗野未开化的居民，改造为极具文化与仁爱之人，在这一方面他们已经超过几乎一切别的民族”[③]。这与《论语》评注中对东夷的想象，实在颇为相似。孔子和孟子的确都没有全面描述过一个文学的乌托邦，但在他们著作的片断里，却包含一些无疑为乌托邦的因素。在孔子想乘桴浮于海，想远离中国而居九夷这些片断里，在评注家们对这些片断之道德和政治意义的强调里，我们可以说已经能找到构成乌托邦的基本要素：这里有海上的航行，有处在虚无缥缈之中有待发现的外域，有自然淳朴、天真无邪的蛮夷，他们的本性可以不断改进而臻于完善，成为理想社会的成员。一旦文学家借助想象把这些要素组织起来，略加叙述和描绘，就可以产生出文学的乌托邦来。

三、文学的想象

中国文学里表达对理想乐土的追求，当以《诗·魏风·硕鼠》为最早。这首

① 刘宝楠：《论语正义》，载《诸子集成》第一册，中华书局 1954 年版，第 91 页。
② 刘宝楠：《论语正义》，载《诸子集成》第一册，中华书局 1954 年版，第 185 页。
③ More, *Utopia*, p. 34.

诗并没有细致描绘乐土,所以也许算不得真正乌托邦式的作品,但我们如果同意露丝·列维塔的意见,以乌托邦的要义在最基本的“更好生存方式的意愿”,那么这首远古的诗歌就确实表达了这样一个意愿。诗曰:“硕鼠硕鼠,无食我黍。三岁贯女,莫我肯顾。逝将去汝,适彼乐土。乐土乐土,爰得我所。”这首诗有典型民歌的形式,每节字句大致相同,只略有变化。这简略的诗句并未描述乐土是什么样子,但在重敛压榨之下欲之他国,适彼乐土,就和孔子欲居九夷的话一样,都表现了对现状不满和对理想社会的向往追求。按传统评注的解释,这首诗是“刺重敛也”,是讽刺君主“贪而畏人”,于是“将去汝,之彼乐土之国”。换言之,这首诗传统上历来被理解为一种社会和政治的讽喻,表现对美好生活的追求。因为《诗经》是儒家的重要经典,这首小诗在中国乌托邦文学想象之中,也就占有相当重要的地位。

从远古的民歌,我们可以转到三国时的曹操。曹操有《对酒》一首:

> 对酒歌,太平时,吏不呼门。王者贤且明,宰相股肱皆忠良。咸礼让,民无所争讼。三年耕有九年储,仓谷满盈。斑白不负载。雨泽如此,百谷用成。

这里暗用孟子的话,毫无疑问表现出一种乌托邦式的幻想。他描绘的社会不仅和平富裕,而且公平安定,“路无拾遗之私。囹圄空虚,冬节不断。人耄耋,皆得以寿终。恩泽广及草木昆虫”。然而曹操的生活现实和他所幻想的乌托邦社会,却实在是相差万里,因为他一生频频征战,用极严酷的手段为建立魏国奠定基础。如果我们把他描绘战争的诗相比照,就更能领略《对酒》中表露出的那种乌托邦的幻想。曹操《蒿里行》描绘战事的情形,是“铠甲生虮虱,万姓以死亡,白骨露于野,千里无鸡鸣。生民百遗一,念之断人肠”。他在现实经历中看到的是战乱的毁灭和痛苦,乌托邦的幻想显然就产生于他力求摆脱严酷现实、寻求和平安定的愿望,并在想象中给他带来一点慰藉。

中国文学中最具乌托邦特色的作品,无疑是陶渊明在曹操之后约两百年所作的《桃花源诗并记》。陶渊明此作不同于前此一切对乐土的幻想与渴求,首先在于描写稍具规模。诗人让我们约略窥见一个人们安居乐业的世外桃源,而这隐蔽的世外桃源是一武陵渔人通过一个极狭窄的山洞偶然发现的。这种经过山洞或其他途径发现与现实不同的理想社会,当然是许多乌托邦文学叙述的共同点。陶渊明以简洁的语言,把发现桃源的过程写得十分生动而且情趣盎然,成为中国文学传统中著名的经典。他描述武陵渔人：

> 沿溪行，忘路之远近，忽逢桃花林。夹岸数百步，中无杂树，芳草鲜美，落英缤纷；渔人甚异之。复前行，欲穷其林。林尽水源，便得一山。山有小口，仿佛若有光；便舍船从口入。初极狭，才通人；复行数十步，豁然开朗。土地平旷，屋舍俨然，有良田美池桑竹之属；阡陌交通，鸡犬相闻。其中往来种作，男女衣着，悉如外人；黄发垂髫，并怡然自乐。

这世外桃源与世隔绝，渔人经过极狭窄的洞口才得以发现。而一旦走到那里，他立即看见一个与外面世界迥然不同的、自足自治的社会。桃源中人告诉他，说是"先世避秦时乱，率妻子邑人来此绝境，不复出焉；遂与外人间隔。问今是何世，乃不知有汉，无论魏晋"。这种没有时间观念的感觉对所有乌托邦说来都至为重要，因为乌托邦是不变的完美社会，其完善的社会状态既不允许衰退，也不需要改进。武陵渔人作为一个外来者，就代表着与当时外在现实的联系，相对于乌托邦社会那个没有时间变化的世界，他是来自充满盛衰消长的另一个世界中人。桃源中人把渔人邀请到各家，待以酒食，而渔人则向主人讲述外面世界的故事，那些关于战争、灾难和改朝换代的故事。数日之后，他告辞而去，桃源人对他说，这里的事"不足为外人道"。可是此人出来找到自己的船，却一路上做好标记，并且把发现桃花源的事报告给了当地的太守。这不仅是背弃了渔人向桃源人的承诺，而且也代表了时间和变化的现实世界对乌托邦那永恒完善状态的威胁。为了维护乌托邦的幻想，桃花源的故事就不能不以神秘的方式结尾：太守派人随渔人去寻找那世外桃源，可是无论他们怎样努力，桃花源却消失得没有一点踪影，后来也再"无问津者"。从此以后，桃花源也就成为中国文学传统中一个不断引人遐想的幻梦。

钟嵘《诗品》称陶渊明为"古今隐逸诗人之宗"，可是这篇桃源诗却恰好不是写游仙或归隐这类个人之志，而是描写具有理想色彩的社会群体及其生活，而这正是乌托邦文学的基本特点。也就是说，乌托邦所关注和强调的不是个人幸福，而是整个社会集体的安定和谐。为了这假想的乐土能有不同于周围世界的理想制度，乌托邦总坐落在与世隔绝的地方，外人往往难以接近，更难以发现。许多写乌托邦的作品都刻意描绘理想社会的地势，叙述其发现过程之艰难。莫尔的乌托邦是希斯洛蒂在美洲新大陆的发现。陶渊明的桃花源也是渔人缘溪而行，无意当中的发现。在《桃花源》诗里，渊明描绘的无疑是一些俭朴、忠厚的人们，是一个自足的农耕社会。诗中写桃源人“相命肆农耕，日入从所憩。桑竹垂余荫，菽稷随时艺；春蚕收长丝，秋熟靡王税。……童孺纵行歌，班白欢游诣”。值得注意的是陶诗中“秋熟靡王税”一句，我们由此可知桃源里没有苛政重敛，所以才有“童孺纵行歌，班白欢游诣”那样怡然自乐的场面。对于生活在 4 世纪的一位诗人来说，设想一个不纳王税的农耕社会，可以说是相当独特的想象。

陶渊明写桃花源固然是想象的虚构，却也并非毫无现实作基础。陈寅恪在《桃花源记旁证》一文里，就以史学家的眼光钩稽史料，推论渊明所写的桃园在历史上实有所据，考出“真实之桃源在北方之弘农，或上洛，而不在南方之武陵”，而且桃源中人“先世所避之秦乃苻秦，而非嬴秦”①。不过真实的桃源与虚构有寓意之桃源并不互相冲突，文学的想象本来就总有现实作基础，所以我们在两者之间，不必作非此即彼的选择。西方文学中的虚构也是如此。例如，不少人指出柏拉图撰写《理想国》，就不仅以当时斯巴达的价值和实践为基础，而且受到毕达哥拉斯学派在意大利南部所建社团的影响。莫尔写《乌托邦》，也取材于 16 世纪初对南美秘鲁印加帝国状况的描述，所以并非完全向壁虚构，毫无依据。②《桃花源诗并记》在中国文学中占据特殊的位置，当然主要在于表现的社会理想，即所寄托的乌托邦之寓意，而这寓意之产生，又与社会现实密切相关。渊明诗结尾道：“奇踪隐五百，一朝敞神界。淳薄既异源，旋复还幽蔽。”似乎有一点超越凡间的意味，也常被误解为描写神仙境界。可是他接下去又说：“借问游方士，焉测尘嚣外。愿言蹑轻风，高举寻吾契。”既然桃源不必由四处云游的方士在尘嚣之外去寻找，陶渊明设想的那个理想社会就在人间，是依据于现实也着眼于现实的想象，而非纯粹耽于高人梦幻的空想。

我们说陶渊明的桃花源具有乌托邦特色，其重要原因就在于他设想的是一个理想和睦的人间社会，而不是超凡的仙境。但陶渊明之后有不少写桃源的诗，却恰恰把陶诗中理想的人间社会变成一个虚无缥缈的仙境，因而失去原诗中乌托邦理想社会的意义。例如王维《桃源行》写桃源中人道：“初因避地去人间，乃

① 陈寅恪：《桃花源记旁证》，载《金明馆丛稿初编》，上海古籍出版社 1980 年版，第 178 页。

② 参见 Kumar, *Utopianism*, p. 64.

至成仙遂不还。”最后写渔人再去找寻桃花源，却只见“春来遍是桃花水，不辨仙源何处寻”。于是在王维诗中，那位武陵渔人相当于一个求长生不老的道士，而其桃源也就是一处仙境，渔人在那里和仙人们有短暂一刻的相遇。另一位唐人孟浩然有《武陵泛舟》一诗，可是他强调的又是超乎现世的神仙世界：“武陵川路狭，前棹入花林。莫测幽源里，仙家信几深。山回青嶂合，云渡绿溪阴。坐听闲猿啸，弥清尘外心。”刘禹锡《桃源行》是又一首写桃源的诗，他把陶诗中朴实的村民变成神仙，而渔人发现桃源，也写得更带一点神秘和戏剧性的色彩：“洞门苍黑烟雾生，暗行数步逢虚明。俗人毛骨惊仙子，争来致词何至此？须臾皆破冰雪颜，笑言委曲问人间。”最后，刘禹锡把缥缈清朗的仙境和浑浊污秽的人间对比，以这样的诗句结尾：“桃花满溪水似镜，尘心如垢洗不去。仙家一出寻无踪，至今流水山重重。”诗中“似镜”的流水和“如垢”的“尘心，”都是取自佛家的比喻，这就把陶诗中那个人间社会的桃花源，变为人世之外虚无缥缈的神仙世界。因此，刘禹锡诗中的桃源，就完全不同于陶渊明诗中那个淳朴的农耕社会的乌托邦。

到宋代，大诗人苏轼才指出历来对陶渊明诗的曲解。据《诗林广记》，苏东坡云：“世传桃源事多过其实。考渊明所记，止言‘先世避秦乱来此’，则汉人所见，似是其子孙，非秦人不死者也。”此处重要的是，桃花源是人间社会，不是长生不死的神仙居住的仙境。在中国传统中，王安石是把陶诗中的乌托邦主题真正有所发展的少数诗人之一。王安石《桃源行》一开始描写暴秦的苛政：“望夷宫中鹿为马，秦人半死长城下。避时不独商山翁，亦有桃源种桃者。”秦始皇强征壮丁修筑长城，造成大量人死亡，成为秦政暴虐的证明。王安石依据陶渊明诗意，说桃源人的祖先像汉初的商山四皓一样，为逃避暴政躲到山里去。接下去他就描写隐蔽在桃源中人的生活：“此来种桃经几春，采花食实枝为薪。儿孙生长与世隔，虽有父子无君臣。”在陶渊明诗中，“秋熟靡王税”一句，已可谓是大胆的想象，王安石诗中那个想象中的社会，可以说有更为激进的建构原则，因为他们只知道父子之间的亲缘关系，却没有君臣之间的尊卑等级。桃源和外面世界的分别，在诗中表现为记忆和知识的不同：“世上哪知古有秦，山中岂料今为晋？闻道长安吹战尘，春风回首一沾巾。”长安是汉和西晋的首都，在此代表了整个中国。王安石诗的政治用意在结尾两句中更显突出，他指出一个严峻的事实，那就是历史上多的是秦始皇那样的暴君，而像舜那样的圣君明主不过是传说，是虚妄的幻想，是不可能实现的美梦：“重华一去宁复得，天下纷纷经几秦？”的确，陶渊明和王安石诗中描写的桃源，是一个人人勤劳耕种，日出而作、日入而息的农业社会，与西方现代城市型的乌托邦绝然不同。然而陶渊明毕竟生在莫尔一千二百多年前，他们各自的时代和社会不能不影响他们所描绘的理想。然而使陶渊明和王安石诗中的桃源无可否认成为乌托邦的，是那个隐蔽社会之现世人生的性质，那是一个想象中的人类的社会，而不是超然世外的仙境。

不过在中国文学中，的确没有详尽描述桃源社会各方面情形的作品。由此看来，中国虽然在西方传统之外，提供了另一种乌托邦观念，但并未形成一个乌托邦文学的传统，没有像莫尔以来西方的乌托邦作品那样，对理想社会作细致入微的具体描述。在这一点上，库马尔怀疑中国有真正的乌托邦，并非没有道理。然而乌托邦尽管有文学虚构的形式，更重要的特点却在于其寓意和内容。库马尔在讨论乌托邦传统时，除文学形式而外，强调的也正是社会和政治思想。莫尔的乌托邦极具影响的一点，是废除私有财产，实行人人平等的共产主义制度。《乌托邦》第一部讨论欧洲社会贫富悬殊的状况，最后借希斯洛蒂之口说："只要私有财产没有完全废除，就不可能有公平合理的物质分配，也就不可能有令人满意的政府。只要私有财产还继续存在，人类最优秀的最大多数就逃不掉忧患困苦的重负。"[①]《乌托邦》第二部描绘的理想社会就废除了私有财产，那里的人们共同创造社会财富，也共同分享社会财富。在莫尔之后，这不仅是许多乌托邦文学作品的虚构，而且成为欧洲社会运动的一个主导思想。库马尔指出，19 世纪浪漫主义时代极具乌托邦气质，却很少乌托邦文学创作，因为乌托邦从文学虚构逐渐转变为社会思想和政治实践。如果我们以历史的眼光来观察，就可以看出莫尔以来乌托邦传统尽管有许多不同表现形式，但也有根本的一点贯穿始终，那就是废除私有制、人人平均的集体主义观念。既然如此，我们就可以重新考虑中国文化传统中乌托邦的问题，因为中国的乌托邦不应在文学中去寻找，却应在社会政治理论中去寻找。在中国文化传统中，平均主义思想和对集体共同利益的强调，历来在社会生活中有极大影响，更深入一般人的意识当中。库马尔所依据的法国学者歇斯诺讨论中国传统的乌托邦思想，正着眼于这一点。他的讨论没有论及对中国文化传统最有影响的儒家，却提出道教中一些平均主义思想，认为那是乌托邦在中国最具代表性的体现。这固然使他的论证不够全面，但其基本

① More, *Utopia*, p. 31.

论点还是有道理的。他说："古典中国社会总的氛围，不是像西方那样把个人与集体相对立，而是更倾向于把个人融合在集体之中。个人总是其家庭、行业、家族和邻里的一部分。"①他由此论证，社会主义能在东方成为政治现实，并不是没有文化和历史的缘由。从文学创作方面看来，中国也许不能说有一个丰富的乌托邦文学传统，然而如果乌托邦的要义并不在文学的想象，而在理想社会的观念，其核心并不是个人理想的追求，而是整个社会的幸福，是财富的平均分配和集体的和谐与平衡，那么中国文化传统正是在政治理论和社会生活实践中，有许多因素毫无疑问具有乌托邦思想的特点。也正是在这一点上，我们可以审视东西方不同的乌托邦思想，补充库马尔关于乌托邦的论述。

附记：这篇文章原文为英文，是《讽寓解释：论东西方经典作品的解读》(*Allegoresis*: *Reading Canonical Literature East and West*)一书的一部分，同时也曾作为单篇论文，发表在美国《乌托邦研究》(*Utopian Studies*)2002 年第 13 卷第 1 期。另有较简短的中文稿，发表在香港中文大学出版的《二十一世纪》1999 年 2 月号。这次我依据《乌托邦研究》发表的英文稿加以增删，重新用中文改写而成。

① Jean Chesneaux, "Egalitarian and Utopian Traditions in the East," *Diogenes* 62 (Summer 1968): 87.

第十五章
创伤:精神的地狱

迈克尔·罗斯

本章考察“创伤”这一概念的内涵是如何在20世纪末和21世纪初构成了乌托邦形象的重要形式。人们把乌托邦看成是一个无法企及的地方,一个万物有序的完美的莫须有之地。在我们这个世界,人们被要求生活于这样一个和谐的世界当中——万事万物靠它们简单无为甚至是愚昧落后的存在方式而达成了彼此间的平衡。乌托邦,正是超越了我们这个低俗芜杂的世界。而精神地狱,正处于这个完美世界的对立面,在那里,一些愚蠢无知的东西,仍压制着我们认为最有价值的东西。

1868年,穆勒(John Stuart Mill)在《牛津英文词典》中,首次使用了“精神地狱”一词。像在他之前的英国哲学家一样,穆勒想找到这样一个词,它能够描绘出人们能想象得到的最糟糕的社会环境或政府治理。英国哲学家们曾用“暴政之国”(Cacotopia)这个词来指代这种弊政状态。而同样重要的是,应该有一个词汇,能够恰当地表明这样一种政治状态,它已经超出了人们可以接受的甚至是可以想象的范围,但它仍然可以被认定为是一个政治的世界。在政治哲学的主流传统中,这种环境应当指“混乱”、“战争”甚至是“暴政”。但是,穆勒写道,他的敌人想要全力创造一种“太无道了以至于都无法实现的社会”。我想穆勒正步入一种与乌托邦有关的现代话语语境中。在这种语境中,反面典型性的乌托邦,不是那种我们都竭力避免使之成为现实的东西,而是那种我们可能都热切渴望的东西。精神地狱,正是那种你必须谨慎小心地控制自己的思想而不至于使自己对其有所期待的乌托邦。

自从法国大革命爆发以来,很多思想家都探讨过乌托邦和精神地狱的界线。当罗伯斯庇尔称恐怖与美德应当并行不悖的时候,他正实现一个创举,即以制造一种真正梦魇的方式来使完美政治的实现成为一种可能。这是一种能使人意识到需将其变成现实的乌托邦,而人们又发现,它的实现带来了莫大的失望。随着自由民主党人出场，以及民治思想的普及，创造一个理想世界的激情，鼓舞着个人主义者，也鼓舞着共产主义者。以一种强烈的进步信念作支撑，却缺乏自然的或神圣的观念制约，乌托邦主义，不仅仅是寻梦者的幻想，而且成了实干家的规划。这种乌托邦，可以通过受到压抑的计划经济或更激进的方式来实现。通过工业家或卖官鬻爵者，或者通过依靠极端化的权力完成的暴力革命，个人的谋生之道限定在固定的土地上，而我们都顺着这个方向被卷入了这场运动。当然，有人指出所谓最成功的道路却也是最糟糕的道路，就发生在不久之前。这就是现代精神地狱的真正含义：它是一个虽为我们所期待但却必须加以自我克制以避免使其成为现实的目标。

到了19世纪末，欧洲和北美的著作中普遍都提到了这样一个问题：我们的自由民主理想的实现，就意味着一个井井有条的和谐世界的开端吗？或者是，这将意味着出现一个如马克斯·韦伯所提出的著名论断——“无精神思想的专家、没有心灵的感觉主义者”的钢铁牢笼？

我们能够找出很多论述乌托邦—精神地狱问题——尤其是关注十月革命以后共产主义政权命运问题的思想家。其中最有意义的异常辩论，是在法国的黑格尔派哲学家科耶(Alexander Kojève)和美国自然法学的政治哲学家利奥·斯特拉斯(Leo Strauss)之间展开的。科耶也可以看成是一个俄国哲学家，斯特拉斯是一个德国哲学家，我们应认识到这一点当然与精神地狱的历史有关。事实就是如此。

斯特拉斯和科耶在魏玛共和国时期就彼此认识。科耶当时已从俄国的革命和内战中逃离出来，并开始在德国从事哲学研究。从他的早期著作中，我们能够看到为其后来所有著作奠定基调的主题：一个绝对主义的命题如何才能在历史世界中发挥自己的作用、完成自己的职责或者是证实自己的价值？换句话说，就是理想如何才能变为现实？斯特拉斯也十分关注这个问题，但这两个人的观点到最后却截然对立。对科耶来讲，如果不能由现实所检验或体现，理想就不能称之为理想。若不是这样，他强调说，理想就只能是乌托邦。历史，就是理想——人们无时无处不在构想的乌托邦的实现。而对于斯特拉斯来说，如果彻底地脱离于历史世界，理想就仍将是理想。正因为理想为我们提供了是非原则，我们才能评判历史世界。

科耶认为，一个超历史性的价值准则，只有处在一个具体的时间维度内，才能发挥效用。历史,就是价值准则的实现,也正如他所提出的著名论断,这已经发生过了。科耶认为,以一种固有的华丽辞藻,历史终结于1806年的耶拿战争(the battle of Jena),在战争中,拿破仑击败了普鲁士,他的胜利使法国以外的欧洲地区,从长时段意义上讲,甚至是法国以外的整个世界都受到法国大革命信条的影响:

> 从那时开始所发生的事情,就一直是由罗伯斯庇尔—拿破仑在法国所实现的普遍的革命力量在空间上的拓展。从单纯的历史性的视野来看,两次世界大战及其所引发的大大小小的革命浪潮,仅仅产生了这样的后果,即将最边远地区的落后文明(真正的或者是事实上的)与最先进的欧洲历史舞台联系起来。俄国的苏维埃化等,只不过是德意志帝国的民主化或者是多哥独立的就绪,甚至是巴布亚人自治的实现。所有这些事件的发生,都是由于其实现了罗伯斯庇尔式的统治,迫使后拿破仑时代的欧洲加速消灭了或多或少的那些前革命时代所留下来的不合时宜的遗老遗少。这种进程的速度,在作为欧洲殖民地的北美已经比在欧洲本地要更为迅速。甚至可以这样讲,从某种视角上看,美国已经实现了马克思所称的"共产主义"的最后阶段,因为,一个"无阶级社会"的所有成员,都可以从个人的实际需要出发来随时获取他们的任何所需,却不需要负担他们所不愿意做的额外工作。(Kojève,1969:160f.,有部分改动)

斯特拉斯断然否定这样的观点,即人们能够或者应当满足于科耶所构想的那种大同的、和谐的国度。这种实现了的乌托邦,植根于人们相互之间的认同,然而,即使每一个人在自由获取机会和尊严方面的平等都得到认同,斯特拉斯也不认为这就是人类最美好的东西。实际上,斯特拉斯经常留给人们这样一个深刻的印象,即在他看来,自由和平等,与其说是一个目标,倒不如说是人们对自身弱点和激情的让步。他向科耶的观点发起挑战,力图说明生活在科耶所设想的大同的、和谐的人类终极的国度中的人,与尼采(Nietzsche)所言的"最后的人"是有区别的。[①] "最后的人"热衷于自己的想法并总是自我满足。他们无忧无恐,无羞无惧。他们的灵魂是不健全的。他们绝对令人生厌。我们不由自主地

---

① Strauss,2000:208;22 August 1948,239;11 Sept. 1957,291;参见 *Thus Spake Zarathustra*,I,3-5。

从他们身上所得出的唯一的事实清楚地表明，我们所期望得到的，要远不止使自己满足于得到自由与平等的认同。尤其是，一个不容许人们的灵魂能够尽情向往美好事物的政治团体，可能会在一段时间内毁灭或压制人性，从长远上看，这个团体最终很可能是自取灭亡。当那种由伟大的抱负所驱使的灵魂，被剥夺了追求高尚和美好事物的权利时，它们将不断趋于消亡。如果这些灵魂不能成为英雄，它们就会成为恶棍。借助于这几条对于灵魂的简短看法，斯特拉斯回到本性的问题，而他尤为关注的，是人类本性的问题。任何合情合理的道德规范和政治信条，都必须顾及人类灵魂的本性。科耶承认，如果真有人类本性，那斯特拉斯就是对的。但是，他拒绝将人类本性作为一种标准，而他最反对的，就是将人类本性视为道德或政治的标准。①

科耶和斯特拉斯都拒绝乌托邦式的想法，理由分别是：前者认为，这纯粹是纸上谈兵；后者则认为，将哲学与政治混为一谈的热情，是顽固不化和危险的。当由历史终结所带来的这种哲学和政治的混淆看起来越来越阴森可怕的时候，科耶对之采取了一种讽刺批判的态度。他不是将人类历史的这一最后阶段看成是人性成功升华的部分，而是将其视为人类最后的堕落。作为“最后的人”，我们也可能是令人生厌的（恰如斯特拉斯所言），但是，我们却不能越出那样一种情景而从一个哲学上的安全立场来对之加以评价。相反，科耶似乎在表明，我们能够讽刺性地自己意识到这一点。我们能够表明我们知道自己在哪里。正如我在其他地方曾经提到的那样，可以称其为“讽刺者的牢笼”——很多 20 世纪 60 年代之后涌现的后现代思潮，都被杂乱松散地包容在那里。

科耶与斯特拉斯辩论中所涉及的是一个与 19 世纪和 20 世纪相关的典型的具有消极一否定性的乌托邦范式。对我们而言，思考乌托邦又意味着什么？我愿意表明，创伤的概念，已经开始起到消极性乌托邦或精神地狱曾经起到过的相同的某些作用。像乌托邦一样，创伤意味着一种无法恰当言传却又表现出极度张力特征的现象。一种向往张力的文化，使“创伤”具有吸引力——即使这一概念超越了心理学和精神分析学的领域而得到了文化上的传播。创伤，已经成为精神地狱，关于我们在统一内部世界与外部世界之间时所产生的对灾难、记忆和

---

① 在前面的部分中，我曾经会同岗洛维茨（Victor Gourevitch）为《论暴政》（*On Tyranny*）（Strauss，2000）一书的修订和扩充做了准备工作。

困苦的偏见，创伤这一概念对我们启发极大。

作为乌有之地的创伤

“创伤”一词在现代是指既需要表现又拒绝被表现的一种偶发情境。这种偶发情境的强度似乎使其不太可能被记住或遗忘。弗洛伊德写道：具有创伤性的事件，是未完成的事件，对个人来说，它似乎是一种“尚未被处理的紧急任务”(Freud,1963：275)。现代精神病学倾向于将“创伤”定义为压制了人的感性认知能力的事件，这种事件创造了一种情境，在此情境中，当创伤性事件发生的时候，人们却没有实际地体会到它的发生。这就可以解释，为什么他们常常把自己看成是他们自己所受创伤的旁观者。总之，人们经常没能记住创伤性事件，是因为这些事件没有通过正常的人体神经系统网络而进入人的意识世界。有关于创伤的真实记忆的缺失，被很多人感觉成一种时断时续的记忆流，其中的空缺，有时是被回溯性的记忆片段或其他现象所填满。然而，这种创伤性事件的张力实在是太大了，以至于它很难被人忘却；它只是需要某种新的形式来得以再现。

创伤性事件所具有的使其不致被遗忘的张力，也使任何特定形式的关于这些事件的记忆重组看起来进行得不那么彻底。创伤性事件用语言表达起来太可怕了，它是那样的令人生畏，以至于它很难被纳入我们对这个世界所进行的解释框架中。然而，创伤的任何表现，都可能不得不依赖于言辞，并受制于我们一开始就确信不移的那个解释框架。我已经在别的场合提到，创伤的一种“成功”再现(一种他人所能理解的再现)，将肯定看起来比当初的“创伤”要平庸，更糟糕的，甚至可能要面目全非。[①] 创伤有张力，意味着它很难被理解，而如果有一种其他人能够理解的得以再现的创伤，则可能意味着其张力已大为减弱。创伤性事件——同乌托邦十分相像——应当不再依存于这样一种再现方式，这种再现将创伤性事件束缚于我们这个世界所既有的条条框框之中。

超越这种再现方式所限，意味着保护事物所具有的那种独特性的甚至是神圣性的表象。正是表象所具有的这种张力表明，不能以一种标准化的方式来描

---

① 我已经在讨论罗斯 1997 年著作 *Roth* 中提到的电影 *Hiroshima Mon Amour*，以及更多地讨论他 1998 年的著作的时候，涉及过这个问题。

述或处理这种表象。当我们记载一种人为建构起来的历史现象，或者强调一个事实的时候，我们最好应以当今需要为出发点来处理这些历史现象——在当今的历史理论研究中，这已经是习以为常。我们总是不考虑一种表象与过去的真实有多相近，而是倾向于追问如何从各自的目的出发来利用过去的历史。在这种情况下，创伤性的历史，就有了特殊的意义。我们可以这样说，当我们考察精神地狱的时候，我们也就是在考察一种在根本意义上拒绝被利用的历史，因为从概念上讲，创伤性事件拒斥任何人赋予其意义。这就是弗洛伊德所谓的"未竟的事业"中的一层意思——受过创伤的人们仍面临一项"迫在眉睫"的任务，即促成那些压制了人们能力的事件的发生。然而，这项任务又必须迅速加以完成，因为这种拒斥性本身也会发生作用。有人称：除了那些与我共同患难于精神地狱的人之外，没人能懂得我的历史，这种看法对我们来说是太熟悉了。我们可以用将精神地狱从更广义的意义体系中抽离出来的方式，作为一种使我们自己或我们的社团获得独立的方式。尽管精神地狱不能构造任何东西，但我们却可以利用关于它的事实来进行身份认定。[①] 精神地狱的孤岛，就是一个反面性的乌托邦。我们可以面朝着它，却没有任何一条通畅的道路可以到达那里。

另一种可资利用的精神地狱的拒斥性的方式，在于它所具有的历史单一性。以历史的方式看待事物，至少是意味着通过排列其发生时序的方式，将这一事物与在它之前或之后发生的事物联系起来。如卡尔·E·索尔斯克(Carl E. Schorske,1995:390)所说，历史的意义是这样建构起来的："将事物的独特性从概念体系中剥离出来，也将概念体系与事物的独特性作相对性的处理，不对这二者进行任何公正的评价，而是将其整合成一个生命有机体，一种统一于时间秩序下的整体的叙述模式。"精神地狱拒斥使自己成为这种生命有机体之一部分的可能。正是这种独特性在拒绝相对化，因为精神地狱所具有的张力，使任何的对之不公正的评价都无法实现。具有单一性的事物能具有历史性吗？或者说，要让这种单一性的事物进入历史叙述之中，真是需要去除其单一性而使其同质化吗？当我们试图使具有创伤性的事物历史化的时候，我们必须削弱其单一性。使某种东西成为历史，即意味着使其成为其他某物的一部分，或者构成它与某物之间的联系。这就可以解释，为何除了在一种非常狭隘的意义上(在此种意义上，万

① 关于这个问题及与此相关的问题，参见 Brown,1995。

物皆具有独特性)以外,不存在单一性的历史事件。面对那些具有极端特殊性的事物,我们曾试图采取一种宗教性的或神圣性的态度,这在某种程度上也是为了将这些特殊事物与我们记忆中的或写为历史的一般事件区别开来。上述努力,也可以理解成是旨在防止精神地狱蜕变为“纯粹历史事件”,后者很容易被嵌入我们所讲述的关于过去的故事之中。这在很多方面与我们关于乌托邦及其实现问题的看法是相通的。

当精神地狱偶现的时候,它违背了我们的常规。而当我们重新提及精神地狱的时候,我们可能也希望它违背我们的常规。我们想避免使精神地狱庸俗化,而我们同时又希望能理解它。理解它就要使其庸俗化吗?关于这些问题,海登·怀特(Hayden White, 1978, 1987)曾经在他的“现代性事件”的观念中有所论及。三十多年以来,怀特一直在向世人揭示,形成于19世纪的历史实在论传统,是如何发挥作用以使人们曾记载过的那些事件得到了一种标准化的重构。更近一段时期以来,怀特强调这样一个事实,即20世纪的重大历史事件,部分地屈从了发展于19世纪的历史小说和史学中的实在主义的反映论传统。怀特写道:“在现代主义之后,无论是在历史还是文学写作领域,当涉及讲述故事的时候,除了写作那种拙劣模仿的诗文以外,叙述的传统技巧已经都不适用了。”(White, 1999:74)人们不再将事件作为命运流程的线索指南;这些事件不再能够揭示其身前之事的意义,也不再能预示其身后之事的实质性的走向。

怀特关于文本形式与事件本质之间关系的论述存在着一些问题。即:我们还不清楚,是否是作为正统变革成果的现代主义,使我们不可能相信我们能对事件进行直接的叙述;或者,是否发生于我们这个世纪的悲剧性事件,已经使我们不可能相信存在一种直接的叙述。即使是怀特,这个在历史叙述问题上最具权威的阐释主义者,似乎也认为需要新的形式来再现20世纪的这些事件。怀特思想中的这个问题确实十分明显,因为他接连不断地把我们的注意力吸引到关于事实与意义、事件与叙述的莫衷一是的争论中。在怀特所营造的语境中,“大屠杀”是一个经典的现代性事件,这件事不能被单独地加以考察,也不能通过传统的实在反映论的方法来给以记述。然而,是事件本身所具有的张力,还是由于我们对上述传统方法所持有的现代主义者的疑虑,才导致上述情况的发生呢?对怀特来说,事物从根本上来说是不可被判断的;正因为如此,那种专注于自身所具有的不充分的指代能力的文本编纂技巧,才成为了最恰当的写作和认识工具。

怀特写道："现代主义者的历史再现方法，为我们去除笼罩在事件和幻想式叙述头上的神圣光环提供了可能，这些事件和幻想原本被认为是可以真实地再现的，而上述的去神圣化的叙事方法则不为这种认识模式所左右。"（White，1999：82）另寻别的方式以再现20世纪那些具有特别重大意义事件——这种呼声在致力于避免历史叙述简单化、虚构化和神话化的历史学家中引发了共鸣。① 我本人也非常响应这种号召。然而，需要强调指出的是（这也正是遵循着怀特著作的精神实质），不仅仅是20世纪的悲剧性事件需要新的审美表现形式，而且是受制于这种新形式的事件，也应当具有现代创伤性事件所具有的那种极端性的品质。换句话说，"创伤"所构成的引人注目的领域，吸纳了现代主义者和后现代主义者的话语成分。而一旦乌托邦式的思想与艺术性的政治学思想维度相靠拢，"创伤"对我们这个时代最有效力的审美表现形式而言，也就成了最可资借鉴的东西。

现代主义的历史再现策略与极端性事件之间的密切关联，引发了关于创伤性事件再现之真实性的问题。实在论者所坚信的真理反映论，被现代主义的认识论变革给全盘颠覆了。这些变革经常引发我们对于认识和再现过程的关注，以此强调，我们从未有过任何的可以接近我们所力争理解之物的直接途径。这种直接途径的缺失，使有些人成为不可知论者，还使一些人成了相对论者。这些认识论上的基本立场在表象上是彼此相关的：如果我们不能知道什么事情真正发生过了，则意味着，每一个人对过去的解释都不比别人高明到哪里去。但是，就极端性的历史事件或个人性的精神地狱问题，有谁又真是持有上述立场呢？如果真的持有这种立场则意味着，我们将没有任何办法来理解极端性事件，而只能理解为我们为使事物极端化而进行的人为阐释。然而我们可以肯定的是，我们是在分别地具体地理解事物所具有的张力，而不是异想天开地认为各种事件的张力之间并不存在差别。

文化的发展趋势使乌托邦问题升温

一般来说，历史意义上的现代主义事件的发生，以及个人意义上的关于记忆

① 这个过程由弗莱德兰德（Saul Friedländer）十分有意识地勾勒了出来。参见弗莱德兰德（Friedländer），1993。

与真理的形形色色的理论的出现，都促成了人文社会科学领域中乌托邦问题的升温。在本文以下的部分，我将探讨三个重要的具有特殊意义的文化发展趋势，这些趋势对我们在近十年来所形成的对“精神地狱”一词的用法产生了重要影响。这三种文化趋势是：大屠杀研究、女性主义和身份认同政治以及美术馆文化和文学理论。这三种趋势都旨在超离我在前文所提到的与“斯特拉斯—科耶之争”有关的“讽刺者的牢笼”。作为一种文化潮流，自从 20 世纪 60 年代后期以来，大屠杀研究在大学和公众领域中发展起来，但近些年来，有更充分的文化理论养料被投注到这一领域的研究中，以探究大屠杀幸存者及其后裔的那些鲜为人知的真相。“精神地狱”的观念，曾被用来指代这些真相的意义。“幸存者”的身份，曾与那些经历过大屠杀的人紧密联系，现在已经可以用来指代那些经历过任何形式的精神地狱的人。乱伦的幸存者和强奸的幸存者，尤其成为学术研究和自传体著作的重要选题。大屠杀的幸存者已经成为典型的有过“精神地狱”经历的人。

另一个与精神地狱观念和大屠杀问题有关的关键性词汇是“证据”。这种情况，确实是与近几十年来大量涌现的反映受害者的回忆影像资料有关。“证据”具有司法和理论上的双重意义，并且从这二者的融合中汲取了巨大能量。有人在法庭上拿出一个证据，而也有人愿意在宗教的意义上依靠精神来评判是非。有人提供证据，既表明他有赖于过去——因为他是为了现实的目的而再现了过去，同时也是出于治愈证据提供者——即他本人的目的。[①] 当然，关于这些目的需求的真理问题，仍未有定论。对很多人来说，证据在经验上的效力，已经让位于它所具有的潜在的治疗功能，实用主义的目的胜过了“大写的”历史真理的意义。

关于大屠杀回忆的现实动力，一直来源于具有深奥玄妙的心理分析意义上的“创伤”观念。我们可能熟知下列术语：“否定”、“压迫”、“血腥”和“解决”。紧随大屠杀事件之后的是一段相对沉寂的时期。到了 20 世纪 70 年代，当这一代幸存者步入晚年的时候，他们掀起了回忆的浪潮并展开了激烈的讨论，这些活动还时常得到幸存者后代的支持。更近一段时期以来，对于大屠杀一事及幸存者

① 参见维西尔(Wiesel,1977:9)中关于“证据年代”的讨论，以及弗尔曼和劳伯(Felman and Laub)，1992：*passim*)，卡拉瑟(Caruth,1996：26～27，106～107)，赫尔曼(Herman)，1992：181～183。

的感受，已经出现了更具批判性的、自觉的反思。其中就包括为了理解关于大屠杀的回忆而对精神地狱模式所进行的批判。比如，历史学家彼得·诺维克(Peter Novick, 1999)就主张，美国人关于大屠杀的记忆，是为了特定的政治和社会目的而建构起来的，并且，精神地狱的观念纯粹是为了服务于这种建构。

第二个在人文社会科学领域参与塑造"创伤"观念的文化趋势，是女性主义和身份认同政治。自启蒙运动以来的西方文化一直将记忆当作个体身份的核心标志，自19世纪以来，浪漫主义者又将记忆视为集体身份的核心标志。女性主义，作为对这两个运动的批判性的继承，一直坚持女人是被造出来的，而不是天生的。女性的身份被创造出来，并被保存在人们的记忆中，并且，由于女性生活在男性社会中，随着那些不能轻易被唤起、也不能轻易被忘记的事件的反复刺激强化，这种记忆被彻底地粉饰了。男权社会的一个特征即为大众对这些事件达成了一种"保持缄默的协议"，而现代女性主义者将打破这种阴险的共谋，视为对"女性的伤痛是第二位的伤痛"这种观念的一种抗争。发掘自身的能力以讲述自己的精神地狱的经历，由此便不仅成为一种潜在的个人性的自我医治行为，而且成为一种政治行为。到20世纪80年代中期的时候，吐露有关自己所受创伤的记忆，已经成为女性主义者的重要活动特征，这种做法还大大推进了关于假定能够恢复的受虐儿童记忆问题的争论。①

我并不是在预演一场关于已恢复起来的记忆的辩论，而只是想指出，让受创伤的记忆者吐露心声的想法，在那些认为自己曾被压迫过的社会群体中，获得了广泛的响应。大屠杀的证据被回忆起来，但是，通过澄清自己所知的有关创伤的蛛丝马迹而确定自己身份的做法，却成了一种更为普遍的现象。有人曾将自己看到过的事件，当作可以公之于众的证据，而提供有关自身的所受创伤经历的证据，却打破了上述这种常规，从这个意义上讲，澄清自己的创伤经历，可视为一种最权威的表白和论辩方式。目前，当有人在吐露自己的受创经历时，他实际上面对着过去而假定了一种道德上的权威性——终极问题既应当具有事实上的真理性，也应当包含着实际的效力。在这里，吐露和表白本身就成了真理。

创伤已取代了乌托邦而为我们提供了最有力度的合法性。精神创伤的道德权威性源自何处？如何求助于创伤性的事件而搁置经验性的、实用主义的事物？

① 最重要的文献依然是赫尔曼(Herman)，1992。

有人在这里会提到创伤性事件头上的“光环”，它所具有的排斥我们正常的思维模式的能力。创伤性事件合乎我们日常经验的逻辑，据此，有一种主张称：我们不可能对创伤事件进行真实可信的再现。既然创伤性事件无法被整合进广义的历史的或传记性的语境内，它也就不可能被派作实用的目的。经验性和实用性的东西，是我们从事历史与记忆活动的两个最基本的材料来源。第三个来源则是虔诚。正是凭靠着这个来源，创伤性事件汲取了能量。虔诚就是某种从过去中汲取养料的东西，之所以如此，正是因为这种东西的存在，一直以来就不是出于理解过去或利用过去的目的。我们经常将虔诚与义务、责任和尊严联系起来，与创伤性事件相比，我们的上述行为姿态显得微不足道。但是，我们所虔诚信仰的东西又常常与威势即一种高于我们的尊严又赋予我们责任的可敬畏的东西联系起来。创伤性事件的威势表现为，它总是以受害者或目击者的身份来控制我们的注意力。如果夸张一点，正如批评家马克·赛尔策(Mark Seltzer，1998：254～292)所说：创伤性事件是我们现今的公共生活的基础，当代各种社会团体集合之地，而最需要指出的则是，创伤性事件似乎是如此的有威势，以至于它能督促我们目不斜视，一直向前。可以肯定地讲，世上有许许多多我们宁愿看不到的，宁愿避之于视野之外的令人惊惧的事。但是，关注创伤性事件，却被当作了一件有益的事，一种有利于个人品格塑造的事，甚至还可以说是一件能提升人的道德的事。[①] 即使我们没有从现实的事件中得出过类似的明确的教益，我们也认为上面所述是真实的。创伤性事件所具有的张力，决定了我们应关心什么问题，赋予我们应当记忆什么或纪念什么的责任；隐含在创伤性事件中的伤痛，鼓起了我们那混杂着快乐与痛苦的激情，一种只有与我们保持着一定距离(但却不能与我们毫不相干)的可敬畏之事才能鼓动起来的激情。

在美国，我们已经看到近些年来有不少人在争先声明自己经历过某些群体性的创伤性事件。我们，作为这些事件的受害者，或者是作为与受害者共同参与了他们的身份认同的人，都深深理解和关注那些曾经发生的事情。而那些未曾受到伤害的，或者未曾参与受害者身份认同活动的人，则永远也不会理解我们与这种伤痛的关系，但是这些人却不应该漠视我们的感受。这样，虔诚被用作了一

① 参见诺维克 1999 年著作第 209～214 页，其中，他讨论了人们对于电影《大屠杀》(*Holocaust*)和斯皮尔伯格执导的《辛德勒的名单》(*Spielberg's Schindler's List*)的反应。

种排外性的手段，由此，各种社会团体可以通过其是否与一个群体性的创伤性事件相联系而分清界线。我们中的每一个人，都需要你们大家认同我们那种基于创伤性的独立性。我们的独立性，必须由你们这些未曾受害的人来给予认同。毫无疑问，我们不能像科耶一样将上述关系看作是主人与奴隶之间对立关系的令人滑稽的重演。

前两种文化发展趋势有助于创伤观念在人文科学家和社会科学家之间传播，这两种趋势显然也是有联系的。大屠杀研究、女性主义和身份认同政治在关于创伤性记忆的问题上交织在一起，而且很显然，对于大屠杀(Shoah)的研究和纪念活动，已经被用作了强化犹太人认同的举措。我将论及的最后一个在近十年来有助于创伤性事件讨论升温的因素，来自于一个更为与众不同的文化要素，一个更鲜有人涉足的领域——美术馆文化及学院派的文学理论。霍尔·福斯特(Hal Foster)已经点明了某些迹象，即现代艺术已经朝着悲剧化和创伤性的方向发展。对福斯特而言，现代艺术中反复表现出来某种魅力[他从分析瓦尔霍尔的《美国作品中的死亡》(*Death in America Work*)开始]，其关键在于这些艺术作品中含有他所谓的"创伤性现实主义"的因素。这种现实主义反对艺术表现手法上的魔幻主义传统，后者曾导致了超现实主义和表现主义的出现。与其相反，创伤性现实主义借用描绘伤痛或悲惨的事物来唤醒现实。随着基基·史密斯(Kiki Smith)、辛迪·舍曼(Cindy Sherman)、罗伯特·戈贝尔(Robert Gober)和措埃·莱昂纳德(Zoe Leonard)等艺术家在作品中对创伤性因素的表现，有关现实(至少是我们所碰到的现实)的蛛丝马迹又重新被我们所体会到。

福斯特注意到，走出文本、走出极简主义和魔幻主义的艺术潮流，已经使艺术家们开始面对创伤性的真实，面向从艾滋病到城市暴力这样此起彼伏的社会危机。创伤性的主题是玄妙的，我们无法创造甚至感受这样的主题。然而，福斯特(Forster，1996)表明，同样的题材如何能成为生存的写照，或者说是永不磨灭的见证：

> 确实有一种创伤性的主题，并且，这个主题具有绝对的权威性，因为我们不能挑战类似的创伤性的事件：我们唯有相信它，甚至只能是认同它或者不认同它。在创伤性事件的语境中，艺术的主题能被表现出来，而且是很快地表现出来。以这种方式，创伤性的语境魔法般地解决了当今文化中两大

重要现象——解构主义的分析潮流和身份认同政治运动的对立。

身份认同政治和解构主义的交融，已经是现代艺术和理论界的一种重要趋势。在这种交融中，我们发现了创伤的概念。近些年来，以解构主义著称的不少思想家已经转向了对创伤这一课题的研究，以探索现实世界的再现问题。[①] 这种转向当然由多种因素促成，但是，我们可以作这样的理解，作为有关保罗·德曼(Paul de Man)早期新闻作品的丑闻公诸于世的结果，这种转向是对法国文学理论(它经常被冠之以美国的标签)批评的一种反应。重现真相的保罗·德曼的反犹言论及其用以掩盖这种倾向的华美言辞，似乎使下述观念更有说服力，即解构的方法，是一种同几乎所有的政治活动都并行不悖的思维模式。假定所有受到这种思维模式影响的人都认为自己在某种程度上是"超前"的，那么，他们应为人类政治混乱或低劣的虚无主义局面所承担的罪过，就会大大减轻。若如此，理论——声称孜孜追求赤裸裸的真理、现实和本质的理论，难道仅仅是用以粉饰其自身已无法应对这个世界的一块幕帐？那些从事理论工作的人，当何以再声言理论重要、理论有用？

上述部分问题的讨论，显然是得益于现代文学理论成功地使人文科学领域的学者更清楚地知道了现实再现问题的来龙去脉。当那些对主观性和现实再现问题的批评突然出现的时候，便出现了"丑闻效应"：我们最为坚守的或觉得最为肯定的东西，正为一种充满诡辩的批判术所颠覆。这种对理论的批判，包含着很浓烈的讽刺成分。那些受解构主义影响的人，能指出我们惯常解决问题的方法是缺乏根据的，却未能在审美、政治或道德规范上另提出新的方案，他们在专心致志地解构他者的时候也解构了自己。随着这种阅读和思考方式在美国大学中越来越有影响力，解构主义所具有的揭露事物本来面目的反讽功能，看起来越来越缺少进步性、趣味性和实用性。对于那些现在该领域中接受学习训练的人而言，问题的关键在于如何将对再现和主观的批评与发生于我们这个世界上的事情联系起来，并使其具有真实的意义。

以上所论的女性主义与身份认同政治的文化潮流，与理论问题在这里相遭

① 在这个问题上，最重要的代表人物有哈特曼(Geoffrey Hartmann)、费尔曼(Shoshana Felman)、拉卡普拉(Dominick LaCapra)和卡卢斯(Cathy Caruth)。

遇。受解构主义和拉康(Lacan)启发的理论家，对于批判男权社会和白人权力的建构确实很有一套。以权力和真理掌握者而自居的人，对一些学者来说是颇具吸引力的研究对象，这些人从事学术研究的时候，恰逢一种更为激进的多元文化主义潮流正方兴未艾。而所谓的“理论”，正为他们那激进的批判工作提供了某些利器。这种理论怀疑所有形式的再现和可靠的主观反映，若如此，它就最终妨碍了想要建立自身的社团、身份认同和生存准则的那个社会群体。如果有人想建立一种基于压迫别人的经历的政治再现形式，那我们就不能接受对现实再现活动的那种尖刻的批评。如果理论阻碍某些社团身份认同的建构，那难道它是与什么人串通一气而力图维持现状?

那些受过创伤的人，那些强权压迫下的受害者，都是能够与理论相联系起来的。创伤性事件核心部分的悖论——那些最有张力的事件可能是那些最不容易再现甚至是被人感受到的东西，与下述观点绝妙地契合在一起：我们没有完全地表现我们自己，我们实际上是在以一种非常间接的途径来再现我们的全部经历。简言之，我们从未彻底地把握住我们的经历和我们自己——这种观念为后创伤性理论的发展提供了温床。在关于创伤性的理论体系中，这种“自我疏离”被赋予了一种迟滞性的和重演性的现世形式。我们反应太慢了，以至于无法在事件发生的那一刻来体会它的张力，在力图能够最终及时地再现事件方面，我们无功而返。如果用一句流传至今的怪诞的老话来说就是，我们总是赶不上趟儿。我们也可以用拉康式的术语“一种错过了的与真实的遭遇”来表述这种观点，但这两种表述的要点是相同的：总体上讲，这种主观主义的图景与创伤性的主观主义完美地契合在了一起。现代理论有一种恋创伤性的倾向。马克·赛尔策(Mark Seltzer，1998：284 n.31)这样讲道：

> 毫无疑问，人们对“创伤”的关注点由创伤性事件转向创伤的自我表现及其理论化，部分地造成了这样的结果：现代主义/后现代主义的话语对具有震惊性/创伤性的事物形成了普遍的吸引力。因为，如果创伤意味着因果推理关系(一因导致一果)的颠覆或倒置的话，那么以此而论，至少是说创伤的观念与下述两种观点之间存在着高度的契合：一种是致力于摆脱线性因果关系和决定论的主观性的解构观念，一种是总能“引发自身问题”的主观性观念。

赛尔策关于解构性的主观主义和基于现代创伤理论的主观主义之间相契合的论述,是重要的且具有启发性的。[①] 以这种“契合”为基础,一些现代理论家才继续思考伦理问题,而且,也正是伦理与创伤之间的这种关联,构成了文学理论与创伤性话题之间进行会通的最后一个方面。

凯西·卡卢斯(Cathy Caruth)一直在研究创伤、历史、经验和一系列重大历史事件等相关的问题。她与肖沙纳·费尔曼(Shoshana Felman)和多米尼克·拉卡普拉(Dominick LaCapra)一道,致力于将创伤当成一种探究他们所关心的再现和分析某种形式的伦理守则问题的方式。“迟滞性”的观念,以及拉康的“错过了的际遇”的观念,都在卡卢斯(Caruth)关于创伤问题的论述中居核心地位:

> 一段历史成为了创伤性的历史,即意味着它恰好处于这种状况——当其发生时,我们却未能完全体会到其发生,或者换个说法,即这是一段只有以一种非常间接的方式才能加以理解的历史。(Caruth,1996: 18)
>
> 创伤性的经历……暗含着这样一种悖论:最易直接表现出来的暴力事件,可能以一种绝对不让人所知的方式发生;应当即时发生的事件可能悖论性地以一种迟滞性的方式发生。(Caruth,1996: 91~92)

有很多致力于研究“创伤”的学科专业,已经探讨过迟滞性事物和不可知性事物中的现象性的或认识论方面的因素。但是,卡卢斯想借用上述因素来提出一种从道德伦理出发的立场。感知与再现之间的矛盾,应当能导致另一种处理二者之间关系的方式。因此,在上述征引段落之后的行文中,卡卢斯说:“事件只有在其重复发生的意义上讲才能称其具有历史性”(Caruth,1996: 18),“创伤性事件所具有的震撼力从根本上说明,人的主观性在很大程度上不是认识论意义上的,而倒是能够被看成是一种与现实的道德伦理性的关系”(Caruth,1996: 92)。卡卢斯想将迟滞性的事物“转换成可以唤醒他人的强制性的话语命令”(Caruth,1996: 108)。创伤应当催生出我们倾听外界事物的新途径以及我们向

① 然而,赛尔策的目的不仅仅是勾画出这种理论的“契合”,而是要从“模仿”与“身份认同”的观念中发展出一种关于“暴力与公共生活”的理论。

外界传输信息的新义务。这看起来即卡卢斯所谓的“与现实的道德伦理性的关系”。

但为何“创伤”应当以此种方式发挥作用？我们为什么不能忽略我们身边的迟滞性事物或者干脆就以其取乐？看来，创伤中的现象性的或认识论上的因素，不能证实特定的伦理道德性立场的存在。实际上，创伤能够引发各种各样的可能存在的立场，而我们愿意将其中的某些立场冠以“伦理”的标签。卡卢斯自己即关注伦理，希望借助创伤来将理论引导演变成一种伦理道德，并且发现确实能这样。但是，实际上唯有她的希望——而不是言论甚至是叙述——使我们认识了这一点。

配合自己关于记忆和创伤方面的著作，多米尼克·拉卡普拉也已致力于“伦理转向”方面的著述。拉卡普拉区分了结构性的创伤和历史性的创伤。前者可以用基于人类性行为之世俗性及其他内容而构建起来的心理分析学术语来描绘成错失的与现实的际遇，后者可以被看作是由或多或少的偶然性的历史原因所导致的特定事件。拉卡普拉希望通过这样的划分，来理解我们对任何形式的难忘经历的根本性的反应，但同时也为更深入地探讨特定因果问题保留了余地。换句话说，拉卡普拉为继续在理论上探究“创伤”——它因理解人类愿望与感知而存在——的重要意义留下了余地，同时也存疑了这样的经验性的问题，为何特定的极端事件要如其所以然地那样发生。这种策略意味着拉卡普拉更全面地领悟了创伤性问题。他对我们那些过于脱离现实的要求持怀疑态度，而又批判狭隘的经验主义，因为后者连其自身的理论预设都不承认。

在其关于创伤的著作中，拉卡普拉使用了“完成”这一概念，该概念已经在他关于转变与历史的早期著作中提出过（参见 LaCapra，1994）。已经被“完成”过了的历史，即避免了被复制和被重演的陷阱。我们能否判断一段历史是否成功地避免了这些陷阱，还不是很清楚。按理说我们应该是更喜欢“被完成”而非偏好“被重演”，但是，如果我们将前者仅仅作为我们贴给自己所喜好的历史作品样板的标签，那情况又会怎样？拉卡普拉意识到了这种困难，但是他不愿意设立一种硬性的标准以将一种理解历史的方法与另一种方法区分开来。相反，他提出了若干我们应当留意的警示性意见：历史寓意的重复，处于危险的政治目的而胡乱曲解史实，以及过于经验性的保守主义。拉卡普拉的理论工作未能在如何判断历史的问题上给出答案，但是，他给出了这方面的建议，即教我们如何识别历史叙述出于各种目的而利用过去(或者说是过去被用作历史叙述)的方法。

在受巴赫京(Bakhtin)启发的充满了解构和心理分析意味的作品之后,为何是创伤成了拉卡普拉为反映历史而选取的主题?由于在结构的创伤和历史性的创伤之间作出了区分,他得以形成了一种广义的、超历史性的思辨性的视野(如关于伪崇高的迁怒情绪或质疑行为之可能存在的必要性问题),与此同时且始终着意关于具有特殊意义的历史事件和历史人物的问题(如大屠杀)。他不是将任何在本质上具有伦理意义的事物都看成是我们由关注创伤而得来的东西,但是,他确实强调从这种关注中引发了一些更令人困惑的伦理与政治问题。创伤是一个与理论和经验都有关联的领域,它为拉卡普拉已经(在我看来尤其如此)开始采纳的理论上的谨慎,提供了令人瞩目的基础。

无论是卡卢斯还是拉卡普拉所论的“伦理转变”,都相去甚远于作为科耶与斯特拉斯之争核心问题的乌托邦—精神地狱问题。在横跨整个二战时期争论政治与哲学问题的哲学家,都忧虑这样一个问题:一个理论性的想法是否能够成为现实。科耶认为,如果这个想法不能成为现实,它就是不切实际的(这里所谓的“不切实际”特指乌托邦)。另一方面,斯特拉斯却断言,使理想成为现实的尝试,在现代诸多问题中居核心地位。关注理想并通过形而上的思考而探究这种理想,已不是“纯粹的乌托邦式玄想”,它们是真正的哲学。斯特拉斯的《论马基雅维里》(*Thoughts on Machiavelli*)(1995)有这样一段话——科耶曾经在该书的这段话下加了着重号,这是斯特拉斯对他自己的现代哲学观的归纳:

> 在人类萌生了一种征服未来或未来的征服的愿望的时候,新哲学开始发展起来,这种愿望致力于探究并认同必然性的事物,人们希望将会有一个真理至上的时代,届时,即使真理不是全盘控制人的思想,它无论如何也是在规范人类行为的制度领域发挥着统领性的作用。有目的的宣传鼓动致使哲学与宗教能相互合拍……必然性事物一统天下的格局,仍然是人类每一个伟大成就的取得,尤其是马基雅维里个人成就取得所必须依赖的环境:由必然王国向自由王国的过渡,意味着那种确有其实的人类卓越本性,将令人耻辱地消亡殆尽。

如果哲学家参与到靠打自然界的主意来抗争自然的活动中,他们就忘记了哲学的基础；在接受自由王国为一个令人舒适的地方的过程中，他们否定了人类卓越本性存在的可能性。如果人类全部努力的目标就是战胜自然的话，这种胜利就将使人类丧失其存在的根基。在这里，我们能够清楚地看到，具有积极意义却又混杂着消极性的乌托邦式的启蒙思想，身处在充满着悖论的困境中：我们原本希望变为现实的理想，却是最令人惊惧的噩梦。

如果科耶开始相信我们确实是生活于噩梦之中，讽喻，看来就成了他唯一的可以求助的思想工具。近些年来，创伤的观念已经被用于打破这种“讽喻者的牢笼”。创伤，是精神地狱的黑洞，它通过自身的张力以及能使我们关注到伤害事件的能力，勾勒出了历史再现和经验世界的边界。我们不太可能知道如何构建这个世界，我们甚至没有任何信心来获知一些根本性问题的答案，但是，我们确实感到伤害所具有的张力与创伤密切相关。这就是精神地狱，它应当使我们更懂得伦理道德，或者说至少是使我们更关注这个世界上的人的感受与思想的最危险的那些方面。

参考文献

Browm, Wendy. 1995. *States of Injury: Power and Freedom in Late Modernity*. Princeton: Princeton University Press.

Caruth, Cathy. 1996. *Unclaimed Experience: Trauma, Narrative and History*. Baltimore: Johns Hopkins University Press.

Felman, Shoshana and Dori Laub. 1992. *Testimony: Crises of Witnessing in Literature, Psychoanalysis and History*. New York: Routledge.

Freud, Sigmund. 1963. *Introductory Lectures on Psycho-Analysis: The Standard Edition of the Complete Psychological Works of Sigmund Freud, Vol*. 16. London: Hogarth Press.

Friedländer, Saul. 1993. *Memory, History and the Extermination of the Jews of Europe*. Bloomington: Indiana University Press.

Herman, Judith Lewis. 1992. *Trauma and Recovery*. New York: Basic Books.

LaCapra, Dominick. 1994. ‘Acting Out and Working Through’. In *Re-*

presenting the Holocaust: *History*, *Theory*, *Trauma*. Dominick LaCapra, Ithaca: Cornell University Press, 205—223.

Novick, Peter. 1999. *The Holocaust in American Life*. New York: Houghton Mifflin.

Roth, Michael S. 1997. *The Ironist's Cage*: *Memory*, *Trauma and Construction of History*. New York: Columbia University Press.

—. 1998. 'Trauma, Representation and Historical Consciousness'. *Common Knowledge*, 7: 99—111.

Schorske, Car E. 1995. 'History and the Study of Culture'. In *History and... Histories within the Human Sciences*, eds. Ralph Cohen and Michael S. Roth. Charlottesville: University of Virginia Press.

Seltzer, Mark. 1998. *Serial Killers*: *Death and Life in America's Wound Culture*. New York: Routledge.

Strauss, Leo. 2000. *On Tyranny*, revised and expanded, eds. Michael S. Roth and Victor Gourevich. Chicago: University of Chicago Press.

White, Hayden. 1978. 'The Byrden of History' (1969). In *Topics of Discourse*: *Essays in Cultural Criticism*. Baltimore: Johns Hopkins University Press, 27—50.

—. 1987. 'The Politics of Historical Interpretation: Discipline and Desublimation'(1982). In *The Content of the Form*: *Narrative Discourse and Historical Representation*. Baltimore: Johns Hopkins University Press, 58—82.

—. 1999. 'Modernist Event'. In *Figural Realism*: *Studies in the Mimesis Effect*. Baltimore: Johns Hopkins University Press.

Wiesel, Elie. 1977. 'The Holocaust as Literary Inspiration'. In *Dimensions of the Holocaust*. Evanston: Northwestern University Press.

第十六章
论文学乌托邦的诗学

威廉·沃斯坎普

文学乌托邦是传达特定形式文化信息的文本媒介。如果不思考这种媒介的性质及其所具有的信息传达交流能力，就不可能写出有分量的文学乌托邦的诗学和历史。在比勒菲尔德大学跨学科研究中心，设有“文学乌托邦的作用”的研究课题，尼克拉斯·卢曼(Niklas Luhmann)在研究过程中回答了什么是令他感兴趣的乌托邦历史这样一个问题：他感兴趣的是，被刊印出来的书籍的作用(参见 Vosskamp，1982/1985a)。如果没有书籍媒介，就不会有“古典的”文艺复兴时期乌托邦思想的散播；如果没有电影媒介，就不会有科学想象的迸发；如果没有互联网，就不会有“全球视野”下的乌托邦。直到现在，对乌托邦与书写(或绘画)媒介之间关系的研究，仍处在起步阶段；有充分的理由表明，文本媒介自身是，而且一直将是乌托邦图景的投射之所。

乌托邦与虚构

文学，是文化信息传播交流的历史形式，这种形式由特定的程式化的话语因素集合体所决定——如果有人这么想的话，他就碰到了关于文本与读者期待之间那种特定的经久不息的互动关系问题。乌托邦的具象化和程式化——这里是在“文学乌托邦”意义上讲的，一方面促进了各种历史性的文学作品与文学之外的主观期待之间的互动，另一方面也促进了作品与作家的创作活动(这也决定了人们的主观期待)之间的互动。发掘“文学乌托邦”的特点、结构以及基于文学乌托邦作何理解这一历史假设而在一定程度上对其进行审视和反省，都是十分重要的(参见 Vosskamp，1977：27－42；1977：655－58)。在创作活动中，作家(从当时的一大堆陈规旧俗中)所进行的抽取和选择，以及为造成一定的影响而由这些抽取出来的要素所组合成的、旨在超离现实的虚构风格，起到了决定性的作用。这一系列建构文学乌托邦活动的完成，只以该文学乌托邦的稳定性为前提且只有在如下意义上才能实现：即这种文学乌托邦因能够被再现而具有可识别性和灵活性，后者保证了文学乌托邦可同时兼具包容性、吸纳性以及代谢性和排他性。文学乌托邦的这种可塑性使其区别于其他文学类型，它混杂着被人为建构起来的特定的文本形象，既包含被讽刺性地称之为现实的形象，也包含性质完全迥异的概念化的、反事实的形象。[①] 文学乌托邦同时是叙述性的和形象化的。作为想象，具有一定间离性的空间或未来的某一段时间而进行的反事实性的形象建构，与造就这些想象的当时社会环境，具有隐性的或显性的联系。“对批判性比较过程的模仿”(Stockinger，1981：98)，是文学乌托邦信息传播交流的一种特定的方式。因此，比照其他形式的文本而言，乌托邦与历史文本具有更直接的联系。

在18世纪上半叶，文学乌托邦已经被理解成一种独立的创作虚构形式，正如我们可以在约翰·海因里希·策德勒(Johann Heinrich Zedler)的《百科全书》(1742)中用“愚人的天堂”(*Schlaraffenland*)这个专有名词所表述的那样：

> 愚人的天堂，拉丁人的乌托邦，可以译成德文中的“乌有之地”，它不是真实存在的，而是一个人们想象出来的伦理道德意义上的国度。人们以三种模式来想象这个天堂。有人把它想象成一个完美的政府……有人把它想象成一个经历了贫穷和苦难而达到的一种生活状态。他们设想，在这样一个国度或岛屿上，人们可以不用劳动而得到任何东西，因为那里遍布着酒池肉林，以及其他好用值钱的东西。还有人把它想成一个腐败的世界，把这些国度描绘成堕落的样子。(Zedler，1742：83)

策德勒描绘出了反世界性的乌托邦——一种最另类的人类理想图景(就如同一种正面的或具有反讽意义的观念一样，这种另类的图景是反面性的典型)，及与之相关的道德上的目标(“一个充满道义的国家”)。与此同时，策德勒特别强调这些图景所具有的虚构性。以乌托邦而言，我们必须把它当成一个“想象中

① 关于这个问题的一般情况，参见斯多辛格(Ludwig Stockinger)，1981：5ff；库恩(Kuon)，1986；尤其是其“导论”。

的国度”。乌托邦的这种虚构性,被额外地强调成与这样一个事实相关,即乌托邦再现于一种“形象”之中。故而可以想见,乌托邦所采取的具象化的形式,也即作为文学乌托邦特征之一的其外在表现形式,是何等重要(参见 Vosskamp,1984:83)。

当人们从他们所处的虚构的立场来审视欧洲文学乌托邦历史的时候,可能从中挖掘三种最重要的理想类型特征。这些特征既是在文本策略上说的,也关系到道德立场。这些乌托邦想象,与一种人们所持有的否定事物的冲动态度有关(这是就乌托邦观念的批判性想象与其各自所代表的社会现实完全不同而言的),与人们期待的文学建构方式有关(这是就人们预想未来的意义上而言的),也与在一种可能性的意义上将事物的实质与表象之间的粘连性与二者之间的指代性相一分为二的做法有关。①

空间和时间的乌托邦

所有文学乌托邦最核心和最主要的诗学性质,就是其否定性。如果不是对诸多乌托邦各自所先行存在的事实持否定性态度,我们就不能通过逻辑的方式建构另一种在形象上与上述乌托邦相反的乌托邦(这是一种类似于想象出来的“另类”的社会制度的东西)。首先,乌托邦所具有的一种(特定的)否定性的能力,使其能够通过一种反映现实的方式而理性地建构起来。道尔科·祖温(Darko Suvin,1979:76)称,乌托邦是一种“作家用语言文字描绘成的准人类社会,在那里,社会政治制度、行为规范和人际关系的形成,都遵照着一种比作家身处的社会要更为完美的准则;作家的这种描绘与建构是基于一种间离式的逻辑思维,而这种思维又源于一种别样的历史假设”。

这种历史现实的否定性原则及由此而产生的反向性的话语构造,可以在文艺复兴时期的乌托邦构想中最清楚地反映出来。托马斯·莫尔的《乌托邦》,是以一种非常极端的否定性或虚无化的方式而写成的,这可以由作品的形式及标题体现出来。莫尔著作的标题已经表明了这一点:乌托邦,即乌有之地(non-place)。这种象征意义不仅不符合地形学方面的常识,意味着不能将“乌有之

① 关于类型学的总体情况,参见 Vosskamp,1990。

地”解释为“幸福之乡”，它同时也总是意味着与一种实际的历史场景相联系。莫尔所描绘的54个乌托邦式的城市国家让16世纪的读者想到了52个公爵领地及当时的英格兰的威尔士及伦敦地区（参见 Erzgräber，1980：35）。由这些虚幻的历史场景与社会现实相比较而得出的差别，构成了我们对乌托邦进行理性化思考的前提。除了借助于从历史事实中严格地选取素材并有意地编排这些材料之外，乌托邦国的设计，还严格遵循了几何学定律。与康帕内拉设计的由七进院落围成的环形太阳城相比，位于乌托邦岛上的亚穆乌罗提城“近似全立方”的规划，一点也不缺乏特色。[①]

乌托邦在空间上的严谨几何布局，与其在人类群体组织分工上的精确性是相一致的，这只有通过对所有群体成员都实行严格管理和组织才能实现。乌托邦的理性国度的运作，靠的是整齐划一，靠的是个人与集体（社会）利益的协调；唯有如此，人们才可能没有任何利益纷争地共同生活在一起。这种社会组织原则是通过否定性的态度而建构起来的，如果我们审视相关的具有反向性的术语，这个问题就尤其显得不言自明。社会应当在一种秩序约束下形成合理的结构，这种观念促使我们背离了普遍存在于当代早期社会的那些传统的制度规范和社会结构。“‘旧的’传统上的等级制度不再适用于新的社会权力关系，约束‘新的’带有一定倾向性的政治观点的条条框框正趋于消失，政治的分裂化正相适应于不确定的法律关系。”（van Dülmen，1968：9）正因为社会秩序失衡被当作一个最大的威胁，托马斯·莫尔开始回答这一系列问题。时间停滞于按几何形制设定的完美的乌托邦即意味着历史的“僵化”，对其历史的叙述被“古典”文艺复兴乌托邦中的描绘、报道和会话所取代。被叙述的乌托邦的故事试图借助形象来消解历史；人类情感所受到规诫使得人类情感的不完美性更暴露无遗；以“群类”来计数人类的观念的弱化，使得具有独特性的个体意识兴起。通过否定或虚无化而形成的推论方法，让我们能够从现实中抽取一些东西来建构某种意识，也使我们能够对曾经被否定的事物进行充分的批判（参见 Vosskamp，1983）。

因此，乌托邦中的一个核心性的、总体性的因素变得清晰可见：正常化和偶然性之间的对立。人类的主观性、激情、爱欲、不愉快以及“历史”都是不可捉摸、无法把握的因素，它们被强行压制于乌托邦的秩序体系中。乌托邦的读者，应当

① 参见 Vosskamp，1990。

能够借助修辞技巧和想象性的再现而相信，偶然性能够被消除，事故频仍和兴衰无常能够被人类的持久“幸福”所取代。直到20世纪，这种希望仍存留于孤立的文学乌托邦中。在这个意义上，历史偶然性催发出种种管用的秩序模式，依照这种社会的偶然性或无序性所能估计到的危险程度，这些秩序被用作规范人们的冲动情绪或恐怖之举。

托马斯·莫尔的乌托邦，为反对当代早期阶段的那种等级化的、异常复杂的、传统式的社会，提供了一个具有世界意义的尝试模式。传统意义上的尝试模式是宗教，尽管宗教时常利用那种独特的基督教信条和制度（诸如修道生活），被一种文学模式所取代，这种文学模式的首要特征是它混杂着各种文学、哲学解释以及更主要的科学解释因素（法学、经济学和政治理论）。托马斯·莫尔将这些因素都组织进他那独具特色的文本中，创设了一种响应历史的可实现的理性秩序（参见Vosskamp，1982/1985b）。此类关于秩序的观念也决定着未来的乌托邦，康帕内拉的《太阳城》、弗朗西斯·培根的《新大西洲》以及约翰·凡萨丁·安得里亚的《基督城》（参见安得里亚，1999）都体现了这一点。这些乌托邦构想所予以充分强调的秩序观念，正好可以说明近代早期的社会环境通常被看成是缺乏秩序的。

对于另一种空间性的乌托邦——田园诗而言，上述情况同样是存在的。这种乌托邦避免对一般的社会制度具体化，并且力争在自然领域内通过抒发爱欲及诗歌创作的方式为审美幻觉保留一份空间。最重要的是，与托马斯·莫尔的《乌托邦》相近，近代早期田园诗的原型，也产生于意大利文艺复兴时期，其代表作就是雅各布·扎恩纳泽多（Jacobo Sannazaro's）的《阿卡狄亚》（*Arcdia*）。这部著作取得了划时代性的成功，它共有117个版本刊行，在16世纪，至少有4部评论该书的作品出版（Grimm，1982/1985）。这种成功使人们续写托马斯·莫尔的社会乌托邦原型的期待成为现实。即使在古典田园诗的传统中，“政治”依然具有当下性，且可以看作是“对其对立面或其本性的一种反省”（Garber，1982/1985：41；另见Garber，2000）。

具有批判建构性的否定态度和秩序观念的建立，将会被另一种重要观念，即一种期待性的观念所代替，这也由此使时间性乌托邦的文学范型得以产生。之所以如此，首先是由于17世纪晚期和18世纪初期的主体概念开始发生变化。关于主观需要与社会需要相一致的假定，一直存在于16和17世纪的社会乌托邦理想中，并一直存留于18世纪的光荣的共和政体里，在历史转折关头，当这种假设由于主体概念发生了新变化而被认为是一种幻想的时候，对于幸福的问题，也必须作出新的回答。当时的人们不再以个体与社会之间是协调的这一假设作为看待问题的起点，而是将个体与社会两级之间的紧张关系作为核心问题，个人的幸福要求占据了中心地位(参见让·雅克·卢梭的观点)。本应受到规约的个人的幸福，也应受到国家的掌控，这种看法在18世纪的时候失去了市场。幸福的概念被这样发展起来："人们能够从变幻不定的幸福环境中依靠自己的力量来解放自己，能够为了自己的幸福而创造自身所需……如果某种世事变化被看作是朝向一个积极目标迈进过程中的最后的或是最完美的阶段的话"(Winter, 1983: 62 ff.)，那么，旨在追求永恒幸福的乌托邦，必定是令人厌烦的。若借用历史术语表述，可以认为，完美的观念已经被改进的观念所取代。最合适的东西就是最完美的东西:完美，可以被当作追求完美的努力过程中的一个阶段性成果(参见 Vosskamp 1984)。

这里所提到的人们体会的改变，被赖因哈特·科斯泽勒称为"体会的时间化"(可以参见 Koselleck,1982/1985)；它是关于"完美"向"改进" 的观念范式转变的前提。在由法人负责制的社会向一种功能服务型的社会转变过程中，时间化的体会使其受制于经验与期待之间的紧张关系。当代人的期待，再也不能由历史经验中得来，而是在很大程度上来自于未来的导引。科斯莱克由此正确地提出了"乌托邦式的强迫"的概念，由于"世俗性的冲动"进入了历史经验领域，"历史"这一术语因此彻底地发生了变化。由此而来的不仅是历史的持续加速，而且还包括处在所有情况下的新的乌托邦期待的升级。这种觉醒了的对于未来的期待，很难得以实现；(反事实性的)对未来事物的预想，就随之唤起了人们(至少是在一个长时段内或大概的)欲实现这种预想的愿望。①

作为反应于历史运动的乌托邦的性质，因此彻底地改变了。如果说文艺复兴时期那种充满秩序的乌托邦试图通过严格规训个人来消解历史的话，时间性的乌托邦则阐发了这样一种观念，即单个的人能够以一种面向未来的眼光来发

① 这里需要指出，关于进步可能性的观念及对于有一个可实现的未来的信念，与犹太人与基督教徒来世观念的世俗化有关。在对乌托邦历史的叙述中，恩斯特·布洛克(Ernst Bloch)提到了这种关系，并比较了秩序型乌托邦与革命性观念的来世性乌托邦以及革命性的时间性乌托邦。

展和完善自己，那个未来的目标是他能够通过不断努力而达到的。这里所提到的乌托邦有必要进行不断改进的观点，仍然表现出这种乌托邦构想具有传统的秩序至上型乌托邦的那种强制规约性特征。

在当代早期文学乌托邦的历史上，由一种空间性的、以世俗秩序规约的完美的乌托邦，向一种时间性的、定位于未来的、改进型的乌托邦之间的转变，最典型地反映于塞巴斯蒂安·梅西耶(Sëbastien Mercier)所写的《2440 年》(*The Year 2440*, *L'An deux mille quatre cent quarante*)(1770)。

对于带有期待性质的文学化的时间乌托邦的问题和实现的可能性，《2440 年》这个案例阐释得尤为清晰。书中所虚构的故事讲述者，在 1770 年的睡梦中步入了 2440 年，他虽然仍身在巴黎，但感觉到这座城市发生了翻天覆地的变化：政府当局完美无缺，社会组织完善，国内贸易发展，工作能力提高，都市街区干净整洁、井井有条。人类终于功德圆满，除此之外，他的贡献取决于被公共化了的(个人)道德修养，所以，现代主义那种关于个人与集体、内在与外在特征之间的矛盾关系可以随之化解。一个理想化的国家就这样被设定在将来，而实际的、可以达到那种理想状态的进化过程却没有被提及。既缺少将来实现的那个理想国的所在地，也同样缺少实现过程的描述，作者认为那个所在地与传统的早期空间性的乌托邦存在着联系(参见 Fohrmann,1983)。

如果我们考察梅西耶在建构一个从 1770 年跨越到 2440 年的乌托邦时所依据的"进步"概念，便会发现，这个概念总体来说肯定是很不成熟的。然而，从《2440 年》这部作品中几个有特色的地方来看，梅西耶还是时常特别明确地意识到了历史进步的动态特征及乌托邦预想的问题。

进步的导引者，仅仅是处在他争取达到个人权力顶峰途程的半路上，这一方面是指我们不能达到一种完美的历史进步状态，另一方面蕴涵着我们应当为了不断实现自身的改善和进步而奋斗。

时间乌托邦必须要经历双重的转变：从旧社会向新社会的转变，以及新社会自身的不断改造。借助时间性的跨越，梅西耶至少是意识到了旧社会应当向新社会转变，而对于新社会也应当不断变革的问题则只是偶然提及。还有一个需要回答的问题——这也是文学的时间乌托邦所面临的根本性的二律背反难题之一：一个不断处在自我超越中的时间乌托邦能否借助叙述方式来得以具象化？或者说，这种具象化只能在"无尽的历史"中才能做到？有鉴于此，还可以得知：

对乌托邦目标的每一次实质性的压制,都会明显地至少造成实现这个目标努力的暂时性的停滞;而这个目标的完全开放,肯定会使关于限制性发展思想的哲学达到一个高潮(参见 Vosskamp,1984:95)。

乌托邦与乌托邦批判

梅西耶的时间乌托邦同时使我们了解了文学乌托邦的诗学的一个核心现象:关于乌托邦语境及其受制于欧洲传统的乌托邦批判的现象。

梅西耶的思想起点是"完美"与"堕落"之间的对话,卢梭曾提及这个话题,其中,进步与退化被当成了两个核心要点——这暗含着对快速发展的技术武器的滥用的关注,进步的模式因此就具有了可逆性(参见 Vosskamp,1984: 95)。退化,是一种进步性的启蒙运动式乌托邦的对立面:未来的梦想变成了梦魇。18世纪时德国人能够接受梅西耶的小说,就已经说明了这一问题。卡尔·海因里希·瓦克斯穆特(Karl Heinrich Wachsmuth)表达了一种激进的对进步的批判和浓烈的悲观意识,其中,进步的理想被揭露成一种外观性的欺骗和特别容易看穿的关于未来的幻梦。

稍晚面世的拉伯雷的《巨人传》(首次面世于 1534 年)和斯威夫特的《格列弗游记》(1726)等代表性著作,继续展开了这种于激进批判乌托邦意义上所进行的具有反讽式的揭露。丹尼尔·迪福(Daniel Defoe)描绘了一个快乐地生活在孤岛上的"吝啬人"的乐观憧憬(1719)。7 年以后,斯威夫特在作品中对这个人物形象进行了粗糙的仿制。到了 18 世纪 70 年代的时候,约翰·卡尔·韦策尔(Johann Carl Wezel)在其作品中对罗宾逊式的乌托邦范型提出了尖刻的批判,认为它已经堕落成了一个前景暗淡、必将消亡的愚人的国度,正如其作品所强调的结论一样(参见 Braungart,1991: 74-76)。

对于历史发展和文学乌托邦的自我再生都具有根本的实质意义的乌托邦的批判,定格于让·雅克·卢梭揭示出个体与整体(特殊与一般)之间的对立关系的那个历史时刻,若按卢梭所做,则对乌托邦的激进批判就被彻底贯彻了。这种批判能被广泛应用且能系统地自我调节,它的批判力超过了所有传统的对乌托邦的反讽。这能够通过以下三个例子给以简要的说明。

首先,让我们看一看卢梭的《新爱洛伊斯》。作者在他所描绘的克拉伦斯乌托邦(Utopia of Clarens)中,详述了"由文明制度压力给人造成的精神扭曲。这种制度混杂着僵化、空虚和令人紧张的东西,唯有一死才能从中解脱出来"(Winter,1982/1985: 99)[①]。克拉伦斯乌托邦的文明化的社会集团体不但让人生厌,而且使个人的自我实现备受挫折,这是一种在此后的乌托邦历史上能够经常被重演的值得批判的乌托邦的形式。个体的激进的自我实现不能与社会所需协调一致,如果让后者发挥作用则必须强行地将个人利益纳入共同利益当中。因此,克拉伦斯乌托邦"也未能将'个人存在'和'集体存在'整合好"(Winter,1982/1985: 99)。一旦这种尝试失败了,日内瓦湖四周的景致只能"沉没于冰雪之中"。

其次,我们可以回想一下歌德对乌托邦的看法。歌德已经指出,威廉主观想象中的教育型乌托邦,与托尔所描绘的社会型乌托邦是有差别的。米格农和哈夫纳的悲剧意味着由激进的主观想象所构建起来的乌托邦,是一种反社会的、必将灭亡的乌托邦。歌德提出了更尖锐的批判。他列举了四种乌托邦类型(训教者的天下、适宜教育的地区、美国式乌托邦以及欧洲境内流浪者的思想),这些类型能够让我们回想起(空间型)社会乌托邦之某些传统和先行实践者。所有这四种类型都将个人自我实现的动力转向了一种结合背景条件的分析之中,从而有益于社会乌托邦概念的讨论和批判(参见 Vosskamp,1982/1985c: 236ff.)。

"适宜教育的地区"这种类型的教育乌托邦持有这样一条个性化的假设,即个体的主观意识可以得到全方位的传承,恰如所提到的那样。在人类不断地趋向人性的全面发展的过程中,在由试错和偶然性事件起决定性作用的人类学习认知的过程中,这种类型的乌托邦发展起来一种严格依据理性的系统的教育体系,其特征就是借助于诗学想象的力量而形成的质疑品质。

与"适宜教育的地区"这种类型的教育乌托邦相比,在"流浪者"这种类型的乌托邦中,独立的个体与社会制度之间甚至保持了更远的距离。

最后,在奥多阿尔多斯(Odoardos,一个令人生畏的德国公爵,他拥有"无边的法律权力")的操纵下,欧洲移民计划使我们想起了所有的带有典型文艺复兴式社会乌托邦特征的有害于人的事物。彻底的制度化必然带来严密的社会控制;人们用智慧与暴力创造出一个工具理性的乌托邦,这种乌托邦所具有的封闭

① 另见 Vosskamp,2000。

排外的机制["清洗"(liquidate)一词被再次使用],更验证了其概念的消极性的一面(参见 Vosskamp,1982/1985c：240)。

在歌德的书中,歌德与上述那种独裁性社会范型保持了最远的距离。该书以一种讽刺性的手法颠覆了一种值得批判的(反面性)乌托邦。

18 世纪最具代表性的文学乌托邦批判者,当属唐纳蒂安·阿尔丰斯·弗朗索瓦·德·萨德(Donatien-Alphonse-François Marquis de Sade)。在其所写的《萨多姆城的一百二十天》中,自由的乌托邦被表现成一个由秩序和监禁所控制的社会体系,就如同皮拉内西(Piranesi)以及其他作家在 20 世纪以来所描绘的恐怖景象一样。德·萨德所描绘的自由主义的乌托邦,是激进的乌托邦批判者所提出的秩序恐怖的体现。米歇尔·福柯将这种边沁式功利主义的环形监狱,看成是"具有完美的监禁功能的乌托邦"。对福柯来说,这种环形监狱体制是以社会体系来实施对人的规训所依据的基本原则。德·萨德即描绘了这种监狱体制。米切尔·温特(Michael Winter)认为,正是这种体制,将"建筑实体转变为精神性的构造物"。"秩序一类的东西是由内到外得来的,与现实没有任何联系。事物所具有的优美的协调性,被嵌入了恶的协调性发展演变的过程中。"(Winter,1982/1985：102)

在这种意义上,德·萨德的理论已经使乌托邦与对乌托邦的批判达成了契合,从他的这种立场出发,20 世纪的"反面性乌托邦"(其构建者的代表人物有萨曼扎汀、奥维尔和赫胥黎)实际上已经构成了对其自身的挑战(参见 Vosskamp,1996)。卢梭发现了个体利益与社会之间不能协调一致——如果个体的独特性真的需要引起我们的注意的话,这一发现促使德·萨德发现了根本性的乌托邦话语。要是存在乌托邦体制化的恐怖主义和乌托邦理性的制度化,个体的独特性究竟能否被保全?

这个问题直到今天仍决定着文学乌托邦的诗学的研究走向。乌托邦批评激发出种种超越传统乌托邦模式的展望,此举是出于建构带有更淡乌托邦意味的开放的文化体系之所需,也是建构一种具有自我乌托邦化机制的社会制度的前提,即意味着乌托邦应当具有自我再生和自我修正的潜能。

文学乌托邦的历史系身于对具有决定论倾向的乌托邦的批判。或者换一种说法,乌托邦的自主诗学的建构途径,已经由在乌托邦与乌托邦批评之间不充分的对话,转变成了一种持续不断的自我反省的方式。

参考文献

Adorno, Theodor W. 1981. 'Dialektik der Aufklärung'. In *Gesammelte Schriften in zwanzig Bänden*, ed. Rolf Tiedemann. Bd. 3. Frankfurt-on-Main: Suhrkamp.

Andreae, Johann Valentin. 1999. *Christianopolis*, intro. and trans. Edward H. Thompson. Dordrecht, Boston and London: Kluwer.

Bloch, Ernst. 1959. 'Grundrisse einer besseren Welt'. In *Das Prinzip Hoffnung*, Part IV. Frankfurt-on-Main: Suhrkamp, 521—1068.

Bohrer, Karl Heinz and Kurt Scheel, eds. 2001. 'Zukunft denken-nach den Utopien'. *Merkur* 55.

Braungart, Wolfgang. 1991. 'Apokalypse und Utopie'. In *Poesie der Apokalypse*, ed. Gerhard R. Kaiser. Würzburg: Königshausen & Neumann, 63—102.

Erzgräber, Willi. 1980. *Utopie und Anti-Utopie in der englischen Literatur: Morus, Morris, Wells, Huxley, Orwell.* Munich: Fink.

Fohrmann, Jürgen. 1983. 'utopie und Untergang. L. S. Merciers L'An 2440 (1770)'. In *Literarische Utopien von Morus bis zur Gegenwart*, eds. Klaus L. Berghahn and Hans Ulrich Seeber. Königsstein-on-Taunus: Athenäum, 105—124.

Garber, Klaus. 1982/1985. 'Arkadien und Gesellschaft'. In *Utopieforschung*, ed. Wilhelm Vosskamp. Stuttgart/Frankfurt-on-Main: Metzler, Vol. 2, 37—81.

—. 2000. 'The Utopia and the Green World: Critic and Anticipation in Pastoral Poetry'. In *Imperiled Heritage: Tradition, History, and Utopia in Early Modern German Literature*, ed. and intro. Max Reinhart. Burlington/Aldershot: Ashgate, 73—116.

Grimm, Reinhold R. 1982/1985. 'Arcadia und Utopie. Interferenzen im neuzeitlichen hirtenroman'. In *Utopieforschung*, ed. Wihelm Vosskamp.

Stuttgart/Frankfurt-on-Main: Metzler/Suhrkamp, Vol. 2, pp. 82—100.

Jaumann, Herbert. 1982. 'Epilogue' to Louis-Sébastirn Mercier's Das jahr 2440. Ein Traum aller träume, German trans. Chrisitan Felix Weisse, 1772. Frankfurt-on-Main: Suhrkamp, 316—332.

—. 1990. 'Die deutsche Rezeption von Merciers L'An 2440. Ein Kapitel über Fortschrittsskepsis als Utopiekritik der spaten Aufklärung'. In *Der deutsche Roman der Spätaufklärung. Fiktion und Wirklichkeit*, ed. Harro Zimmermann. Heidelberg: C. Winter, 217—241.

Koselleck, Reinhart. 1982/1985. 'Die Verzeitlichung der Utopie'. In *Utopieforschung*, ed. Wilhelm Vosskamp. Stuttgart/Frankfurt-on-Main: Metzler, Vol. 3, 1—14.

Kuon, Peter. 1986. *Utopischer Entwurf und fiktionale Vermittlung. Studien zum Gattungswandel der literarischen Utopie zwischen humanismus und Frühaufklärung*. Heidelberg: C. Winter.

Mercier, Louis-Sébastien. 1971. *L'An deux mille quatre cents quarante. Réve s'il en fut jamais*. Bordeaux: Raymond Trousson.

Musil, Robert. 1987. *Der Mann ohne Eigenschaften*. Reinbek bei Hamburg: Rowohlt.

Schnabel, Johann Gottfried. 1979. *Insel Felsenburg*, eds. Volker Meid and Ingeborg Springer-Strand. Stuttgart: Reclam.

Seel, Martin. 2001. '"Drei Regeln für Utopisten", Zukunft denken-Nach den Utopein'. *Merkur* 55, 747—755.

Stockinger, Ludwig. 1981. *Ficta Respublica. Gattungeschichtliche untersuchungen zur utopischen Erzählung des frühen* 18. *Jahrhunderts*. Tübingen: Niemeyer.

Suvin, Darko. 1979. *Poetik der Science Fiction. Zur theorie und Gesellschte einer literarischen Gattung*. Frankfurt-on-Main: Suhrkamp.

von Dülmen, Richard. 1981. 'Die Formierung der europäischen Gesellchaft in der Frühen Neuzeit'. *Geschichte und Gesellschaft* 7, 5—41.

Vosskamp, Wilhelm. 1977. 'Gattungen als literarisch-soziale institutionen'. In *Textsortenlehre-Gattungsgeschichte*, ed. Walter Hick. Heidelberg: Quelle & Meyer, 27—42.

—, ed. 1982/1985a. *Utopieforschung. Interdisziplinäre Studien zur neuzeitlichen Utopie*, 3 vols. Stuttgart/Frankfurt-on-Main: Metzler/Suhrkamp.

—. 1982/1985b. 'Thomas Morus' Utopia: Zur Konstituierung eines gattungsgeschichtlichen Prototype'. In *Utopieforschung*, ed. Wilhelm Vosskamp, Stuttgart/Frankfurt-on-Main: Metzler/Suhrkamp, Vol. 2, 183—196.

—. 1982/1985c. 'Utopie und Utopiekritik in Goethes Wilhelm Meisters Lehrjahre und Wilhelm Meisters Wanderjahre'. In *Utopieforschung*, ed. Wilhelm Vosskamp. Stuttgart/Frankfurt-on-Main: Metzler/Suhrkamp, Vol. 3, 227—249.

—. 1983. 'Literaturgeschichte als Funktionsgeschichte der Literatur (am Beispiel der frühneuzeitlichen Utopie)'. In *Literatur und Sprache im historischen Prozess*, ed. Thomas Cramer. Tübingen: Niemeyer, Vol. 1, 32—54.

—. 1984. 'Fortschreitende Vollkommenheit (Der übergang von der Raumzur Zeitutopie im 18. Jahrhundert)'. In 1984 *und danach. Utopie, Realität, Perspektiven*, ed. Ehrhard R. Wiehn. Constance: Universitätsverlag, 81—102.

—. 1986. '"Grundrisse einer besseren Welt". Messianismus und Geschichte der Utopie bei Ernst Bloch'. In *Juden in der deutschen Literatur*, eds. Stéphane Moses and Albrecht Schöne. Frankfurt-on-Main: Suhrkamp, 316—329.

—. 1990. 'Utopie als Antwort auf Gechichte. Zur Typologie literarischer Utopien in der Neuzeit'. In *Geschichte als Literatur. Formen und Grenzen der Repräsentation von Vergangenheit*, eds. Hartmut Eggert, Ulrich Profitlich and Klaus R. Scherpe. Stuttgart: Metzler, 273—283.

—. 1996. 'Utopie'. In *Fischer lexicon Literatur*, ed. Ulfert Ricklefs. Frankfurt-on-Main: Fischer, vol. 3, 1931—1951.

—. 1997. 'Gattungsgeschichte.' In *Reallexikon der deutschen Literatur-*

wissenschaft 1：655—658.

—. 2000. 'Selbstkritik und Selbstreflexion der literarischen Utopie'. In modernisierung und Literatur. Festschrift für Hans Ulrich Seeber zum 60. Geburtstag, eds. Walter Göbel, Stephan Kohl and Hubert Zapf. Tübingen：G. Narr, 233—243.

Winter, Michael. 1982/1985. 'Don Quichote und Frankenstein. Utopie als Utopiekritik：Zur Genese der negativen Utopie'. In Utopieforschung, ed. Wilhelm Vosskamp. Stuttgart/Frankfurt-on-Main：Metzler/Suhrkamp, Vol. 3, 86—112.

—. 1983. 'Lebensläufe aus der Retorte. Glück und Utopie'. *Zeitschrift für Literaturwissenschaft und Linguistik* 50, 48—49.

Zedler, Johann Heinrich. 1742. *Universal-Lexicon*. Reprint：2001, Hildesheim：Olms, Vol. 34.

第十七章
重新思考乌托邦:为灵感文化而辩

约恩·吕森

重提乌托邦问题

为什么我们要重提乌托邦?① 理由十分充足:尽管乌托邦已经被判消亡,但是,它却属于文化生命的一部分,一种适合时宜的乌托邦话语,需要我们时常地重新展开研究。

在1989年那样一个历史的新纪元,乌托邦被宣布寿终正寝,作为概念的乌托邦亦被消解。这被认为是一个巨大的文化进步。乌托邦的终结,成了一个备受关注的热门话题(Saage 1990; Winter 1993)。有很多恰当的原因可以解释此种现象。随着欧洲社会主义国家的解体,致力于将乌托邦理想变为现实的政治试验终以失败结束。这些政权体制的存在,与其说是它们脱离了现实而真的可能存在,毋宁说现实是根据乌托邦的构想而被重新塑造了。这就产生了可怕的后果:现实拒绝任人简单地重塑,并予人以猛烈的报复。

依照乌托邦的历史,作为一种试验模式,一笔在现实中为创造一种可能存在物而交出的学费,乌托邦是单纯地自然发展起来的吗?这些乌托邦运动的追随者,发现他们为实现真正的乌托邦而进行的尝试,实际上都事与愿违。这就导致了他们必然要接受的那个后果。但纵然如此,真正的乌托邦,乌有之地——在现实中确实是不存在的,也需要被复原。我们能为了奔向一个全新的目标而真的不顾及这场文化运动吗?

---

① 参见探讨乌托邦问题的专题:Merkur,55(2001); *Gegenworte. Zeitschrift für den Disput über Wissen* 10(Autumn 2002)。

表面上的“乌托邦的终结”

批评乌托邦的意见令人信服地着重指出，应当在严肃地以现实为旨的实用主义的乌托邦和向一种全然相异的乌托邦的跃进之间作出区分。如果轻易地忽略了这种区分，严肃的实践活动就不再有现实性，与此同时，乌托邦也就失去了其最宝贵的内容，其乌有之地的特点，其概念的启发性及其因为虚构了一个无法企及的完美目标而具有的思想建设性。

在近代，文化已再三地受害于这种不作区分的领域混融。首先，是托马斯·莫尔的《乌托邦》(*Utopia*)(1516)，描绘了一个依据理性信条而建立起来的理想社会的形象。莫尔开了个玩笑，他用玩笑折射了当时人们受压迫与贫困的苦难生活。他未曾想到，这个玩笑将转变成极度严肃的事情。正是这种为实现诸多强行地在现实中树立起来的乌托邦理想的努力，被反复地尝试。在此过程中，几乎是必然地，向一种全然相异的乌托邦的文化跃进，变成了一种误导我们行为的盲动之举，而此举原本应使我们放开眼界，看到更多可能发生之事。

人们一直常以上述关于乌托邦的逻辑来解释现代化的进程，20 世纪那些惊世骇俗之事的发生，也常被追溯到由这些有望实现的理想之幻象所产生的力量。根据这种观点，关于现代化的乌托邦思想，终结于人们对此种思想必能化为现实的狂热信奉，而这却忤逆于以人类终极的和最高目标之名义而存在的人性。与此同时，作为理性之梦的乌托邦思想开始复苏。

然而，当我们涉及乌托邦思想的时候，光是关注上述过失而导致的惊恐，并严防其不再重蹈覆辙就算完事了吗？我们是否应当据此放弃对由理智所引导之实践的向往？那些违背常理而存在的令人不悦之物，就应当从我们的文化中清除吗？

马克斯·韦伯曾这样描绘政治行为，它具有硬木板般的硬度和韧性，包含了激情和方向意识(Weber，1971：560；1994：88)。此二者必须兼备：一种尊重事实本来面目的方向意识和坚决要超越既定条件的激情。缺乏激情的政治是无力的，缺乏方向感的激情会使人误入歧途。

我们必须重提乌托邦，因为当前的情形明显的是谨慎有余而激情不足。现状看起来已经变成对一种无法逾越之境界的迷恋：热衷于超越既有条件的限制而追求新异之物，这种做法已经失去了大量赋予人类社会变革以力量的能力。

今天，西方的政治和社会肯定不受关乎未来的乌托邦幻想的左右。在一个日益需要重新定向的世界中，引导人们变革、转型和大胆定向的指导性信念，又源自何方？

同样的情况似乎也存在于科学界。在这里，乌托邦能够产生效力，因为科学致力于探寻未成型的思想，在假设、构想和理论中摸索新知识。作为假设产物的科学，可以被理解成一项乌托邦事业。如果没有坚定的、要通过假设而超越既有的、已知事物的动力，知识就不能进步。对诸多前定假设的暴风雨般的思考与讨论，也可以看作是科学乌托邦的领域和在探寻知识活动中乌托邦的活动舞台。当问题被提出且答案在思想中成熟之际，保护必然领域和既定事物免于变化的坚硬外壳就被洞穿了。

人们经常将向崭新的、前所未有的思想的迈进，与这样一种希望和愿景联系起来，即人类事物应当受理性的规约，这是一种在人文科学和自然科学看来皆对其有用的理性。学术研究中那种为理性而存在的乌托邦式的激情在哪里？在"无物不终结"的一瞬闪光中，后现代不是已经剥夺了这种理性的存在价值了吗？

关于社会正义的具有劝导性的理想，到底发生了什么？这种理想，是被经济管制论者的嘈杂声给压制了。我们是已经放弃了自己的愿望而屈从于形形色色的原教旨主义者（他们仅能以一种具有破坏力的方式来表达这种愿望）了吗？我们与这些原教旨主义者之间的关系仅仅是防御性的？或者说，我们能够提出一种有益于激发人类活力、有益于在交往中塑造人性的观点，以反驳原教旨主义者那种具有破坏力的极端化的观点吗？近来，社会各界的社评都已指出，政府远没有提出具有启发性和说服力的主导观念。

灵感、理想与作为文化长生不老药的乌托邦

今天，我们当如何理解乌托邦？为了不再闲置其文化力量，同时又不淡忘以其名义所为而造成的痛苦经历，我们必须要以此种方式重新定义乌托邦，即将它与那个曾经在20世纪人类苦难史上扮演过角色的乌托邦区分开来。

我们的问题是一个根本性的问题：难道只有有望实现之物才该充当文化发展的动力吗？若如此，各式乌托邦则已老旧到无任何用处。但事实却并非这样；

相反，我们需要这样一种乌托邦，它可以超越现实性和可控性的范畴，以赋予我们的行为以可能性的意义。我们必须能够做梦（在夜间），以（在白天）有条不紊地、清醒地工作。这应当就是乌托邦与现实的实用意义之间的关系。若缺少了幻想的能力，我们与现实之间正在成型中的、具有创造力的关系将会是什么样子？一种趋向于幻象的思想——这种思想超脱于有形情境和人类实际行为状态之上，从而使实现某些绝对新异的和人们更好地预想到的事物成为可能——能够且应当在我们现实生活规划中起到什么样的作用呢？

若没有一种集体主义的善行观念，来催生起为大众谋福祉的理想，政治将变成什么样子？如果没有一种社会正义观念在有意识地抵制和批判社会的不平等，政治又将变成什么样子？我们能够怎样对付失败和沮丧，如何在苦难袭来时能够付之以坚忍且不任其导致压迫？

连同乌托邦的力量，争论中的问题是超越既定框框限制而产生的鼓舞人心的、令人难以置信的力量——实际上，一般来说，也就是在繁荣的文化解释活动中所产生的精神力量，这种力量存在于人类生活中，又赋予人类生活以意义。此种突破成规而产生的超越和繁荣，出现于所有时代和文化体系中，表现形式十分多样：在艺术领域，它是作为一种和谐的反映；在宗教领域，它意味着于所有苦难中重获新生；在科学领域，它代表着一种不受支配的理性推导的反事实法则；在技术领域，它是一种由人类自己设定的目标而派生出来的自然存在物的形象；在政治领域，它为以大众利益为旨的政府管制提供了合法性；在经济领域，它是一种因满足了个人所需而产生的幸福；在社会领域，它是社会正义的代名词。

乌托邦信念具有一种人类学意义上的广度和深度，蕴涵着某种普遍性和根本性的意义。它展现于孩子的微笑中，在爱的激情中，在对自由与幸福的追求中——也就是说，每当处于苦难之中的人类要义无反顾地改变现状，预想着另一个他们梦寐以求的地方的时候，乌托邦的信念就展现出来。

文化研究旨在探讨这样的解释，即我们展现这个由解释所构成的世界和我们自己，就是为了生活于这个世界上并且拥有尊严地活着（Rüsen，2003）。文化是这些解释的精髓，价值是文化的本性。没有解释的多样性，就不存在文化；没有对当下、现状和生活实际状态的根本超越，就无所谓价值。

乌托邦的文化力量也延展到了科学知识的领域。在这里，作为一种理性思想的规约原则，乌托邦起到了对理性观点的一种反事实性的拷问作用。

关于乌托邦能够并且应该在当今所扮演的角色，尚未明确且众说纷纭。这是一个问题。它削弱了激活和启发思想的力量。它助长了麻痹和冷漠。政治上的冷漠、社会停滞和对大有前途的社会复兴运动的麻痹，皆随处可见。

改变上述状况的一个选择，需借助乌托邦的具体调节、改革和实用主义的态度。但是，这如何能做到呢？光有乌托邦在科学和技术上关于无限进步的许愿就足够了吗？这些许愿一如既往地，但与此同时，以对待人类本性自身的方式——这在以前曾是不可想象的——来看，这些许愿也唤醒了种族的自我封闭意识。对于有些种族而言，这些关于进步的幻想，甚至让他们的头脑中浮现起一种披着进步外衣的新的野蛮状态的可怕景象。

记得在不久以前，德意志共和国曾深受思辨哲学之困扰。这是一种关于将本性意义上的人类当作预期改造对象的哲学、一种与未来规划相关的哲学，并因而最终成为抛弃人文主义传统的哲学。

作为“文化中不安分精灵”的乌托邦

乌托邦思想是针对文化中的不安分成分而言的，为了给我们那基于价值观念的行动提供方向，我们曾总是带着这种乌托邦思想生发出种种观念、祈愿、希望和恐惧，其范畴超越了任何既定事物所限。但是，是何种价值观念引导着我们冲破对现有生活环境的简单再造而打开新的局面？我们怎样才能想象这种价值观念？我们又当怎样任由我们分享这种观念？

作为文化中“不安分的精灵”的乌托邦具有双重意义：一方面，不安分引发了骚动、动荡和焦躁；另一方面，也产生了冲劲、动能和活力。如果我们成功地构想出这样一种作为文化定向途径的乌托邦成分，并避免使其因渗透到权力和暴力机器中而产生危险，那么，作为一个生生不息的力量源泉，这些乌托邦思想将鼓舞我们的行动，锤炼我们对于这个世界之处境与发展前景的批判性看法，并且坚定作为我们生命灵药的种种信念。

参考文献

Mommsen, Hans. 1990. ‘Die Realisierung des Utopischen: Die

"Endlösung der Judenfrage" im Dritten Reich'. In *Der Nationalsozialismus und die deutsche Gesellschaft. Ausgewählte Aufsätze*. Reinbek bei Hamburg: Rowohlt, 184—232.

Rüsen, Jörn. 2003. 'Was heit und zu welchem Ende studiert man Kulturwissenschaften?', In *Kultur verstehen. Zur Geschichte und Theorie der Geisteswissenschaften*, eds. Gudrun Kühne-Bertram, Hans-Ulrich Lessing and Volker Steenblock. Würzburg: Königshausen und Neumann, 119—128.

Saage, Richard. 1990. *Das Ende der politischen Utopie*. Frankfurt-on-Main: Suhrkamp.

Weber, Max. 1971. 'Politik als Beruf'. In *Gesammelte politische Schriften, Max Weber*, 3rd ed., ed. Johannes Winckelmann. Tübingen: Mohr Siebeck, 560.

—. 1994. *Wissenschaft als Beruf/politik als Beruf. Studienausgable.* Tübingen: Mohr Siebeck, 88.

Winter, Michael. 1993. *Ende eines Traums. Blick zurück auf das utopische Zeitalter Europas*. Stuttgart: Metzler.

作者简介

沃尔夫冈·布朗加特(Wolfgang Braungart)

德国比勒菲尔德大学

沃尔夫冈·布朗加特是比勒菲尔德文学理论与文学史教授。他是一系列研究著作的作者与编者,这其中包括对斯蒂芬·乔治、弗里德里希·荷尔德林与让·保罗的研究,他同时对17世纪艺术也很擅长。他是Denis Veiras's *Histoire de Sevarambes*(1689)的编者与*die kunst Utopie*、*Von Spathumannismus zur fruhen aufklarung*(1989)的作者。他的近作有:*Manier und Manierrismus*(2000年编);《弗里德里希·荷尔德林》(2000年与Gerhard Kurz合编);*Kitsch*(2003年编);*Eduard Morike. Samtliche Erzaulungen*(2004年编);*Wahrnehmen und Handeln. Pespectiven einer Literaturanthropologie*(2004年与Klaus Ridder及Friedmar Apel合编);*Verehrung, Kult, Distanz. Vom Umgang mit dem Dichter im 19. Jahrhundert*(2004年编);*Sprachen des politischen. Medien und Medialitat in der Geschichte*(2004年与Ute Frevert合编);三卷本关于世纪之交美学与宗教体验的作品《美学与宗教体验》(1997～2000年与Manfred Koch以及Gotthard Fuches合编)。

迈克尔·费尔(Michael Fehr)

德国哈根市卡尔·恩斯特·奥斯特豪斯博物馆

迈克尔·费尔自1987年以来就是Karl Ernst Osthaus博物馆的负责人。他曾在马堡大学、波鸿大学、Wuppertal大学讲授人类文化学的美学反思、博物馆理论、媒介理论与艺术理论。他曾组织过关于"第三种知识的博物馆与理解博物馆"的国际研讨会与座谈会,最近在波恩大学讲授艺术史与博物馆理论。

柯矫艳 (Dorothy Ko)

纽约哥伦比亚大学巴纳德学院

柯矫艳是巴纳德学院历史学教授。她是古根海姆基金会、罗杰斯(Rutgers)大学当代文学批评分析中心以及皮博迪艾塞克斯博物馆(peabody essex museum)的成员，同时也是纽约普林斯顿大学高级研究所历史学院成员。她是许多学术刊物编委会委员，这些刊物包括《当代中国史中的妇女研究》(台湾)、《性别与历史》，也是《妇女史》杂志、《晚近中华帝国》杂志的作者。柯矫艳参与了联合国人口、生殖健康与伦理项目中"善性：性中妇女的信仰智慧"的信仰咨询国际工程。她的近作有：《近代以前中国、韩国、日本的妇女与儒家文化》(2003 年与 Ja-hyun Kim Haboush、Joan Piggot 合编)、《灰姑娘的姐妹：缠足的修正主义史》(即将出版)。

克里斯安·库马尔 (Krishan Kumar)

弗吉尼亚州弗吉尼亚大学夏洛特斯维勒

库马尔是夏洛特斯维勒的社会学教授。他曾在坎特伯雷的肯特大学、哈佛大学、科罗拉多大学以及挪威的卑尔根讲学，他是富布赖特高级学者、科克大学(CORK)Boole 讲师、牛津大学沃尔夫森(Wolfson)讲师、新德里拉杰夫·甘地基金会优秀的访问学者、布里斯托尔大学本杰明·米克(Benjamin Meaker)访问教授。他是《当代的乌托邦与反乌托邦》(1987)、《乌托邦主义》(1991)、《乌托邦与太平盛世》(1993 年与斯蒂芬·巴恩合编)、《从后工业到后现代社会：当代世界的新理论》(1995)、《思想与实践中的公有与私有》(1997 年与杰夫·温特劳布合编)。他是 H. G. Wells 的《近代乌托邦》(1994)与威廉·莫里斯《乌有乡消息》(1995)的编者。他的近作与项目有：《1989：革命的观念与理想》(2001)、《英国国民身份问题》(2001)与《历史社会学：承诺与实践》(即将出版)。

克劳斯·梅因策(Klaus Mainzer)

德国奥格斯堡大学跨学科计算机科学研究所

克劳斯·梅因策是奥格斯堡大学跨学科计算机科学研究所主任与哲学研究所讲座教授。他也是康斯坦茨大学副主席、匹兹堡大学科学哲学中心成员、德国复合系统与非线性动力学学会主席(GSCSND)。他关心的问题有人工智能、哲学与科学史、计算机模型、混沌理论、神经信息学、计算机智能与科学伦理。他的作品有:《自然的对称》(1994)、《思考复合性——物质、精神与人类的复合动力学》(1994,4th ed. 2004)、《时间》(1995,4th ed. 2002)、《物质》(1995)、《大脑、计算机、复合性》(1997)、《自然与社会中的复合系统与非线性动力学》(1999)。他的近作有:《计算机网络与事实的本体》(1999)、《霍金》(2000)、《时间手册》(2002)、《人工智能——智能系统的基础》(2003)与计算机哲学(2003)。

乌尔里希·奥费尔曼(Ulrich Oevermann)

德国约翰·沃尔夫冈·歌德大学

乌尔里希·奥费尔曼是社会化与社会心理学研究所教授。他讲授心理学、客观解释学与临床社会学。他的近作有《当代德国社会学》(1987)、*Jenseits der Utopie. Theoriekritik der Gegenwart*(1991)等。他的研究曾集中于现代社会中危机与个性(疏离)动力学。近作有论文集 *Piaget's theory of development in piaget und die erziehungswissenschaft* (即将出版),与《论查尔斯·桑德斯·皮尔斯与其危机哲学》。

克劳斯·皮亚斯(Claus Pias)

德国埃森大学

克劳斯·皮亚斯是埃森大学电子媒介教授。他在包豪斯大学讲过学,擅长艺术史、科学史、媒介理论与视觉文化。他是人工世界的历史与理论研究集团的合作主席。

沃尔夫冈·皮彻(Wolfgang Pircher)

奥地利维也纳大学

沃尔夫冈·皮彻是奥地利维也纳大学哲学研究所教授。他曾任媒介文化丛书的编委会成员,斯普林格出版社(Springer Publishers)—系列政治哲学与经济学书籍的编辑,奥地利经济与艺术研究所“社会与文化科学”研究集团成员,曾讲授政治经济学与技术哲学。

唐纳德·普雷齐奥西(Donald Preziosi)

洛杉矶加利福尼亚大学(UCLA)

唐纳德·普雷齐奥西是加州大学艺术史教授。他在耶鲁大学与康奈尔大学、麻省理工学院、SUNY宾汉姆顿、布鲁明顿印第安纳大学讲过学。他是明尼阿波利斯明尼苏达大学访问教授。牛津大学精细艺术Slade讲座教授。他是《视觉艺术》(CASVA)高级研究中心指导委员会成员,以及许多博物馆委员会成员,如华盛顿国家艺术画廊、洛杉矶孔迪艺术馆(County Museum,LACMA)、辛辛那提艺术馆以及洛杉矶让·盖提(Getyy)艺术馆委员会成员。他是美国符号学会主席,著有:《重新思考艺术史:科学的沉思》(1989)、《批评文选:艺术史的艺术》(1998)、《没有艺术,也没有历史》(2001)。他已经以及即将出版的著作有《地球体的大脑:博物馆与现代性的构成》(与Klaire Farago合作,在准备中)、《透视艺术史:牛津Slade演讲集(2000～2001)》。

托马斯·W·雷吉尔(Thomas W. Rieger)

德国杜塞尔多夫博物馆

托马斯·W·雷吉尔在波恩大学、柏林大学、苏黎世大学、纽约哥伦比亚大学研究艺术史、考古学、历史与城市规划。他曾是波恩当代史博物馆、哈根市卡尔·恩斯特·奥斯特豪斯博物馆馆长,现任杜塞尔多夫Kunsthalle博物馆馆长。他是《博物馆的乌托邦:*Schritte in andere welten*》(2003)的作者与编者之一,是《预期:海德堡英国研究杂志》(*Museumskunde*)以及很多博物馆目录的作者,2003～2004年曾在德国亚琛技术大学讲授建筑理论与艺术史。

迈克尔·S·罗斯(Michael S. Roth)

美国加州艺术学院

迈克尔·S·罗斯是加州艺术学院主席、盖提(Getty)研究所副主任以及“西格蒙德·弗洛伊德:冲突与文化(国会图书馆,1995～1998)”展览主任。著有《作为历史的心理分析:弗洛伊德的否定与自由》(1987,1995)、《认知与历史:法国20世纪对黑格尔的占有》(1988)、《讽刺者之笼:损伤、记忆与历史的构建》(1995)、《无法抵御的衰落:再生的废墟》(1997)、《论暴政:与列奥·斯特劳斯、亚历山大·克杰夫通信集》(1991)、《重新发现历史:历史、政治与精神》(1994)、《人类科学中的历史》(1995)、《搅动残余:二十世纪的记忆、历史与危机》(2001)、《寻找洛杉矶:建筑、电影、摄影与城市风景》(2001)。

约恩·吕森

德国埃森人文学科高级研究所

约恩·吕森是人文学科高级研究所主席,长于历史科学的理论与方法论、史学史、历史思考的跨文化方面、历史知识理论与人权史。他曾在波鸿大学、比勒菲尔德大学讲学,是比勒菲尔德大学跨学科研究中心执行主任、南非 Stellenbosch 大学跨学科研究中心访问教授。约翰·吕森是《历史与理论》《历史与记忆》《南非哲学杂志》《*Zeitschrift fur genozid forschung*》杂志的编委。他的著作有:*Zeit und sinn. Strategien historischen denkens*(1990),《元史学研究》(1993),*Historische Orientierung*(1994),*Historisches Lernen, Grundlagen und Paradigmen*(1994),*Zerbrechende Zeit*(2001),*Geschichte im Kultuuprozeb*(2002),*kann Gestern besser warden?*(2003)

理查德·萨基(Richard Saage)

德国哈勒·威腾堡马丁·路德大学

理查德·萨基是哈佛大学访问学者。他是马丁·路德大学政治科学研究所主任、政治理论与思想史教授、欧洲启蒙运动研究中心成员。他是莱比锡萨克森科学院成员,写过一系列乌托邦研究的著作。他的最近研究集中于法西斯与民主理论、政治思想史、社会乌托邦与德国保守主义。

莱曼·托尔·萨金特(Lyman Tower Sargent)

圣·路易斯-密苏里大学(UMSL)

莱曼·托尔·萨金特是 UMSL 大学政治科学教授以及乌托邦研究学会主席。他现在是也曾是一系列与政治科学及乌托邦思想有关的学会、协会的成员,如美国政治学会、公共研究协会、政治思想研究会、大众文化协会/美国文化协会、威廉·莫里斯学会、法哲学国际学会、世界未来学会。他的著作有:《当代政治意识形态比较分析》(9th edn., 1994),《英美乌托邦文学(1516~1985)注释与编年书目》(1988),编有《当代政治意识形态》(1990),《美国的极端主义》(1997),

《美国政治思想纪录》(1997),合作编写了《乌托邦读本》(1999),最近的作品是《乌托邦与新西兰国民身份的创造》(2001)。

迈克尔·汤普森(Michael Thompson)

伦敦马斯格雷夫研究所 卑尔根挪威管理与组织研究中心

迈克尔·汤普森是卑尔根大学比较政治学系教授与高级研究员。他是伦敦马斯格雷夫研究所的创始人与主任,他于此从事环境政策、可持续发展、风险防御、消费者行为、全球化气候变化研究,服务于单层面研究所、英国经济与社会研究参议会、欧洲议会、日内瓦国际环境学会、英国设计参议会。他是奥地利拉克森堡(Laxensonburg)运用系统分析国际研究院的研究员,曾在麻省理工学院、伦敦精细艺术斯拉德 Slade 学院、柏林环境与社会科学中心国际研究所讲学。迈克尔是马莉·道格拉斯于纽约罗素·萨基基金会的研究助理。

威廉·沃斯坎普(Wilhelm Vosskamp)

德国科隆大学德国语言文学研究所

威廉·沃斯坎普负责文化研究集团关于传媒与文化交流工作。他是科隆大学德国文学教授,曾在美国、以色列、法国、澳大利亚、巴西等国大学讲学。他是比勒菲尔德跨学科研究所主任、麦迪逊人文科学研究所成员。

雷切尔·韦斯(Rachel Weiss)

芝加哥艺术研究学院

雷切尔·韦斯是芝加哥艺术研究学院展览研究跨学科领域讲座教授。她是独立监护人与作家,曾在剑桥大学、中国艺术研究院、伦敦皇家艺术学院、澳洲珀斯柯庭(Curtin)大学讲学。她是斯科特极地研究所研究员,麻省坎布里奇莱斯利管理学院(Lesley college school of mangement)艺术管理项目负责人、普利茅斯州立学院美术陈列室负责人。

译者名单

本书序言、第一、二、三、四、五章由张文涛翻译，第六、七、八、九、十、十一章由甄小东翻译；第十二、十三、十四、十五、十六、十七章由王邵励翻译。翻译如有不当之处，敬请读者批评指正。

联系人
张文涛：13910539411
wentaohere@263. com